编写指导单位

中华人民共和国人力资源和社会保障部人力资源流动管理司

编写组织单位

北京大学人力资源开发与管理研究中心

中国人力资源服务业蓝皮书2020

BLUE PAPER FOR
HUMAN RESOURCES SERVICE INDUSTRY IN CHINA

萧鸣政 等 著

人民出版社

《中国人力资源服务业蓝皮书 2020》
组织委员会

顾问委员会

赵履宽　　徐颂陶　　潘金云

专家委员会

王通讯	何　宪	余兴安	吴　江	李朴民	田小宝	刘燕斌
莫　荣	刘学民	高小平	鲍　静	张　德	董克用	曾湘泉
郑功成	杨河清	廖泉文	赵曙明	石金涛	关培兰	车宏生
郑日昌	时　勘	王二平	叶忠海	沈荣华	王　磊	梁均平
孙建立	王克良	毕雪融	王建华	陈　军	樊进生	毛大力
萧鸣政	顾家栋	袁伦蕖	段兴民	赵永乐	张宇泉	杨伟国

编辑委员会

萧鸣政	王周谊	李　震	黄　璜	李　净	孙　宏	张湘姝
史洪阳	吴智育	欧阳帆	孙利虎	应　验	张可安	张睿超
朱玉慧兰	楼政杰					

目　　录

第三部分 成果篇

CONTENTS

Part II   Special Reports

Part III　　Results Report

前　言

　　2020 年对于中国来说,是特别不寻常的一年。突如其来的新冠肺炎疫情给我国经济造成较大冲击,短期的负面影响不容忽视。同时 2020 年也是全面打赢脱贫攻坚战的收官之年,新冠肺炎疫情给脱贫攻坚带来新的挑战,巩固脱贫成果难度很大。当今世界正经历百年未有之大变局,我国发展的外部环境日趋复杂。未来一个时期外部环境中不稳定不确定因素较多,存在不少可能冲击国内经济发展的风险隐患,新冠肺炎疫情全球大流行影响深远,世界经济可能持续低迷;近年来随着全球政治经济环境变化,逆全球化趋势加剧,有的国家大搞单边主义、保护主义。在这种情况下,我们要坚持新发展理念,以供给侧结构性改革为主线,坚持以扩大内需的战略基点,推动高质量发展,加大"六稳"工作力度,实现"六保"目标,即保居民就业、保基本民生、保市场主体、保粮食能源安全、保产业链供应链稳定、保基层运转。

　　人力资源服务业,是指通过提高人力资源第一资源的优质服务,促进与引领其他资源的全面开发,促进经济的转型与高质量发展。因此,加大人力资源服务业,对于优先稳就业保民生,坚决打赢脱贫攻坚战,实现全面建成小康社会目标任务,具有关键作用;对于稳企业促就业、激发市场主体活力与增强发展新动能,对于实施扩大内需战略、推动经济发展方式加快转变等,均具有重大意义。

　　在党和国家的引导和支持下,人力资源服务业得到快速发展。截至2019 年底,全国共设立各类人力资源服务机构 39568 家,从业人员 674836人,建立人力资源市场网站 15020 个;全行业营业总收入 19553 亿元,同比增长 10.26%。全国各类人力资源服务机构共服务各类人员 103056 万人次,同比增长 8.82%;全国各类人力资源服务机构共帮助 25501 万人次实现就业和流动,同比增长 11.82%;全国各类人力资源服务机构共为 4211 万家次用人单位提供了人力资源服务,同比增长 14.78%;全国各类人力资源服务机构为 48 万家用人单位提供了劳务派遣服务,同比增长 35.29%;派遣人员 1174 万人,同比增长 8.90%;登记要求派遣人员 812 万人,同比增长 12.85%。各类人力资源服务机构为 91 万家用人单位提供人力资源外包服务,同比增长 11.64%;全国各类人力资源服务机构为 349 万家用人单位提供人力资源管理咨询服务,同比增长 6.32%。管理流动人员人事档案 8836 万份,同比增长 4.04%;依托档案提供档案查阅、开具相关证明等服务 5014 万人次,同比增长 2.44%。举办培训班 39 万次,同比增长 5.38%;培训人员 1569 万人,同比增长 11.63%。高级人才寻访(猎头)服务成功推荐选聘各类高级人才 205 万人,同比增长 21.72%。①

为了全面贯彻党和国家关于大力发展服务业的精神,进一步助力人力资源服务业的健康发展,提高人力资源服务业对实施人才强国战略的助推作用,在国家人力资源和社会保障部人力资源管理流动司的大力支持与指导下,北京大学继续推出《中国人力资源服务业蓝皮书 2020》。我们继续秉承推动人力资源服务业更好更快发展的宗旨,对 2019 年 8 月 1 日至 2020 年 7 月 31 日中国人力资源服务业的发展状况进行了深入调查、系统梳理,并结合专业前沿理论对年度内行业实践的状况进行了主要政策法规概述、发展状况与成就描述、先进经验介绍;对于全国各地人力资源服务业发展的政治环境、社会环境、经济环境与实际发展水平进行了量化评价与分析,进行年度十大事件评选,尤其对于新中国成立 70 年来中国人力资源服务业的发展做了初步探索与总结,力图更加全面地展现新中国过去、当前中国人力资源服务业的发展现状、重点、亮点、问题和最新进展。

《中国人力资源服务业蓝皮书 2020》与往年相比,全书对于结构进行了创新性的调整,并对内容又进行了全面的更新、丰富和创新,这主要表现在以下几个方面。

第一,对于所有章节与内容进行了全面的更新与丰富。

第二,持续关注我国人力资源服务业政策法规发展的新内容、业态发展

① 国家人力资源和社会保障部人力资源流动管理司:《2019 年度人力资源服务业发展统计报告》,国家人力资源和社会保障部官网,http://www.mohrss.gov.cn/SYrlzyhshbzb/jiuye/gzdt/202005/t20200519_369066.html。

的新亮点和新机遇。

第三,对于中国各地人力资源服务业发展环境、发展水平的量化评价指标体系进行了创新与补充并且依据相关数据进行了评价;继续从公众、政府、非政府组织三大群体的视角出发,通过大数据方法和文本分析方法对主流社交媒介、纸质媒介、网站、各省政府工作报告以及相关政策法规、规划文件进行数量统计和内容分析,揭示我国各省市对于人力资源服务业重视程度及发展情况。

第四,首次对新中国人力资源服务业70年发展的概况与成就进行概述、分析与展示。

第五,继续关注人力资源服务业十大事件评选。

蓝皮书共分为三个部分,具体结构如下:

第一部分为年度报告篇,共分为三章。第一章主要展示和分析了2019年8月至2020年7月中国人力资源服务业有重大影响的法律法规政策及其新变化。本章创新比例为100%,创新部分除了揭示2019年8月至2020年7月对我国人力资源服务业有重大影响的法律法规政策及其新变化,还收集整理了我国以及一些省份在抗击新冠肺炎疫情期间出台的相关典型性政策并进行解读。本章的亮点主要在于对政策背景的阐释及对政策的解读,使读者能够深刻理解并及时把握人力资源服务业的发展变化的新趋势和新动向。

第二章的更新程度在80%左右,主要亮点是较为客观与全面地反映了2020年度我国人力资源服务业发展的现状、问题及趋势。对于"新基建""云服务""脱贫攻坚"以及"疫情""复工复产"等年度重点事件与人力资源服务业的关系进行了整理。本章的主要创新点是对疫情中人力资源服务业的发展困难、技术创新、政策法规进行了较为详细的梳理和汇总,对于政策分析和学术研究能提供一定的参考。

第三章更新率达100%。本年度选取中央企业中智集团与江西省人力资源与社会保障厅作为先进经验予以介绍,中智企业在业内排名较靠前,有代表性;江西省很重视人力资源服务业工作,而且政策出台和执行较好。

第二部分是专题报告篇,包括五章。第一章是各省区市人力资源服务业重视度与发展度排行。在趋势分析中更新了各大网站2020年的指数情况;在网络社交体传播途径中,更新了各大网站人力资源服务业用户的情况(数量、地区、增长率等)。在各地政府对人力资源服务业的关注度中,更新了各省、直辖市政府工作报告中与人力资源服务业发展相关的部分节选汇总;在各地政府对人力资源服务业的政策保障度中,更新了本年度各地政府出台的人力资源服务业相关政策;在各地政府针对新冠疫情出台的政策中,删除了往年各地政府对人力资源服务业的发展规划(今年基本没有出台相关政策),增加了各地在疫情期间针对人力资源服务业出台的相关政策对比;在各地人力资源服务业产业园发展情况中,增加了 2019 年 8 月 1 日至 2020 年 7 月 31 日各地国家级人力资源服务业产业园发展情况,是目前国家及各省区市对于人力资源服务业的一个工作重点。在各地媒体对人力资源服务业的关注度中,更新了各地主流媒体相关报告篇目统计;在各地人力资源服务业相关社会组织的发展概况中,更新了各地人力资源服务行业协会发展情况及具体做法。

第二部分第二章,主要论述了全国各省区市人力资源服务业发展水平的评价指标体系及评价结果分析,并在总结分析的基础上,提出了促进人力资源服务业发展的政策建议。与 2019 年蓝皮书相比,本章的更新率达到 60%,创新内容,首先是评价指标设计本身的创新,在人力资源服务业发展水平评价中增强了业绩结果导向,在评价指标体系中增加了发展效益的二级指标,并把产业园区和产业效益作为发展效益的三级指标,体现了发展的成果导向。其次,对 2018 年和 2019 年的新数据利用评价体系进行了评价,并且拓宽了评价数据的来源,从国家企业信用信息公示系统、企查查等网站获取了一些数据。最后,引入并分析了人力资源服务业发展中的一些负性信息,如有关人力资源服务业机构"吊销、迁出、停业"的原因,为全面促进各地人力资源服务业发展拓展了思路。

第二部分第三章,是人力资源服务业发展环境指数与各省区市水平排名。本章更新度在 90% 以上。创新内容主要在于指标体系的扩展和完善,以及数据的全部更新。创新点包括:(1)指数更全面。指标数量从 2019 年的 10 个到 2020 年的 21 个,从社会经济层面扩展到了政治、经济、社会、技术、空间各个方面。(2)加强与以往蓝皮书内容的联动。本章指标体系中的"政府重视度""社会、公众关注度"的数据来源于 2019 年中国人力资源服务业蓝皮书的第二部分第一章"人力资源服务业各省市重视度与发展度分析"的相关内容。(3)从顶层设计、经济转型、分类帮扶、推进新业态、区域联动五个方面出发,结合数据结果,为各省区市人力资源服务业环境的优化与改进提出了针对性的建议。

第二部分第四章,是年度十大事件评选。与 2019 年蓝皮书相比,本章的创新体现在事件分类、述评框架和述评内容上,在评选中首次将事件分为四类,即政策、著作、行业、会议四个类别;因评选内容的更新,本章述评的内容是全新的。此次评选出的十大事件中,政策事件 3 件,著作事件 3 件,行业事件 1 件,会议事件 3 件。此外,创新方面还体现在本章首次以评选标准,即先进性、开拓性、推动性、典型性和影响性为框架对十大事件进行述评。比例大约 60%。

第二部分第五章,是中国人力资源服务业发展 70 年概况,更新率 100%。旨在回顾与梳理 1949—2019 年中国人力资源服务业的发展历程、发展趋势、重要人物及事件,是对于新中国人力资源服务业发展 70 年的首次概述与研究内容。

第三部分,为 2019 年 8 月至 2020 年 7 月中国大陆出版发表的有关中国人力资源服务业方面的研究成果名录,其中还专门收集了有关人力资源服务业研究方面的博士硕士论文。

蓝皮书由北京大学人力资源开发与管理研究中心负责组织编写,萧鸣政教授担任全书内容与各章节标题设计,指导各章节的编写,负责前言与第二部分第二章的撰写、全书文字修改与审改,孙宏副教授协助萧鸣政教授完成了大量的综合协调与统稿工作。

孙宏、李净、应验、孙利虎等同志参与了第一部分的编写工作,其中孙宏、李净具体负责第一部分第一章内容的编写,应验负责第一部分第二章内容的初步编写,孙利虎负责第一部分第三章内容的初步编写。张湘姝、吴智育、楼政杰、朱玉慧兰、欧阳帆、张睿超等同志参与了第二部分的编写工作,其中张湘姝负责第二部分第一章内容的初步编写,吴智育与楼政杰负责第二部分第二章内容的初步编写,朱玉慧兰负责第二部分第三章内容的初步编写,欧阳帆负责第二部分第四章内容的初步编写,张睿超负责第二部分第五章内容的初步编写。楼政杰还参与了第三部分的编写工作;孙宏副教授参与了目录与全书各章节内容的合稿工作；史洪阳负责前言的翻译工作。

特别感谢国家人力资源和社会保障部人力资源流动管理司孙建立司长等领导一直以来对北京大学在中国人力资源服务业方面研究的关注与大力支持，尤其对于本书以及未来研究提出的一系列指导性意见。

感谢中国对外服务行业协会秘书长张艳珍女士，感谢上海对外服务有限公司原总经理顾家栋先生、北京人力资源服务行业协会书记张宇泉先生与秘书长沈志歆，感谢中国人事科学研究院任文硕研究员。他们对新中国70年人力资源服务业发展研究和年度十大事件评选给予了宝贵指导与大力支持。

我们将不忘初心，牢记使命，继续秉承蓝（白）皮书客观反映、系统提示、积极推动、方向探索的宗旨，希望《中国人力资源服务业蓝皮书 2020》能够对中国人力资源服务业的发展起到一定的促进和推动作用，助力人才强国战略的实施与中国社会经济的高质量发展。

北京大学人力资源开发与管理研究中心主任

萧鸣政

2020 年 9 月

Preface

Thesudden outbreak of COVID-19 has had a major impact on China's e-conomy, of which the negative impact cannot be ignored. At the same time, the year of 2020 will be the final year to win the battle against poverty in all aspects. The COVID-19 epidemic has brought new challenges to fighting against poverty, making it very difficult to consolidate the achievements of poverty alle-viation. The world today is undergoing major changes unseen in a century, and the external environment for China's development is becoming increasingly com-plex. In the coming period, there are many unstable and uncertain factors in the external environment, and there are many risks and hidden dangers that may re-strain the domestic economic development. The global pandemic of COVID-19 will have a far-reaching impact, and the world economy may remain sluggish. In recent years, as the global political and economic environment has changed and the trend against globalization has intensified, some countries have resorted to u-nilateralism and protectionism. In this case, we must adhere to the new concept of development, adhering to the supply side structural reform as the main line, adhering to reform and open policy for promoting the development of high quali-ty, increasing the intensity of"six stability", achieving"six protection" on resi-dents in employment, basic livelihood of the people, market main body, food and energy security, industrial chain supply chain stability, and operation at the grass-roots level.

The human resources service industry (hereinafter referred to as HRSI) refers to the promotion and guidance of the overall development of other resources by improving the quality services of human resource as the first re-source, and promoting economic transformation and high-quality development.

Therefore, increasing the HRSI plays a key role in giving priority to stabilizing employment and protecting people's wellbeing, resolutely winning the fight against poverty, and achieving the goal and task of building a moderately prosperous society in all respects; and it plays a key role in stabilizing enterprises, promoting employment, stimulating the vitality of market entities, and enhancing new drivers of development. It is of great significance to implement the strategy of expanding domestic demand and to accelerate the transformation of economic development mode.

In the past year, under the guidance and support of the Communist Party of China and the state, the HRSI has developed rapidly. By the end of 2019, a total of 39568 human resource service organizations of various types have been established nationwide, with 674836 employees, and 15020 human resource market websites; the industry's total operating income was 1955. 3 billion yuan, with a year-on-year growth of 10. 26%. Various types of human resource service agencies across the country served a total of 1000. 56 million person-time of various types, with an increase of 8. 82%; various human resource service organizations across the country helped a total of 255. 01 million person-time achieve employment and mobility, with an increase of 11. 82%; various human resource service institutions in China have provided human resource services to 42. 11 million employers, with a year-on-year increase of 14. 78%; various human resource service agencies across the country provided labor dispatch services for 480000 employers, with a year-on-year increase of 35. 29%; 11. 74 million people were dispatched, with a year-on-year increase of 8. 90%; 8. 12 million personnel were required to be dispatched, with a year-on-year increase of 12. 85%. Various human resource service agencies provided human resource outsourcing services to 910000 employers, with a year-on-year increase of 11. 64%; all kinds of human resource service agencies nationwide provided human resource management consulting services to 3. 49 million employers, with a year-on-year increase of 6. 32%. Various human resource service agencies managed 88. 36 million personnel files of floating personnel, with a year-on-year increase of 4. 04% ;50. 14 million person-times were provided by relying on archives to provide archives consulting and issuing relevant certificates, with a year-on-year growth of 2. 44%. Providing training courses 390000 times, with an increase of 5. 38%, and trainers 15. 69 million, with an increase of 11. 63%. 2. 05 million senior talents of various types were successfully recommended and employed by the senior talent search (headhunting) service, with a year-on-year increase of 21. 72%. ①

In order to fully implement the spirit of the party and the state on vigorously developing the service industry, further assist the healthy development of the HRSI, and improve the role of the HRSI in implementing the strategy of talent-strong country, under the strong support and guidance of Divison of Human Resources Mobility Management of the Ministry of Human Resources and Social Security, Peking University continued to launch the *Blue Paper* 2020 *for Human Resources Service Industry in China* (hereinafter referred to as *Blue Paper* 2020). We need to uphold the purpose of promoting the better and faster development of the HRSI. We conducted an in-depth investigation and systematic review of the development of China's HRSI in 2019. 8−2020. 7. We Combine the professional frontier theories, the status of the industry practice during the year was reviewed, including an overview of major policies and regulations, a description of development status and achievements, an introduction of advanced experience, and the quantification evaluation and analysis of the political environment, social environment, economic environment and actual development level of the development of human resource service industries across the country. *Blue Paper* 2020 conducts the HRSI Top Ten Events selection, and makes a preliminary exploration and summary of the development of HRSI in the past 70 years in the People's Republic of China, and strives to more comprehensively show the devel-

---

① Department of Human Resources Flow Management, Ministry of Human Resources and Social Security, *2019 Statistical Report on the Development of Human Resources Service Industry*, official website of Ministry of Human Resources and Social Security, http://www.mohrss.gov.cn/SYrlzyhsh-bzb/jiuye/gzdt/202005/t20200519_369066. html.

opment status, key points, highlights, problems and latest progress of China's human resource service industry in the past and present.

Compared with the previous years, *Blue Paper* 2020 makes some innovative adjustments, and a lot of content updates, supplements were added, which is mainly expressed in the following aspects.

First, all chapters and contents are updated and enriched comprehensively.

Second, *Blue Paper* 2020 continues to pay attention to the new content of the development of policies and regulations of China's HRSI, new highlights and new opportunities in the development of business formats.

Third, *Blue Paper* 2020 innovates and supplies the quantitative evaluation index system for the development environment and development level of the human resources service industry in various parts of China, and conduct evaluations based on relevant data. *Blue Paper* 2020 employs the methods of big data analysis and content analysis, analyzes the mainstream social media, paper media, websites, provincial government work reports and relevant policies, regulations and planning documents, from three different perspectives of the public, government and non-governmental organizations, to describe the degree of attention and development situation of human resources services in China's provinces and cities.

Fourth, it is the first time to summarize, analyze and display the overview and achievements of the 70-year development of HRSI in People's Republic of China.

Fifth, *Blue Paper* 2020 continue to pay close attention to the human resource service industry Top Ten Events selection.

Blue Paper 2020 *for Human Resources Service Industry in China* is divided into three units, the specific structure is as follows:

The first part is the annual report, which is divided into three chapters. The first chapter mainly shows and analyzes the laws, regulations and policies that have significant impact on China's HRSI from August 2019 to July 2020 and their new changes. The innovation ratio of this chapter is 100%. In addition to revealing the laws, regulations, policies and new changes that have a significant impact on China's HRSI from August 2019 to July 2020, the innovation part also collects and interprets some typical policies promulgated by China and some provinces during the fight against the COVID-19 epidemic. The main highlight of this chapter lies in the interpretation of the policy background and the interpretation of the policy, so that readers can deeply understand and timely grasp the new trends of the development and change of HRSI.

The updating degree of the second chapter is about 80%. The main highlight is that it objectively and comprehensively reflects the current situation, problems and trends of the development of China's HRSI in 2020. The relationship between the annual key events such as "new infrastructure", "cloud services", "poverty alleviation", "COVID-19 epidemic" and "work resumption" and HRSI are sorted out. The main innovation of this chapter is to sort out and summarize the development difficulties, technological innovation, policies and regulations of the HRSI in the COVID-19 pandemic in more detail, which can provide a certain reference for policy analysis and academic research.

The update rate of Chapter 3 reaches 100 %. In 2019, the municipal Human Resources and Social Security Department (Shenzhen) and private enterprises (Guangxi) were selected respectively. This time, it is selected as the central enterprise CIIC Group, which ranks relatively high in the industry and is representative; Jiangxi Human Resources and Society Security Department, leaders at all levels in the province attach great importance to the work of human resource service industry, and the policies are issued and implemented well.

The second part is a special topic, including five chapters. The first chapter is recognition level and development evaluation of human resources service industry in each province, district and city. In the trend analysis, the index situation of major websites in 2020 is updated; in the network social media communication channels, the situation of the users of HRSI of each major website is updated (number, region, growth rate, etc.); in the attention of local governments to HRSI, some sections related to the development of HRSI in provincial and municipal government work reports are updated; in the policy guarantee degree of the HRSI of the local governments, the relevant policies of human resource service industry issued by local governments this year are updated; in the policies issued by local governments in response to the COVID-19 pandemic, the development plans of local governments for human resource service industry in previous years have been deleted(there are basically no relevant policies issued this year), the comparison of relevant policies issued by various regions for the HRSI during the COVID-19 pandemic was added; In the development of human resource service industrial park, the development situation of national human resource service industrial park has been increased, which is a work focus of the country and provinces for HRSI; in the attention of local media on HRSI, the statistics of relevant reports of the mainstream media in various regions have been updated. In the development overview of social organizations related to the HRSI in various regions, the development situation and specific methods of the human resource service industry associations in various regions are updated.

The second chapter of the second part mainly discusses the evaluation index system and evaluation result analysis of the development level of the HRSI in various provinces, municipalities, and districts, and puts forward policy recommendations to promote the development of the HRSI based on the summary analysis. Compared with *Blue Paper* 2019, the update rate of this chapter has reached 60%. The innovative content, first of all, is the innovation of the evaluation index design itself. The performance result orientation has been enhanced in the evaluation of the development level of HRSI, adding the secondary index of development benefit in the evaluation index system, and taking the industrial park and industrial benefit as the three-level index of development benefit, reflecting the development achievements guidance. Secondly, it evaluated the new data utilization evaluation system in 2018 and 2019, and expanded the source of evaluation data, and obtained some data from the national enterprise credit information publicity system, QCC website and other websites. Third, the introduction and analysis of some negative information in the development of the HRSI, such as the reasons for the "revocation, relocation, and suspension of business" of the human resource service industry organization was added, so as to expand the ideas for promoting the development of human resource service industry in all regions.

The third chapter of the second part is the human resource service industry development environment index and the ranking of the provinces and municipalities. The update rate of this chapter is above 90%. The content of innovation mainly lies in the expansion and improvement of the index system, as well as the complete update of data. Innovations include: (1) more comprehensive index: the number of indicators has expanded from 10 to 21 this year, and expanded from the socio-economic level to political, economic, social, technological, and spatial aspects; (2) strengthening the linkage with content of the previous blue paper: The "government attention" and "social and public attention" data in the indicator system of this chapter are derived from the first chapter of the second part of the-*Blue Paper* 2019, "Analysis of the importance and development degree of HRSI in different provinces and cities"; (3) Starting from the five aspects of top-level design, economic transformation, classified assistance, promotion of new business formats, and regional linkage, combined with the data results, it proposes pertinence suggestions for the optimization and improvement of the HRSI environment in various provinces and cities.

The fourth chapter of the second part is the Top Ten Events selection of the year. Compared with the *Blue Paper* 2019, the innovation of this chapter is reflected in the classification of events, the review framework and the review content. For the first time in the selection, the four categories of events, namely policies, works, industries, and conferences, are included for the first time; due to the update of the selection content, the review content in this chapter is completely new. Among the Top Ten Events selected this time, there are 3 policy events, 3 writing events, 1 industry event, and 3 conference events. In addition, the innovation is also reflected in this chapter's first review of the ten major events based on the selection criteria, namely advancement, pioneering, promoting, typicality and influence. The update ratio is about 60%.

The fifth chapter of the second part is an overview of the development of China's HRSI over the past 70 years, with an update rate of 100%. It aims to review and sort out the development history, development trends, important figures and events of China's HRSI from 1949 to 2019. It is the first overview and research of the 70-year development of HRSI in New China.

The third part is the directory of research results on China's HRSI published in Mainland China from August 2019 to July 2020. It also collects doctoral and master's thesis on HRSI research.

Blue Paper 2020 *for Human Resources Service Industry in China* is organized and written by the Center for Human Resource Development and Management Research of Peking University. Professor Xiao Mingzheng is responsible for the design of the contents and the titles of each chapter of the whole book, and guides the writing of each chapter. He is responsible for the writing of the preface and the second chapter of the second part, and the text revision and review of the whole text. Associate Professor Sun Hong served as the assistant editor and completed a large number of coordinate work and compile work.

Sun Hong, Li Jing, Ying Yan, Sun Lihu and other comrades participated in the compilation of the first part. Sun Hong and Li Jing were specifically responsible for the compilation of the first part of the first chapter, Ying Yan was responsible for the compilation of the second chapter of the first part, and Sun Lihu was responsible for the compilation of the third chapter of the first part. Zhang Xiangshu, Wu Zhiyu, Lou Zhengjie, Zhu Yuhuilan, Ouyang Fan, Zhang Ruichao and other comrades participated in the compilation of the second part. Zhang Xiangshu was responsible for the compilation of the first chapter of the second part, Wu Zhiyu and Lou Zhengjie were responsible for the compilation of the second chapter of the second part, Zhu Yuhuilan was responsible for the preparation of the third chapter of the second part, and Ouyang Fan was responsible for the fourth chapter of the second part, Zhang Ruichao was responsible for the compilation of the fifth chapter. Lou Zhengjie also participated in the compilation of the third part. Associate Professor Sun Hong participated in the compilation of the contents of the catalogue and all chapters of the book, Shi Hongyang was responsible for the translation of the preface.

Special thanks to Sun Jianli, Director of the market department of Ministry of Human Resources and Social Security, and other leaders for their continuous attention and great support and guidance to Peking University's research on human resource service industry in China, especially for a series of guiding advice for this book and future research.

We are deeply grateful to Ms. Zhang Yanzhen, Secretary-General of China Association of Foreign Service Trades; Mr. Gu Jiadong, former General Manager of Shanghai Foreign Service (Group) Co., Ltd.; Mr. Zhang Yuquan, First Secretary of Beijing Human Resources Consulting Association; Mr. Shen Zhiyu, Secretary-General of Beijing Human Resources Consulting Association; and Mr. Ren Wenshuo, Professor of Chinese Academy of Personnel Science. We are greatly indebted to them for providing valuable guidance and strong support for the research on the development of human resource service industry in the past 70 years of New China and Top 10 Events of the Year.

We will remain true to our original aspiration and keep our mission firmly in mind, and continue to uphold the goal of objective reflection, systematic reminder, active promotion and direction exploration. We hope that *Blue Paper 2020 for Human Resources Service Industry in China* can give some reference and impetus to the development of China's human resource service industry, and can help to carry out the strategy on developing a quality workforce and a high-quality development of China's society and economy.

Director of Center for Human Resource Development and

Management Research of Peking University

Xiao Mingzheng

September 2020

第一部分
年度报告篇

第一章　人力资源服务业相关政策法规

【内容提要】

本章主要摘录和分析了 2019 年 8 月至 2020 年 7 月我国人力资源服务业有重大影响的法律法规政策及其新变化。依据这些政策与法规，分类进行梳理与分析，解读相关精神，揭示其中特点。

与 2019 年相比，2020 年人力资源服务业的政策法规在简政放权方面的力度进一步加大，社会主义市场经济体制不断健全完善，对人口老龄化的问题持续关注，更加注重技能人才的能力提升，着力推动促进劳动力和人才社会性流动。席卷全球的新冠肺炎疫情，本章收集整理了我国以及一些省份在新冠肺炎疫情防控期间出台的相关典型性政策并进行解读，力求使读者能够及时掌握人力资源服务业所处的政策环境新变化和新动向。

Chapter 1　Major Regulations and Policies Concerning Human Resources Service

【Abstract】

This chapter outlines and analyzes the laws, regulations and policies and their new changes that have significant impact on China's human resources service industry enacted by the State between August 2019 and July 2020. The classification of these policies and regulations will be sorted out and analyzed to interpret the relevant spirit and reveal their characteristics.

Compared with 2019, policies and regulations of this year on the human resource service industry have been further strengthened in terms of streamlining administration and institute decentralization. The socialist market economic system has been continuously improved; the aging of the population has been received constant attention; the ability improvement of skilled personnel has been focused; efforts have been made to promote the social mobility of labor force and talents. In the context of the COVID–19 pandemic that is sweeping the world, this chapter summarizes and interprets typical policies introduced in China and some of its provinces during the COVID–19 period. enables us to keep better track of the new changes and new trends in policies and regulations concerning the HR service industry.

一、促进简政放权、优化管理的相关政策法规

（一）人力资源社会保障部《关于进一步规范人力资源市场秩序的意见》

为进一步规范人力资源市场活动，严厉打击违法违规行为，维护公平竞争、规范有序的人力资源市场秩序，切实保障劳动者和用人单位合法权益，更好发挥市场在人力资源配置中的作用，促进就业创业营造良好市场环境，2019 年 8 月 17 日，人力资源社会保障部正式发布《关于进一步规范人力资源市场秩序的意见》（以下简称《意见》）①。

政策背景：

人力资源市场是重要的要素市场，是实施就业优先战略和人才强国战略的重要载体，是高校毕业生、社会青年、农民工等重点群体实现就业的重要渠道。党中央、国务院高度重视人力资源市场建设工作，强调要加快构建统一开放的人才市场体系，完善人才供求、价格和竞争机制，促进人才资源合理流动、有效配置，最大限度地激发和释放人才创新创造创业活力，更好发挥市场在促进就业中的作用。2019 年 6 月 29 日，《人力资源市场暂行条例》颁布。贯彻实施《条例》是当前加强人力资源市场建设的一项重要

---

① 人力资源和社会保障部，见 http://www. mohrss. gov. cn/gkml/zcfg/gfxwj/201909/t20190905_332897. html。

工作。

近年来,随着"放管服"改革深入推进,人力资源市场准入门槛降低,市场主体有所增加,仅2018年一年就新增人力资源服务市场主体5500多家,人力资源市场活力不断激发,市场活动形式日益丰富,市场服务能力不断提升,市场环境不断优化,人力资源流动配置效率不断提高。截至2018年底,全国共有各类人力资源服务机构3.57万家,从业人员64.14万人,实现营业总收入1.77万亿元。全年各类人力资源服务机构共为3669万家次用人单位提供了专业服务,帮助2.28亿人次实现就业择业和流动,人力资源市场在优化人力资源流动配置、促进就业创业方面发挥了重要作用。与此同时,有些地方也出现了扰乱人力资源市场秩序的违法违规行为。例如,利用网络招聘平台发布虚假信息以招聘或介绍工作为名从事传销活动,利用职业中介和劳务派遣活动谋取不正当利益甚至出现诈骗行为等。

为进一步规范人力资源市场活动,严厉打击人力资源市场领域发生的违法违规行为,维护公平竞争、规范有序的人力资源市场秩序,切实保障劳动者和用人单位合法权益,更好发挥市场在人力资源配置中的作用,为促进就业创业营造良好市场环境,人力资源社会保障部部署开展了人力资源市场秩序专项整治工作,制定出台《意见》是人力资源市场秩序专项整治工作的一项重点任务和重要举措。

政策内容:

1. 加强日常监督管理

一是依法规范人力资源市场活动。切实抓好《人力资源市场暂行条例》贯彻实施工作,依法规范劳动者求职、用人单位招聘、人力资源服务机构提供服务等权利义务和行为。各级人力资源社会保障部门要确保市场主体活动规范落实到位,对违法违规行为,要按照相应的法律责任进行惩处。

二是加强市场准入管理。各级人力资源社会保障部门要依法实施劳务派遣经营许可、人力资源服务许可和备案制度,建立完善人力资源服务机构管理服务台账,为实施事中事后监管奠定坚实基础。

三是完善年度报告公示制度。各级人力资源市场管理部门、劳务派遣单位管理部门要研究制定具体规程,完善人力资源服务机构按期向主管部门报送年度报告、向社会公示业务开展情况的制度。促进人力资源服务机构切实履行依法公开生产经营活动有关信息数据的法定义务,增强社会监督和协同共治。

四是强化招聘活动管理。各级人力资源社会保障部门要依法严格现场招聘会和网络招聘管理,核实参加招聘会单位及其招聘简章的真实性、合法性,加强对网络招聘单位的资质认证和信息发布人员的实名认证,规范信息发布流程,确保发布的信息真实、合法、有效。

五是规范劳务派遣服务。各级人力资源社会保障部门应通过多种渠道和方式,加大劳务派遣相关法律法规政策宣传力度。加强对劳务派遣用工的事中事后监管,加强与市场监管、税务部门的信息共享和协同监管,建立健全信息披露、信用评价、联合惩戒等机制,更多用市场机制淘汰不规范劳务派遣单位。

六是注重防范和化解市场秩序失范风险。各级人力资源社会保障部门要通过主动加强监督检查、组织服务对象评议行风、受理群众举报投诉等途径和方式,及时发现和纠正人力资源市场领域违规失信问题,防止苗头性问题演化为违法违规行为、个别问题蔓延为局部甚至普遍问题。

2. 加大劳动保障监察执法力度

一要扎实开展清理整顿人力资源市场秩序专项执法行动。各级人力资源社会保障部门要加强与公安、市场监管等相关部门的协同配合,定期开展清理整顿人力资源市场秩序专项执法行动,依法加大打击力度,净化市场环境。

二要加大重点领域劳动保障监察执法力度。各级人力资源社会保障部门要大力推进"双随机、一公开"执法监管,认真梳理完善人力资源市场领域监管对象名单、检查事项清单,明确抽查的依据、主体、内容、方式等。

3. 健全信用激励约束机制

一要深入推进人力资源服务机构诚信体系建设。落实《人力资源市场暂行条例》关于加强人力资源市场诚信建设的要求,健全完善诚信建设相关制度,集中整治诚信缺失突出问题,持续提高人民群众对人力资源诚信服务的满意度和获得感。

二要构建守信激励和失信惩戒机制。推进信用信息在采集、共享、使用、公开等环节的依法分类管理,强化信用对人力资源服务机构的约束作用。建立健全人力资源服务机构信用评价标准和制度,探索建立诚信典型机构"红名单"、严重失信机构"黑名单"。

4. 提升公共服务水平

一要不断提高公共就业服务水平。各级人力资源社会保障部门要健全公共就业服务,推进公共就业服务向基层、农村和贫困地区延伸,要不断完善公共就业服务功能,要结合当地经济社会发展需求、人力资源结构特点和人力资源市场供求周期性规律,组织公共就业服务专项活动,促进劳动者求职与企业用工的对接。

二要加强对企业劳动用工的指导服务。各地要落实鼓励企业稳定和扩大就业的政策措施,要指导企业进一步优化劳动用工管理,推动企业改善用工环境,加强人文关怀,提高员工对企业的认同感和归属感,降低流失率。

各级人力资源社会保障部门要高度重视人力资源市场管理工作,切实加强组织领导,落实管理责任,建立协调配合的工作机制,形成工作合力。要强化风险防范意识,创新事中事后监管措施,加强公共服务体系建设,切实规范人力资源市场秩序,有效维护劳动者和用人单位合法权益,努力营造良好的市场环境,更好发挥市场在优化人力资源配置和促进就业创业中的作用。

政策解读:

《意见》贯彻《人力资源市场暂行条例》规定,落实国务院关于加强"先照后证"改革后事中事后监管的意见等有关要求,从加强日常监督管理、加大劳动保障监察执法力度、健全信用激励约束机制、提升公共服务水平等四个方面,对规范人力资源市场秩序提出十二条具体举措,主要有以下特点。一是坚持依法管理,以深入实施《人力资源市场暂行条例》为统领,依法规范人力资源市场活动。要求各地切实抓好《条例》贯彻实施工作,依法规范劳动者求职、用人单位招聘、人力资源服务机构提供服务等行为。二是坚持目标导向,在加强市场准入监管、完善报告公示制度、持续开展清理整顿市场秩序专项执法行动、构建守信激励失信惩戒机制、加强对企业劳动用工的指导服务等方面细化实化具体措施,构建职责法定、信用约束、协同监管、社会共治的人力资源市场管理格局。三是坚持问题导向,针对存在的突出问题,对招聘活动管理、劳务派遣规范等薄弱环节强化工作措施,对违法违规问题多发领域和对象,加大监察执法力度。四是坚持底线思维,强化预防预警、行业自律、应急处置等措施,防范化解人力资源市场秩序失范风险。

(二) 国务院《优化营商环境条例》

为了持续优化营商环境,不断解放和发展社会生产力,加快建设现代化经济体系,推动高质量发展,2019 年 10 月 22 日,国务院出台《优化营商环境条例》①(以下简称《条例》),最大限度减少政府对市场资源的直接配置和对市场活动的直接干预,加强和规范事中事后监管,着力提升政务服务能力和水平,切实降低制度性交易成本,更大激发市场活力和社会创造力,增强发展动力。

政策背景:

近年来,各地区、各部门按照党中央、国务院部署,顺应社会期盼,持续推进"放管服"等改革,我国营商环境明显改善,在世界银行等国际组织发布的营商环境报告中排名大幅提升。与此同时,我国营商环境还存在不少突出问题和短板,与国际先进水平相比仍有较大差距,必须在深化"放管服"改革上有更大突破、在优化营商环境上有更大进展,使市场主体活力和社会创造力持续迸发,为经济社会发展提供强劲动力。在总结实践经验的基础上制定专门行政法规,从制度层面提供更为有力的保障和支撑,是进一步优化营商环境的重要举措。为了持续优化营商环境,不断解放和发展社会生产力,加快建设现代化经济体系,推动高质量发展,国务院制定了此《条例》。出台《条例》最重要最核心的意义,就是把近年来各地区、各部门在优化营商环境方面大量行之有效的政策、经验、做法上升到法规制度,使其进一步系统化、规范化,增强权威性、时效性和法律约束力,从制度层面为优化营商环境提供更加有力的保障和支撑。此外,《条例》还将进一步增强各级政府以及社会各方面对优化营商环境的意识,在全社会营造优化营商环境的浓厚氛围,稳定预期、提振信心。

---

① 中央人民政府网,见 http://www.gov.cn/zhengce/content/2019 - 10/23/content _ 5443963. htm? tdsourcetag＝s_pctim_aiomsg。

政策内容：

1. **市场主体保护**

一是强调平等对待各类市场主体。明确国家依法保护各类市场主体在使用要素、享受支持政策、参与招标投标和政府采购等方面的平等待遇，为各类市场主体平等参与市场竞争强化法律支撑。

二是强调为市场主体提供全方位的保护。依法保护市场主体经营自主权、财产权和其他合法权益，保护企业经营者人身和财产安全。加大对市场主体知识产权的保护力度，建立知识产权侵权惩罚性赔偿制度。

三是强调为市场主体维权提供保障。推动建立全国统一的市场主体维权服务平台，为市场主体提供高效、便捷的维权服务。

2. **市场环境**

一是聚焦破除市场准入和市场退出障碍。明确通过深化商事制度改革、推进证照分离改革、压缩企业开办时间、持续放宽市场准入等措施，为市场主体进入市场和开展经营活动破除障碍。要求进一步优化市场主体注销办理流程，精简申请材料、压缩办理时间、降低注销成本，推动解决市场主体"退出难"问题。

二是聚焦落实减税降费政策。明确各地区、各部门应严格落实国家各项减税降费政策，保障减税降费政策全面、及时惠及市场主体，并对设立涉企收费作出严格限制，切实降低市场主体经营成本。

三是聚焦解决"融资难、融资贵"问题。明确鼓励和支持金融机构加大对民营企业和中小企业的支持力度、降低民营企业和中小企业综合融资成本，不得对民营企业和中小企业设置歧视性要求。

3. **政务服务**

一是推进政务服务标准化。明确政府及其有关部门应当落实减环节、减材料、减时限要求，编制并向社会公开政务服务事项标准化工作流程和办事指南，推动同一事项无差别受理、同标准办理。

二是推进马上办、网上办、就近办、一次办。明确政府及其有关部门应当推行当场办结、一次办结、限时办结的服务模式，实现集中办理、就近办理、网上办理、异地可办，并对全国一体化在线政务服务平台建设、政务信息整合共享、电子证照推广应用作了具体规定，使"一网、一门、一次"改革要求成为有法律约束力的制度规则。

三是推进行政审批制度改革。明确国家严格控制新设行政许可并大力精简已有行政许可,通过整合实施、下放审批层级等多种方式,优化审批服务,提高审批效率。

四是推进重点领域服务便利化。对标国际一流标准,推广国内最佳实践,对提升办理建筑许可、跨境贸易、纳税、不动产登记等与市场主体生产经营活动密切相关的重点领域政务服务便利化程度提出具体要求,为相关领域深化改革提供了目标指引。

4. 监管执法

一是推动健全执法机制。建立健全跨部门跨区域行政执法联动和响应机制,在相关领域推行综合行政执法,减少执法主体和执法层级,推动解决困扰市场主体的行政执法检查过多过频问题,实现从监管部门"单打独斗"转变为综合监管,做到"一次检查、全面体检"。

二是推动创新监管方式。明确除直接涉及公共安全和群众生命健康等特殊行业、重点领域外,都要实行"双随机、一公开"监管,推行"互联网+监管",对新兴产业实行包容审慎监管。

三是推动规范执法行为。明确行政执法应依法慎重实施行政强制,减少对市场主体正常生产经营活动的影响,不得随意采取要求市场主体普遍停产、停业的措施,避免执法"一刀切"。要求行政执法应当规范行使自由裁量权,合理确定裁量范围、种类和幅度。

5. 法治保障

一是增强法规政策制定的透明度。明确制定与市场主体生产经营活动密切相关的法规政策,应当充分听取市场主体、行业协会商会的意见;除依法需要保密外,应当向社会公开征求意见并反馈意见采纳情况。

二是增强法规政策实施的科学性。明确新出台法规政策应当结合实际为市场主体留出必要的适应调整期,并加强统筹协调、合理把握出台节奏、全面评估政策效果,避免因政策叠加或相互不协调对市场主体正常生产经营活动造成不利影响。

三是加大涉企法规政策的宣传解读力度。明确政府及其有关部门应当集中公布涉及市场主体的各类法规政策,并通过多种途径和方式加强宣传解读。

政策解读：

优化营商环境是党中央、国务院根据新形势新发展新要求作出的重大决策部署。制定出台《条例》，可以增强微观主体活力，持续深化改革，巩固改革成果，有利于为深化改革提供法治支撑和保障。《条例》主要有以下三个特点。第一，既全面系统，又突出重点。《条例》共7章、72条，围绕贯彻新发展理念、正确处理政府和市场的关系、完善社会主义市场经济体制等进行了有针对性的制度设计，对"放管服"改革的关键环节确立了基本规范。同时，聚焦突出问题，重点围绕强化市场主体保护、净化市场环境、优化政务服务、规范监管执法、加强法治保障这5个方面，明确了一揽子制度性解决方案，推动各级政府深化改革、转变职能。第二，既有原则规定，又有具体要求。《条例》围绕建立健全公平开放透明的市场规则进行了制度设计。比如，明确国家依法保障各类市场主体公平参与市场竞争，平等对待内资企业、外商投资企业等各类市场主体，健全公开透明的监管规则和标准体系。同时，对压减企业开办时间、简化企业注销流程等反映强烈的问题都作了具体的规定，在实践中便于操作，有助于切实提升市场主体的获得感。比如，针对企业开办，《条例》明确，在国家规定的企业开办时限内，各地区应当确定并公开具体办理时间。第三，既集成实践经验，又注重汇聚众智。《条例》参考辽宁、吉林、黑龙江、河北、陕西、天津等省市先行先试出台的地方性法规，是近年来优化营商环境实践经验的集成和集体智慧的结晶。在起草过程中，国家发改委会同司法部，广泛征求了60个中央有关部门、37个地方政府、11个研究机构、37家行业协会商会和5个民主党派中央共计150个单位的意见，还召开了17场专题会，听取了150家内外资企业、50个城市分管市领导、50位人大代表和政协委员以及美国驻华商会、欧盟驻华商会等机构的意见，并向社会公开征求意见，这为良法善治奠定了坚实基础。①

（三）中共中央、国务院《关于构建更加完善的要素市场化配置体制机制的意见》

2020年3月30日，中共中央、国务院印发《关于构建更加完善的要素

---

① 《国务院政策例行吹风会》，见 http://www.gov.cn/xinwen/2019zccfh/66/index.htm。

市场化配置体制机制的意见》①（以下简称《意见》）。这是中央关于要素市场化配置的第一份文件。《意见》对于形成生产要素从低质低效领域向优质高效领域流动的机制，提高要素质量和配置效率，引导各类要素协同向先进生产力集聚，推动经济发展质量变革、效率变革、动力变革，加快完善社会主义市场经济体制具有重大意义。

政策背景：

党的十九大明确将要素市场化配置作为经济体制改革的两个重点之一。党的十九届四中全会进一步强调，推进要素市场制度建设，实现要素价格市场决定、流动自主有序、配置高效公平。《意见》的出台，对于加快完善社会主义市场经济体制、建设高标准市场体系、推动经济高质量发展具有重要意义。

一是完善要素市场化配置是深化经济体制改革、建设高标准市场体系的客观要求。经过 40 多年改革开放，我国商品市场发育较为充分，商品和服务价格 97% 以上由市场定价。要素市场建设和改革也取得重要进展，但与商品和服务市场相比，土地、劳动力、资本、技术、数据等要素市场发育相对滞后，市场决定要素配置范围有限、要素流动存在体制机制障碍、新型要素市场规则建设滞后等，影响了市场对资源配置决定性作用的发挥，成为高标准市场体系建设的突出短板。二是完善要素市场化配置是解决经济结构性矛盾、推动高质量发展的根本途径。要素配置扭曲具有很强传导性和扩散性，由此造成一系列经济结构性矛盾和问题。加快要素市场化改革是深化供给侧结构性改革、解决制约全局深层次矛盾的重要突破口。从破除无效供给看，有助于推动"僵尸企业"出清，释放错配资源；从培育新动能看，有助于生产要素从低质低效领域向优质高效领域流动，支撑实体经济发展，形成协同发展的产业体系。三是完善要素市场化配置是让要素活力竞相迸发的重要保障。要让企业成为独立的市场主体来配置要素资源。在完善政府调节与监管的基础上，抓紧解决要素产权不清晰、市场化交易机制不健全、市场发育不足等问题，形成有效的激励机制，提高要素配置效率和全要素生产率，盘活"沉睡"的要素资源，靠改革来激发要素蛰伏的潜能，使之成

---

① 中央人民政府网，见 http://www.gov.cn/xinwen/2020-04/09/content_5500622.htm。

为推动经济发展的动能。

因此,文件的出台,将会对深化经济体制改革产生长远的基础性影响,在当前形势下,对于对冲疫情影响、有效激发各类要素潜能和活力,也具有重要的现实意义。

政策内容:

一是推进土地要素市场化配置。包括建立健全城乡统一的建设用地市场,深化产业用地市场化配置改革,鼓励盘活存量建设用地,完善土地管理体制。

二是引导劳动力要素合理畅通有序流动。包括深化户籍制度改革,畅通劳动力和人才社会性流动渠道,完善技术技能评价制度,加大人才引进力度。

三是推进资本要素市场化配置。包括完善股票市场基础制度,加快发展债券市场,增加有效金融服务供给,主动有序扩大金融业对外开放。

四是加快发展技术要素市场。包括健全职务科技成果产权制度,完善科技创新资源配置方式,培育发展技术转移机构和技术经理人,促进技术要素与资本要素融合发展,支持国际科技创新合作。

五是加快培育数据要素市场。包括推进政府数据开放共享,提升社会数据资源价值,加强数据资源整合和安全保护。

六是加快要素价格市场化改革。包括完善主要由市场决定要素价格机制,加强要素价格管理和监督,健全生产要素由市场评价贡献、按贡献决定报酬的机制。

七是健全要素市场运行机制。包括健全要素市场化交易平台,完善要素交易规则和服务,提升要素交易监管水平,增强要素应急配置能力。

政策解读:

我国经济正在由高速增长转向高质量发展,需要进一步促进要素的自主有序流动,提高要素的配置和利用效率。《意见》聚焦要素市场化改革的重点和难点,围绕要素市场化配置体制机制进行了布局,推进要素市场制度建设,实现要素价格市场决定、流动自主有序、配置高效公平,使中国在新时代迈出了建设完善高标准市场体系的关键一步,将为中国实现高质量发展奠定坚实基础。

第一,明确了建立健全统一开放的要素市场新格局。土地要素市场化配置,是要通过破解土地市场热点难点问题,加快土地要素合理高效配置,推进新型城镇化进程。引导劳动力要素合理畅通有序流动,可以加快缓解和解决劳动力自由流动和合理配置的主要障碍,打破地方政府劳动力和人才流动及管理面临的困境。推进资本要素市场化配置,是要通过建立规范、透明、开放、有活力、有韧性的资本市场,建立有效的市场激励,强化合规监管,进一步发挥金融市场作为市场经济中枢的敏感性和反应速度。加快培育数据要素市场,针对数据市场面临的难点和关键点,构建完善数据市场运行的基本框架,为数据要素市场化应用、高效有序运行和公平透明竞争"铺路架桥"。

第二,明确了以价格改革为推进要素市场化改革的关键机制。在公平竞争和透明监管前提下市场自发形成的价格,是资源配置的信号灯和导航仪,价格是市场竞争和资源配置有效性的前提。《意见》明确提出要健全主要由市场决定价格的机制,最大限度减少政府对价格形成的不当干预。这一要求直指当前要素市场价格形成机制过多受到政府影响的关键问题。

第三,明确了要素市场化配置方式的创新要求。要素配置的效率,不仅取决于要素配置的主体和机制,也受到要素配置方式的重要影响。创新要素配置方式,就是要突破现有要素配置的制度障碍,创新要素配置的制度,更好地结合市场和政府在资源配置中的优势,更加科学合理地界定二者的边界,真正让政府收缩干预要素配置的同时,让市场在要素配置中有更大的空间和更强的功能。

第四,明确了要素市场改革与商品和服务市场提质增效的协同目标。要素市场资源配置效率决定了商品和服务市场资源配置效率,是商品和服务市场创新发展的根源和保障,而商品和服务市场的创新发展,也对要素市场改革提出了新的要求和需求,因此二者是相辅相成、相互促进、互为配套的关系。在这一基础上,《意见》明确提出了要推进商品和服务市场提质增效,并且从市场运行和监管、信息化、知识产权保护、现代服务市场创新发展、流通体制改革以及消费者保护等多个维度,提出推进商品市场创新发展的重点任务,从而为要素市场改革创造坚实的市场基础。①

---

① 王微、王青:《加快要素市场化改革:构建高标准市场体系的关键举措》,《中国经济报告》2020 年第 4 期。

（四）中共中央、国务院《关于新时代加快完善社会主义市场经济体制的意见》

为贯彻落实党的十九大和十九届四中全会关于坚持和完善社会主义基本经济制度的战略部署，在更高起点、更高层次、更高目标上推进经济体制改革及其他各方面体制改革，构建更加系统完备、更加成熟定型的高水平社会主义市场经济体制，2020 年 5 月 11 日，中共中央、国务院出台《关于新时代加快完善社会主义市场经济体制的意见》（以下简称《意见》）①。

政策背景：

改革开放特别是党的十八大以来，我国坚持全面深化改革，充分发挥经济体制改革的牵引作用，不断完善社会主义市场经济体制，极大调动了亿万人民的积极性，极大促进了生产力发展，极大增强了党和国家的生机活力，创造了世所罕见的经济快速发展奇迹。同时要看到，中国特色社会主义进入新时代，社会主要矛盾发生变化，经济已由高速增长阶段转向高质量发展阶段，与这些新形势新要求相比，我国市场体系还不健全、市场发育还不充分，政府和市场的关系没有完全理顺，还存在市场激励不足、要素流动不畅、资源配置效率不高、微观经济活力不强等问题，推动高质量发展仍存在不少体制机制障碍，必须进一步解放思想，坚定不移深化市场化改革，扩大高水平开放，不断在经济体制关键性基础性重大改革上突破创新。因此，中共中央、国务院出台《意见》，更好健全和完善社会主义市场经济体制。

政策内容：

1. 坚持公有制为主体、多种所有制经济共同发展，增强微观主体活力

毫不动摇巩固和发展公有制经济，毫不动摇鼓励、支持、引导非公有制经济发展，探索公有制多种实现形式，支持民营企业改革发展，培育更多充满活力的市场主体。包括推进国有经济布局优化和结构调整，积极稳妥推进国有企业混合所有制改革，稳步推进自然垄断行业改革，营造支持非公有制经济高质量发展的制度环境。

---

① 中央人民政府网，见 http://www.gov.cn/zhengce/2020-05-18/content_5512696.htm。

2. 夯实市场经济基础性制度，保障市场公平竞争

建设高标准市场体系，全面完善产权、市场准入、公平竞争等制度，筑牢社会主义市场经济有效运行的体制基础。包括全面完善产权制度，全面实施市场准入负面清单制度，全面落实公平竞争审查制度。

3. 构建更加完善的要素市场化配置体制机制，进一步激发全社会创造力和市场活力

以要素市场化配置改革为重点，加快建设统一开放、竞争有序的市场体系，推进要素市场制度建设，实现要素价格市场决定、流动自主有序、配置高效公平。包括建立健全统一开放的要素市场，推进要素价格市场化改革，创新要素市场化配置方式，推进商品和服务市场提质增效。

4. 创新政府管理和服务方式，完善宏观经济治理体制

完善政府经济调节、市场监管、社会管理、公共服务、生态环境保护等职能，创新和完善宏观调控，进一步提高宏观经济治理能力。包括构建有效协调的宏观调控新机制，加快建立现代财税制度，强化货币政策、宏观审慎政策和金融监管协调，全面完善科技创新制度和组织体系，完善产业政策和区域政策体系，以一流营商环境建设为牵引持续优化政府服务，构建适应高质量发展要求的社会信用体系和新型监管机制。

5. 坚持和完善民生保障制度，促进社会公平正义

坚持按劳分配为主体、多种分配方式并存，优化收入分配格局，健全可持续的多层次社会保障体系，让改革发展成果更多更公平惠及全体人民。包括健全体现效率、促进公平的收入分配制度，完善覆盖全民的社会保障体系，健全国家公共卫生应急管理体系。

6. 建设更高水平开放型经济新体制，以开放促改革促发展

实行更加积极主动的开放战略，全面对接国际高标准市场规则体系，实施更大范围、更宽领域、更深层次的全面开放。包括以"一带一路"建设为重点构建对外开放新格局，加快自由贸易试验区、自由贸易港等对外开放高地建设，健全高水平开放政策保障机制，积极参与全球经济治理体系变革。

7. 完善社会主义市场经济法律制度，强化法治保障

以保护产权、维护契约、统一市场、平等交换、公平竞争、有效监管为基本导向,不断完善社会主义市场经济法治体系,确保有法可依、有法必依、违法必究。包括完善经济领域法律法规体系,健全执法司法对市场经济运行的保障机制,全面建立行政权力制约和监督机制,完善发展市场经济监督制度和监督机制。

政策解读:

《意见》提出七个关键领域的改革举措,为深化市场化改革、扩大高水平开放指明方向。

第一,《意见》强调完善要素市场化配置体制机制,激发全社会创造力和活力。推进要素配置的市场化改革是提高要素配置效率、释放中国经济增长潜力的关键性一环。《意见》涉及土地、劳动力、资金、技术和数据多个生产要素,涉及面之广、改革力度之大是前所未有的。如《意见》中明确提出,要"健全劳动、资本、土地、知识、技术、管理、数据等生产要素由市场评价贡献、按贡献决定报酬的机制",针对各要素,《意见》均明确提出改革方向。

第二,《意见》明晰政府作用定位理念,规范政府行为,推进国家治理现代化。政府功能定位直接关系市场在资源配置中决定性作用的发挥效果。《意见》对如何更好地发挥政府作用作出明确界定。如"坚持社会主义市场经济改革方向,更加尊重市场经济一般规律,最大限度减少政府对市场资源的直接配置和对微观经济活动的直接干预,充分发挥市场在资源配置中的决定性作用,更好发挥政府作用,有效弥补市场失灵","强调完善政府经济调节、市场监管、社会管理、公共服务、生态环境保护等职能",筑牢社会主义市场经济有效运行的体制基础。

第三,《意见》强调重塑市场微观主体,改革国企管理方式,增强微观主体活力。企业是市场经济的微观主体,国民经济的基石。培育更多充满活力的市场主体是实现经济高质量发展的根本保障。《意见》提出"夯实市场经济基础性制度,保障市场公平竞争"的改革思路,并对不同类型改革和发展提出改革方向。如"积极稳妥推进国有企业混合所有制改革""对混合所有制企业,探索建立有别于国有独资、全资公司的治理机制和监管制度"等,并且鼓励民营企业参与实施重大国家战略,营造支持非公有制经济高质量发展的制度环境,激发其活力和创造力。

二、促进就业与人力资源开发的相关政策法规

（一）人力资源社会保障部《关于改革完善技能人才评价制度的意见》

为贯彻落实《关于分类推进人才评价机制改革的指导意见》等文件精神，根据国务院推进"放管服"改革要求，2019 年 8 月 19 日，人力资源社会保障部印发了《关于改革完善技能人才评价制度的意见》（以下简称《意见》）①。

政策背景：

党中央、国务院高度重视技能人才评价工作。1994 年，我国建立职业资格证书制度，并在全国全面推行。2013 年以来，国务院将减少职业资格许可和认定事项作为推进"放管服"改革的重要内容，由人力资源社会保障部牵头组织开展，先后分七批取消 434 项职业资格，占部门设置职业资格总数的 70%以上。2017 年 9 月，经国务院同意，人力资源社会保障部向社会公布国家职业资格目录，实行清单式管理。随着职业资格改革深入，技能人员职业资格大幅减少，作为技能人才评价的主要方式，职业资格评价已难以满足技能劳动者需要，亟须改革完善技能人才评价制度，建立职业技能等级制度，并做好与职业资格制度的衔接。

政策内容：

《意见》明确，健全完善技能人才评价体系，形成科学化、社会化、多元化的技能人才评价机制；坚持深化改革、多元评价、科学公正、以用为本；发挥政府、用人单位、社会组织等多元主体作用，建立健全以职业资格评价、职业技能等级认定和专项职业能力考核等为主要内容的技能人才评价制度，形成有利于技能人才成长和发挥作用的制度环境，促进优秀技能人才脱颖而出。

《意见》要求，深化技能人员职业资格制度改革，完善职业资格目录。对准入类职业资格，继续保留在目录内。对关系公共利益或涉及国家安全、公共安全、人身健康、生命财产安全的水平评价类职业资格，要依法依规转

---

① 中央人民政府网，见 http://www.gov.cn/xinwen/2019-09/09/content_5428624.htm。

为准入类职业资格。对与国家安全、公共安全、人身健康、生命财产安全关系不密切的水平评价类职业资格，要逐步调整退出目录，对其中社会通用性强、专业性强、技术技能要求高的职业（工种），可根据经济社会发展需要，实行职业技能等级认定。

《意见》提出，建立并推行职业技能等级制度，由用人单位和社会培训评价组织按照有关规定开展职业技能等级认定。符合条件的用人单位可结合实际面向本单位职工自主开展，符合条件的用人单位按规定面向本单位以外人员提供职业技能等级认定服务。符合条件的社会培训评价组织可根据市场和就业需要，面向全体劳动者开展。

《意见》强调，建立健全由国家职业技能标准、行业企业评价规范、专项职业能力考核规范等构成的多层次、相互衔接的职业标准体系，完善职业标准开发机制。

《意见》指出，要完善评价内容和方式，突出品德、能力和业绩评价，按规定综合运用理论知识考试、技能操作考核、业绩评审、竞赛选拔、企校合作等多种鉴定考评方式，提高评价的针对性和有效性。

《意见》强调，建立技能人才评价工作目录管理制度并实行动态调整。规范证书发放管理，职业技能等级证书由用人单位和社会培训评价组织颁发。

《意见》要求，加快政府职能转变，进一步明确政府、市场、用人单位、社会组织等在人才评价中的职能定位，建立权责清晰、管理科学、协调高效的人才评价管理体制。改进政府人才评价宏观管理、政策法规制定、公共服务、监督保障等工作。鼓励支持社会组织、市场机构以及企业、院校等作为社会培训评价组织，提供技能评价服务。

政策解读：

建立科学的技能人才评价制度，对于加强职业技能培训，提高劳动者素质，促进劳动者就业创业，激励引导技能人才成长成才具有重要作用。《意见》有如下特点。

一是以市场为导向，符合市场经济发展的客观需要。技能人才评价制度是劳动力市场的重要内容，应与市场经济的基本规律相适应，发挥市场的决定性作用。基于此，《意见》提出，要深化技能人员职业资格制度改革，要建立职业技能等级制度，强调以评价主体、评价标准和评价方式的多元化，以破除对技能人才成长的制约,促进产业升级和高质量发展。

二是深入简政放权,符合治理体系和治理能力现代化的要求。将社会通用性强、专业行强水平评价类技能人员职业资格改为职业技能等级评价,有利于厘清政府和市场的关系,确定各自的职能,发挥各自的作用。《意见》强调,推进人力资源社会保障部门所属职业技能鉴定中心职能调整,逐步退出具体认定工作,转向加强质量监督、提供公共服务等工作,进一步明确了政府在新职业技能等级评价中肩负的重任。

三是结合客观实际,符合技能人才评价的规律特点。技能评价是技能人才队伍建设的重要组成部分。技能人才是活跃在生产一线的劳动者和价值的创造者,他们的思想品德、技能水平要在生产实践中体现,也必须靠生产实践来检验。同时,对技能人才的评价是综合性的,不仅离不开生产实际,对其思想品德、劳动态度、工作业绩的评价,也必须与企业生产实际相结合,才能予以准确的评价。因此《意见》中减少政府对职业资格的认定,推动企业等用人单位和社会组织评价,对于增强职业技能评价的针对性有效性,引导技能劳动者岗位成才、技能成才,有着重要意义。

(二) 中共中央办公厅、国务院办公厅《关于强化知识产权保护的意见》

加强知识产权保护,是完善产权保护制度最重要的内容,也是提高我国经济竞争力的最大激励。为贯彻落实党中央、国务院关于强化知识产权保护的决策部署,进一步完善制度、优化机制,2019 年 11 月,中共中央办公厅、国务院办公厅印发《关于强化知识产权保护的意见》(以下简称《意见》)①。

政策背景:

《意见》是对我国改革开放以来的知识产权保护成功经验的科学总结,它的出台对我国全面加强知识产权保护具有深刻指导意义。改革开放 40 多年来,中国经历了知识产权法律制度初创、知识产权战略纲要实施和知识产权强国建设起步等重要阶段,知识产权保护实现了从无到有、从"松、小、慢、异"到"严、大、快、同"的历史性跨越。新形势下,我国创新能力从以跟踪为主转向"三跑并存",迫切需要提高原始创新能力;部分企业进入行业

---

① 中央人民政府网,见 http://www.gov.cn/xinwen/2019-11/24/content_5455070.htm。

技术前沿,知识产权的国际竞争更加激烈,必须提高知识产权质量;国际环境发生变化,知识产权国际规则处于变化中,美欧等国将知识产权保护作为多边和双边贸易的重要条件,我们既要参与规则制定又要做好应对准备。加强知识产权保护,是完善产权保护制度最重要的内容,也是提高中国经济竞争力的最大激励。

政策内容:

《意见》提出,要强化制度约束,确立知识产权严保护政策导向。要加大侵权假冒行为惩戒力度、严格规范证据标准、强化案件执行措施、完善新业态新领域保护制度。

《意见》强调,要加强社会监督共治,构建知识产权大保护工作格局。要加大执法监督力度、建立健全社会共治模式、加强专业技术支撑。加强科技研发,通过源头追溯、实时监测、在线识别等技术手段强化知识产权保护。

《意见》强调,要优化协作衔接机制,突破知识产权快保护关键环节。要优化授权确权维权衔接程序、加强跨部门跨区域办案协作、推动简易案件和纠纷快速处理、加强知识产权快保护机构建设。

《意见》指出,要健全涉外沟通机制,塑造知识产权同保护优越环境。要更大力度加强国际合作、健全与国内外权利人沟通渠道、加强海外维权援助服务、健全协调和信息获取机制。

《意见》强调,要加强基础条件建设,有力支撑知识产权保护工作。要加强基础平台建设,加强专业人才队伍建设,加大资源投入和支持力度。鼓励条件成熟的地区率先建设知识产权保护试点示范区,鼓励企业加大资金投入,提升自我维权能力和水平。

《意见》要求,加大组织实施力度,确保工作任务落实。要加强组织领导,全面加强党对知识产权保护工作的领导。狠抓贯彻落实。强化考核评价。建立健全考核评价制度,将知识产权保护绩效纳入地方党委和政府绩效考核和营商环境评价体系。加强奖励激励。加强宣传引导,让强化知识产权保护的观念深入人心。

政策解读:

《意见》是第一个以中共中央办公厅、国务院办公厅名义出台的知识产权保护工作纲领性文件,具有里程碑式重要意义。《意见》是深入贯彻落实习近平新时代中国特色社会主义思想和党的十九大关于强化知识产权保护决策部署的重大举措，是学习贯彻习近平总书记关于加强知识产权保护一系列重要指示的重大制度成果，是向国际社会宣示中国政府严格知识产权保护态度的行动方案。

党的十八大以来，以习近平同志为核心的党中央高屋建瓴、运筹帷幄，对知识产权战略实施作出一系列重大决策部署，采取一系列改革措施，推动我国知识产权事业发展取得历史性成就。特别是在知识产权保护方面，从习近平总书记在博鳌亚洲论坛年会上把"加强知识产权保护"列为扩大开放的四大举措之一，到《关于加强知识产权审判领域改革创新若干问题的意见》的出台，再到正在修订的专利法中引入惩罚性赔偿措施，建立多个知识产权保护中心，都充分体现我国保护知识产权的坚定决心。

近年来，我国持续加强知识产权保护，取得显著成效，有力地带动了创新环境和营商环境持续优化。但与此同时，权利人维权"举证难、周期长、成本高、赔偿低"的现象依然存在，社会各界对加大侵权惩处力度的呼声日益强烈。同时，新经济业态的兴起，国际交往的密切和深入，使今天的知识产权工作面临诸多新情况新问题，给知识产权保护带来新的更大挑战。进一步加强顶层设计和政策实践，以更大力度推进知识产权保护刻不容缓。

《意见》应时而生，直面问题，直击痛点，明确提出 2022 年、2025 年两个时间节点的重要任务，释放了我国保护知识产权的决心和勇气。加大侵权假冒行为惩戒力度、严格规范证据标准、强化案件执行措施、完善新业态新领域保护制度、加大执法监督力度、建立健全社会共治模式、加强专业技术支撑等多方面的创新措施表明了中国以最大力度保护知识产权的信心和底气。严格保护知识产权是创新发展的生命线，保护知识产权就是保护创新。我们有理由相信，《意见》的出台将切实保护好创新主体的知识产权，有助于打造一流营商环境，进一步激发全社会创新能量，更好推动核心技术创新，赋予创新发展之舟更加强大的远航动力。

（三）人力资源社会保障部、财政部《关于实施职业技能提升行动"互联网+职业技能培训计划"》的通知

为坚决贯彻党中央、国务院决策部署，助力打赢新冠肺炎疫情防控阻击

战,2020 年 2 月 17 日,人力资源社会保障部、财政部出台《关于实施职业技能提升行动"互联网+职业技能培训计划"》①的通知,鼓励支持广大劳动者参加线上职业技能培训。

政策背景:

职业技能培训是保持就业稳定、缓解结构性就业矛盾的关键举措,也是经济转型升级和高质量发展的重要支撑。2019 年 5 月,国务院办公厅印发《职业技能提升行动方案(2019—2021 年)》。随后各级人力资源社会保障部门和相关部门做了大量工作。在全国上下的共同努力下,已超额完成全年 1500 万人次的目标任务,培训补贴资金总额大幅增长。提升行动在稳就业、惠民生、帮企业和促发展方面发挥了积极作用。

但随着 2019 年底至 2020 年新冠肺炎疫情的发生,职业技能培训形势与环境发生了重大的变化。一方面,已有的线下集中开展职业技能培训无法正常开展;另一方面,各种网络培训随之蓬勃发展。事实上,随着互联网应用日益深入,职业技能培训线上线下融合发展,已经为各类劳动者学习理论知识和职业技能提供了便捷化、多样化、个性化的培训服务。互联网技术通过在线直播、视频录播、交流互动、考核测试等形式安排课程,能够保障线上学习、居家学习技能的效果。因此,线上职业技能培训,既是提升劳动者职业技能水平的重要途径,也是减少疫情期间人员聚集的有效方式。同时,也为推动"互联网 + 职业技能培训"新的培训模式提供了发展机遇。

政策内容:

1. 大力开展线上职业技能培训。创新培训方式方法,充分利用门户网站、移动 APP、微信等多种渠道,扩大线上职业技能培训的覆盖面。面向社会征集资质合法、信誉良好、服务优质的线上职业技能培训平台及数字资源。根据各地产业发展和就业工作实际,组织待岗、返岗和在岗企业职工以及离校未就业高校毕业生、就业重点群体等参加线上培训。

2. 丰富线上培训课程资源。将职业道德规范、通用职业素质、就业指导、工匠精神、质量意识、法律意识和相关法律法规、安全消防环保和健康卫

---

① 人力资源和社会保障部,见 http://www.mohrss.gov.cn/gkml/zcfg/gfxwj/202002/t20200221_360402.html。

生、疫病防控以及新知识、新技术、新工艺等内容纳入线上课程开发内容。积极推动技工院校、企业和社会培训机构开发线上培训课程,开放线上培训资源,与线上培训平台合作开展线上培训。充分发挥技能大师等优秀高技能人才作用,组织开发绝招绝技、技能及工艺操作法等技能训练微课,提升线上培训效果。

3. 强化对企业的支持力度。在受疫情影响停工期间(整体停工或部分停工),对各类企业(包括依托互联网技术实现运营的平台企业和新业态企业)自主或委托开展的职工(含与其建立劳动关系或未建立劳动关系但通过平台提供服务获取劳动报酬)线上培训,按规定纳入职业培训补贴范围,所需资金可从职业技能提升行动专账资金中列支。对受疫情影响的企业开展项目制培训,可按规定预拨一定比例的培训补贴资金。

4. 加大培训补贴政策支持。各级人社、财政部门要制定线上培训相关政策和管理规定,对于参加线上培训并取得相应课程培训合格证明的学员,按照规定给予培训补贴,所需资金可从职业技能提升行动专账资金中列支。

5. 鼓励支持劳动者参加线上培训。各地可根据实际,对参加线上培训的建档立卡贫困劳动力、就业困难人员、零就业家庭成员、"两后生"中农村学员和城市低保家庭学员,在培训期间给予一定的生活费补贴(不含交通费补贴),所需资金可从就业补助资金中列支。

6. 做好技能人才评价。疫情防控期间,要统筹开展技能人才评价,服务支持线上培训。企业可结合生产经营实际,采取线上理论考试、生产过程考核、工作业绩考评等方式进行技能评价,指导社会培训评价组织有序开展职业技能等级认定。

7. 夯实线上培训基础。各地要结合产业发展和就业状况,将相关线上培训平台及数字资源纳入当地"两目录一系统"。做好新职业开发,加快职业技能标准和培训教材开发,为线上培训提供基础支持。

8. 优化管理服务。各地要加强对线上培训的调度、统计和管理,建立劳动者职业培训电子档案。要以提升职业培训补贴便利性和有效性为核心,实现补贴网上申请,简化补贴办理流程,缩短补贴发放周期。积极推行培训机构和培训项目、企业新型学徒制、企业技能人才自主评价等实施线上审批或备案。

政策解读：

实施职业技能提升行动"互联网 + 职业技能培训计划"是新形势下创新性的政策和决定，其着眼点是突出"政策激励"，着重点是援企稳岗和惠民培训，概括起来是"三个支持"。

一是强化对企业的支持。针对新冠肺炎疫情防控，"互联网 + 职业技能培训计划"明确了对企业的支持方式。对受疫情影响的企业的自主培训，纳入职业培训补贴范围。对企业的项目制培训，划拨一定比例的培训补贴资金，更好支持企业实施。

二是加大培训补贴政策支持。明确了对学员的支持方式。对于参加线上培训并取得相应课程培训合格证明的学员，从职业技能提升行动专项资金中给予补贴。

三是加强对劳动者参加线上培训的支持。明确对困难救助人群的补贴支持。要求各地根据实际，对困难救助人群在培训期间给予一定的生活费补贴，可以免除其后顾之忧。

（四）农业农村部、国家发展改革委等九部门《关于深入实施农村创新创业带头人培育行动的意见》

为贯彻《中共中央、国务院关于抓好"三农"领域重点工作确保如期实现全面小康的意见》部署，深入实施农村创新创业带头人培育行动，大力发展富民乡村产业，奠定决胜全面建成小康社会的物质基础，2020 年 6 月 17 日，农业农村部、国家发展改革委、教育部、科技部、财政部、人力资源社会保障部、自然资源部、退役军人部、银保监会等九部门发布了《关于深入实施农村创新创业带头人培育行动的意见》（以下简称《意见》）①。

政策背景：

农村创新创业带头人饱含乡土情怀、具有超前眼光、充满创业激情、富有奉献精神，是带动农村经济发展和农民就业增收的乡村企业家。培育农村创新创业带头人，就是培育农村创新创业的"领头雁"，培育乡村产业发

---

① 农业农村部，见 http://www.moa.gov.cn/govpublic/XZQYJ/202006/20200617_6346579.htm。

展的动能。但从现实情况看，当前返乡入乡创业面临不少困难和问题。一是创业项目不好选。60%返乡创业者认为，项目不好选，缺信息、缺技术，找不到服务机构。二是创业资金不好筹。80%的返乡创业者靠自筹资金创业捉襟见肘，银行贷款所需的抵押担保难以提供。三是创业用地不好拿。返乡入乡创业一般需要一定的建设用地，但存量建设用地成本高，各类园区进不去，用地问题难以解决。四是创业人才不好聘。返乡入乡人员创办的大多是新产业新业态企业，需要大量专业人才。但农村存量人才不多，城里人才不愿去。五是创业风险不好控。返乡创业者只参加了养老保险和新农合，且不在失业保险的覆盖范围，其他救助措施也不多，抵御创业风险的难度大。因此，农业农村部等九部委联合出台了《意见》，为全面建成小康社会、推进乡村全面振兴提供有力支撑。

政策内容：

1. 明确培育重点

一是扶持返乡创业农民工。以乡情感召、政策吸引、事业凝聚，引导有资金积累、技术专长、市场信息和经营头脑的返乡农民工在农村创新创业。遴选一批创业激情旺盛的返乡农民工，加强指导服务，吸纳更多农村劳动力就地就近就业。

二是鼓励入乡创业人员。营造引得进、留得住、干得好的乡村营商环境，引导大中专毕业生、退役军人、科技人员等入乡创业，带动更多农民学技术、闯市场、创品牌，提升乡村产业的层次水平。

三是发掘在乡创业能人。挖掘"田秀才""土专家""乡创客"等乡土人才，以及乡村工匠、文化能人、手工艺人等能工巧匠，支持创办家庭工场、手工作坊、乡村车间，保护传统手工艺，发掘乡村非物质文化遗产资源，带动农民就业增收。

2. 强化政策扶持

一是加大财政政策支持。统筹利用好现有创新创业扶持政策，鼓励地方统筹利用现有资金渠道，允许发行地方政府专项债券，支持农村创新创业园和孵化实训基地中符合条件的项目建设。

二是加大金融政策支持。引导相关金融机构创新金融产品和服务方式，支持农村创新创业带头人创办的企业。落实创业担保贷款贴息政策，大力扶持返乡入乡人员创新创业。发挥国家融资担保基金等政府性融资担保体系作用,积极为农村创新创业带头人提供融资担保。引导各类产业发展基金、创业投资基金投入农村创新创业带头人创办的项目。推广"互联网+返乡创业+信贷"等农村贷款融资模式。

三是加大创业用地支持。各地新编县乡级国土空间规划、省级制定土地利用年度计划应做好农村创新创业用地保障。推进农村集体经营性建设用地入市改革,优先用于乡村新产业新业态和返乡入乡创新创业。允许在符合国土空间规划和用途管制要求、探索创新用地方式,支持农村创新创业带头人创办乡村旅游等新产业新业态。

四是加大人才政策支持。支持和鼓励高校、科研院所等事业单位科研人员,按国家有关规定离岗到乡村创办企业,允许科技人员以科技成果作价入股农村创新创业企业。将农村创新创业带头人及其所需人才纳入地方政府人才引进政策奖励和住房补贴等范围。

3. 加强创业培训

一是加大培训力度。实施返乡入乡创业带头人培养计划,对具有发展潜力和带头示范作用的返乡入乡创业人员,依托普通高校、职业院校、优质培训机构、公共职业技能培训平台等开展创业培训。

二是创新培训方式。支持有条件的职业院校、企业深化校企合作,依托大型农业企业、知名村镇、大中专院校等建设一批农村创新创业孵化实训基地,为返乡入乡创新创业带头人提供职业技能培训基础平台。充分利用门户网站、远程视频、云互动平台、微课堂、融媒体等现代信息技术手段,提供灵活便捷的在线培训。

三是提升培训质量。积极探索创业培训+技能培训,创业培训与区域产业相结合的培训模式。根据返乡入乡创新创业带头人特点,开发一批特色专业和示范培训课程。大力推行互动教学、案例教学和现场观摩教学,开设农村创新创业带头人创业经验研讨课。组建专业化、规模化、制度化的创新创业导师队伍和专家顾问团,建立"一对一""师带徒"培养机制。

4. 优化创业服务

一要提供优质服务。县乡政府要在政务大厅设立农村创新创业服务窗口,集中提供项目选择、技术支持、政策咨询、注册代办等一站式服务。各级政府要推进政务服务"一网通办"、扶持政策"一键查询"。发挥乡村产业服务指导机构作用,为农村创新创业带头人提供政策解读、项目咨询、土地流转、科技推广、用人用工等方面的服务。

二要聚集服务功能。严格落实园区设立用地审核要求,依托现代农业产业园、农产品加工园、高新技术园区等,建设一批乡情浓厚、特色突出、设施齐全的农村创新创业园区。建设一批集"生产+加工+科技+营销+品牌+体验"于一体、"预孵化+孵化器+加速器+稳定器"全产业链的农村创新创业孵化实训基地、众创空间和星创天地等,帮助农村创新创业带头人开展上下游配套创业。

三要拓宽服务渠道。积极培育市场化中介服务机构,发挥行业协会商会作用。建立"互联网+创新创业"模式,推进农村创新创业带头人在线、实时与资本、技术、商超和电商对接,利用 5G 技术、云平台和大数据等创新创业。完善农村信息、交通、寄递、物流线路及网点等设施,健全以县、乡、村三级物流节点为支撑的物流网络体系。

政策解读:

由于受新冠肺炎疫情影响,全球产业链、供应链产生较大变化,未来我国和全球的生产、贸易将发生长远和深刻的变化。在此背景下,实施农村创新创业带头人培育行动,正逢其时,意义重大。

一是实施国家创新驱动战略的迫切需要。近年来,农村创新创业日益成为国家创新驱动战略的重要"战场"。当前,我国经济已由高速增长阶段转向高质量发展阶段,大众创业万众创新持续向更大范围、更高层次和更深程度推进,对推动农村创新创业提出新的更高要求。但与城市相比,农村创新创业还存在质量相对较低,配套政策、服务和基础设施还相对薄弱等问题,亟须培育一批农村创新创业带头人,促进农村创新创业高质量发展。

二是实施乡村振兴战略的迫切需要。产业兴旺是乡村振兴的重点,创新创业是乡村产业振兴的动能。实施农村创新创业带头人培育行动,有利于吸引更多农民工、大中专毕业生、退役军人、科研人员等返乡入乡在乡开办新企业、开发新产品、开拓新市场、培育新业态,有利于促进农业与现代产业跨界配置要素,打通城乡人才、技术、资金等要素双向流动渠道,促进乡村全面振兴。

三是全面建成小康社会的迫切需要。全面建成小康社会,短板在农村,难点是农村贫困人口脱贫。突发的新冠肺炎疫情,对农民工返城返岗就业造成冲击,影响农民就业增收。实施农村创新创业带头人培育行动,培育一批带动农村经济发展和农民就业增收的乡村企业家,有利于激发返乡入乡人员自主创业、主动就业,形成创新带创业、创业带就业、就业促增收、致富奔小康的良好局面。

三、促进社会保障的相关政策法规

(一) 人力资源和社会保障部、国家医疗保障局《香港澳门台湾居民在内地(大陆)参加社会保险暂行办法》

为了维护在内地(大陆)就业、居住和就读的香港特别行政区、澳门特别行政区居民中的中国公民和台湾地区居民(以下简称港澳台居民)依法参加社会保险和享受社会保险待遇的合法权益,加强社会保险管理,根据《中华人民共和国社会保险法》等规定,2019 年 11 月 21 日,人力资源和社会保障部、国家医疗保障局发布《香港澳门台湾居民在内地(大陆)参加社会保险暂行办法》(以下简称《暂行办法》)①。

政策背景:

随着内地(大陆)经济迅速发展、港澳与内地交流合作不断深化、两岸人员往来日益密切,到内地(大陆)发展的港澳台居民人数规模也越来越大。对于其中在内地(大陆)就业、居住的港澳台居民而言,能否同内地(大陆)居民一样参加社会保险,成为他们关心关注的问题。近年来,港澳台相关人员通过多种渠道提出诉求。

党的十九大报告中明确提出,要支持香港、澳门融入国家发展大局,制定完善便利香港、澳门居民在内地发展的政策措施,逐步为台湾同胞在大陆学习、创业、就业、生活提供与大陆同胞同等的待遇,增进台湾同胞福祉。

《暂行办法》是对《中华人民共和国社会保险法》的进一步细化和完善,对维护在内地(大陆)居住、就业和就读的港澳台居民依法参加内地(大陆)

---

① 中央人民政府网,见 http://www.gov.cn/xinwen/2019-12/02/content_5457637.htm。

的社会保险和享受社会保险待遇的合法权益,促进其生活便利化,进一步推动内地(大陆)与港澳台交流融合具有重要意义。

政策内容：

第一,港澳台居民在内地(大陆)参加社会保险的人员和险种范围进一步明晰。一是被内地(大陆)各类用人单位聘用、招用的港澳台居民应当参加五项基本社会保险,并依法享有各类社会保险权益。二是在内地(大陆)从事个体工商经营和灵活就业的港澳台居民可以参加职工基本养老保险和职工基本医疗保险。三是在内地(大陆)居住且办理港澳台居民居住证的未就业港澳台居民,可以在居住地按照规定参加城乡居民基本养老保险和城乡居民基本医疗保险,由各级财政按照统筹地区城乡居民相同的标准给予补助。四是在内地(大陆)就读的港澳台大学生,与内地(大陆)大学生执行同等医疗保障政策,由各级财政按照所在高等教育机构内地(大陆)大学生相同的标准给予补助。

第二,参加养老保险的港澳台居民,达到法定退休或领取养老金年龄时,适用与内地(大陆)居民同等的延缴、补缴政策。《暂行办法》规定,参加职工基本养老保险和城乡居民基本养老保险的港澳台居民,达到法定退休或领取养老金年龄时,累计缴费不足 15 年的,允许其延长缴费或补缴,保障其依法享有养老保险待遇。

第三,港澳台居民在内地(大陆)的社会保险关系可以实现跨统筹地区转移。《暂行办法》规定,在内地(大陆)参加社会保险的港澳台居民,可按照国家有关规定,办理跨统筹地区社会保险关系转移,并明确了在跨统筹地区流动就业的港澳台居民养老保险待遇领取地的确定方式。

第四,港澳台居民离开内地(大陆),社会保险关系可以得到妥善处理。《暂行办法》规定,港澳台居民在达到规定的领取养老金条件前离开内地(大陆)的,其社会保险个人账户予以保留,再次来内地(大陆)就业或者居住并继续缴费的,缴费年限累计计算;经本人书面申请终止社会保险关系的,可以将其社会保险个人账户储存额一次性支付给本人。

政策解读：

《暂行办法》充分体现"一国两制"原则。在政策设计方面,明确港澳台居民与内地(大陆)居民享受同等权利、履行同等义务,使其受到内地(大陆)社会保险制度的覆盖;在经办服务方面,针对港澳台居民实际情况,作出便利性安排,以更好地维护其社会保险权益。对维护在内地(大陆)居住、就业和就读的港澳台居民依法参加内地(大陆)的社会保险和享受社会保险待遇的合法权益,促进其生活便利化,进一步推动内地(大陆)与港澳台交流融合具有重要意义。

(二)　国务院出台《保障农民工工资支付条例》

为了规范农民工工资支付行为,保障农民工按时足额获得工资,2019 年 12 月 30 日,国务院出台《保障农民工工资支付条例》(以下简称《条例》)[①]。

政策背景:

我国有近 3 亿农民工,他们是推动我国社会主义现代化建设的重要力量,为经济社会发展作出了重大而独特的贡献。劳有所得,天经地义。工资是农民工的保命钱、活命钱、养命钱,是提升农民工群体获得感、幸福感、安全感的重要物质基础,必须保证他们的辛劳及时获得足额的报酬。

党中央、国务院历来高度重视解决拖欠农民工工资问题。《国务院办公厅关于全面治理拖欠农民工工资问题的意见》明确了一系列拖欠农民工工资的治理措施,取得了积极成效;国家出台了规范政府投资行为和建设市场秩序的法律法规,对解决拖欠农民工工资问题发挥了积极作用。不过现实中仍存在一些导致拖欠农民工工资的问题,需要进一步解决:一是建设项目资金不到位。除社会投资项目外,政府投资项目也存在拖欠工程款的现象,与拖欠农民工工资问题相互交织。二是工程建设领域欠薪。建设市场秩序不规范,存在违法分包、层层转包、挂靠承包等违法违规行为,增加了治理拖欠农民工工资的难度。三是施工企业劳动用工不规范。工程建设领域利益链条过长,管理不规范,加剧了处于末端环节的农民工工资拖欠问题。拖欠农民工工资问题原因复杂,根治这一问题必须多管齐下。在深入分析农民工欠薪根源、梳理现有治理农民工欠薪政策落实情况、总结治理欠薪实践经验基础上,制定专门行政法规,以法治手段推动根治欠薪问题,具有十

---

① 中央人民政府网,见 http://www. gov. cn/zhengce/content/2020 - 01/07/content _ 5467278. htm。

分重要的现实意义。

政策内容：

第一，规范工资支付行为是治理拖欠农民工工资问题的源头。《条例》坚持源头预防，主要规定了以下内容：一是用人单位实行农民工劳动用工实名制管理，与招用的农民工书面约定或者通过依法制定的规章制度规定工资支付标准、支付时间、支付方式等内容。二是农民工工资应当以货币形式，通过银行转账或者现金支付给农民工本人，不得以实物或者有价证券等其他形式替代。三是用人单位应当按照与农民工书面约定或者依法制定的规章制度规定的工资支付周期和具体支付日期足额支付工资。四是用人单位应当按照工资支付周期编制书面工资支付台账，并至少保存 3 年；向农民工支付工资时，应当提供农民工本人的工资清单。

第二，明确清偿主体是治理拖欠农民工工资问题的关键。《条例》对一些特殊情形下拖欠农民工工资的清偿作了规定：一是不具备合法经营资格的单位招用农民工，农民工已经付出劳动而未获得工资的，依照有关法律规定执行，即由该单位或者其出资人清偿。二是用工单位使用个人、不具备合法经营资格的单位或者未依法取得劳务派遣许可证的单位派遣的农民工，拖欠农民工工资的，由用工单位清偿，并可以依法进行追偿。三是用人单位将工作任务发包给个人或者不具备合法经营资格的单位，导致拖欠所招用农民工工资的，依照有关法律规定执行，即由发包的组织与承包经营者承担连带赔偿责任。用人单位允许个人、不具备合法经营资格或者未取得相应资质的单位以用人单位的名义对外经营，导致拖欠所招用农民工工资的，由用人单位清偿，并可以依法进行追偿。四是合伙企业、个人独资企业、个体经济组织等用人单位拖欠农民工工资的，应当依法予以清偿；不清偿的，由出资人依法清偿。五是用人单位合并或者分立时，应当在实施合并或者分立前依法清偿拖欠的农民工工资；经与农民工书面协商一致的，可以由合并或者分立后承继其权利和义务的用人单位清偿。六是用人单位被依法吊销营业执照或者登记证书、被责令关闭、被撤销或者依法解散的，应当在申请注销登记前依法清偿拖欠的农民工工资；未按规定清偿农民工工资的用人单位主要出资人，应当在注册新用人单位前清偿拖欠的农民工工资。

第三，工程建设领域是治理拖欠农民工工资的重点。《条例》围绕资金到位、按时拨付、确保发放等方面,全链条多环节进行规范,主要作了以下规定:一是针对建设资金不到位问题,规定建设单位未满足施工所需资金安排的,不得开工建设或者颁发施工许可证;建设单位应当向施工单位提供工程款支付担保;建设项目的人工费用与工程款实行分账管理,建设单位按照约定将人工费用及时足额拨付至施工总承包单位的农民工工资专用账户。二是针对工程建设领域欠薪问题,规定建设单位有权督促施工总承包单位加强劳动用工管理,施工总承包单位对分包单位工资发放等进行监督,分包单位直接负责对所招用农民工的管理;将建设工程发包或者分包给个人或者不具备合法经营资格的单位,导致拖欠农民工工资的,由建设单位或者施工总承包单位清偿;施工总承包单位应当在施工现场设立维权信息告示牌。三是针对施工企业劳动用工不规范问题,规定施工总承包单位或者分包单位对所招用的农民工进行实名登记管理;农民工工资推行由分包单位委托施工总承包单位代发;施工总承包单位应当按照规定开设农民工工资专用账户,并按照规定存储工资保证金或者以金融机构保函替代,专项用于支付农民工被拖欠的工资。

第四,细化部门监管职责,是根治拖欠农民工工资问题的内在需要。为此,《条例》在监督检查方面作出了一系列规定:一是人力资源社会保障行政部门、相关行业工程建设主管部门和其他有关部门按照职责,对劳动合同签订、工资支付、用工实名制、工资专用账户、施工总承包单位代发工资、工资保证金存储、维权信息公示等情况加强监督检查。二是人力资源社会保障行政部门在查处拖欠农民工工资案件时,经批准可以依法查询相关单位金融账户和相关当事人拥有房产、车辆等情况。三是发生用人单位拒不配合调查、清偿责任主体无法联系等情形的,人力资源社会保障行政部门可以请求公安机关和其他有关部门协助处理;对拖欠农民工工资涉嫌构成拒不支付劳动报酬罪的,及时移送公安机关审查并作出决定。四是对用人单位开展守法诚信等级评价;建立拖欠农民工工资"黑名单",将用人单位及其法定代表人或者主要负责人、直接负责的主管人员和其他直接责任人员列入失信联合惩戒对象名单,依法依规予以限制。

为了确保农民工工资支付保障制度落地实施,加大对违法行为的惩戒力度,营造"不愿欠薪""不能欠薪""不敢欠薪"的社会氛围,《条例》在法律责任方面主要作了以下规定:一是明确拖欠农民工工资行为的法律责任,促使用人单位履行主体责任。二是突出工程建设领域违法行为的法律责任。三是明确政府部门监管不到位的责任,促使政府投资行为更加规范。

政策解读:

《条例》的制定,坚持以习近平新时代中国特色社会主义思想为指导,全面贯彻党的十九大和十九届二中、三中、四中全会精神。按照"科学立法、民主立法、依法立法"要求,恪守立法为民理念,坚持源头治理、系统治理、综合治理,以保护广大农民工的合法权益,建立健全欠薪零容忍的制度体系、监管有效的工作格局、惩处有力的执法机制为目标,为保障农民工工资支付提供坚实的法治保障。

《条例》的制定体现了以下几方面特点。

第一,问题导向。《条例》的立项,就是为了根治拖欠农民工工资的问题。在立法过程中,始终抓住根治欠薪这个根本的立法目的,深入分析拖欠农民工工资的主要领域、主要方面、主要环节,分析导致拖欠农民工工资的主要原因,治理欠薪的重点和难点问题。在此基础上,有针对性地研究制定法律的条文。

第二,突出重点。劳动报酬是农民工最基本的权益,工资支付制度是劳动法律制度体系中的重要部分,《条例》突出工作重点,针对农民工这一特殊群体、拖欠工资的这个重点问题来设计制度规定。特别是针对拖欠农民工工资相对集中的工程建设领域,专门设立专章作出了一系列特别规定。

第三,尊重实践。多年来,尤其是党的十八大以来,党中央、国务院对治理拖欠农民工工资问题作出了一系列决策部署,各级地方人民政府及其人力资源社会保障等部门对治理拖欠农民工工资问题探索了很多有效的举措,如农民工工资的专用账户、总包代发、用工实名制、工资保证金等措施,《条例》就是将这些实践中成熟有效的措施上升为法律规范。

第四,建立机制。《条例》在制定中,着力在建立机制上下功夫。比如,《条例》围绕治理拖欠农民工工资工作中的不同环节,充分发挥行政、司法和社会监督的作用,建立了部门协同、联防联治的机制;明确用人单位拖欠农民工工资的法律责任和相关部门的职责分工,加大行政执法力度,建立了责任追究机制;实施拖欠农民工工资失信联合惩戒对象名单制度,建立了失信惩戒机制。

第五,压实责任。一是明确工资支付的主体责任。每个使用农民工的用人单位,应当依法发放农民工工资。二是属地责任。《条例》规定,县级以上地方人民政府对本行政区域内保障农民工工资支付工作负责。三是部门的监管责任。人力资源社会保障、工程建设行业主管部门以及发改、财政、公安等部门依职责承担相应的监管职责。

(三) 中共中央、国务院《关于深化医疗保障制度改革的意见》

为深入贯彻党的十九大关于全面建立中国特色医疗保障制度的决策部署,着力解决医疗保障发展不平衡不充分的问题,2020 年 2 月 25 日,中共中央、国务院出台《关于深化医疗保障制度改革的意见》①(以下简称《意见》)。

政策背景:

党的十八大以来,全民医保改革纵深推进,在破解看病难、看病贵问题上取得了突破性进展。目前,我国已建立了世界上规模最大的基本医疗保障网,全国基本医疗保险参保人数超过 13.5 亿人,覆盖面稳定在 95% 以上;医疗保障基金收支规模和累计结存稳步扩大,整体运行稳健可持续。

随着人民群众对健康福祉的美好需要日益增长,医疗保障领域发展不平衡不充分的问题逐步显现。主要表现:一是制度碎片化。一些地方政策口子松,制度叠床架屋。二是待遇不平衡。地区间保障水平衔接不够,过度保障与保障不足现象并存。三是保障有短板。职工医保个人账户弱化了共济保障功能,门诊保障不够充分。四是监管不完善。侵蚀医保基金和侵害群众利益的现象还比较普遍,医保对医疗服务行为约束不足。五是改革不协同。医药服务资源不平衡,医保、医疗、医药改革成果系统集成不足。这些问题关系到人民群众获得感,必须加以改革。

政策内容:

1. 完善公平适度的待遇保障机制

公平适度的待遇保障是增进人民健康福祉的内在要求。要推进法定医疗保障制度更加成熟定型,健全重特大疾病医疗保险和救助制度,统筹规划

---

① 中央人民政府网,见 http://www.gov.cn/zhengce/2020-03/05/content_5487407.htm。

各类医疗保障高质量发展,根据经济发展水平和基金承受能力稳步提高医疗保障水平。要完善基本医疗保险制度,实行医疗保障待遇清单制度,健全统一规范的医疗救助制度,完善重大疫情医疗救治费用保障机制,促进多层次医疗保障体系发展。

2. 健全稳健可持续的筹资运行机制

合理筹资、稳健运行是医疗保障制度可持续的基本保证。要建立与社会主义初级阶段基本国情相适应、与各方承受能力相匹配、与基本健康需求相协调的筹资机制,切实加强基金运行管理,加强风险预警,坚决守住不发生系统性风险底线。要完善筹资分担和调整机制,巩固提高统筹层次,加强基金预算管理和风险预警。

3. 建立管用高效的医保支付机制

医保支付是保障群众获得优质医药服务、提高基金使用效率的关键机制。要聚焦临床需要、合理诊治、适宜技术,完善医保目录、协议、结算管理,实施更有效率的医保支付,更好保障参保人员权益,增强医保对医药服务领域的激励约束作用。要完善医保目录动态调整机制,创新医保协议管理,持续推进医保支付方式改革。

4. 健全严密有力的基金监管机制

医疗保障基金是人民群众的“保命钱”,必须始终把维护基金安全作为首要任务。要织密扎牢医保基金监管的制度笼子,着力推进监管体制改革,建立健全医疗保障信用管理体系,以零容忍的态度严厉打击欺诈骗保行为,确保基金安全高效、合理使用。要改革完善医保基金监管体制,完善创新基金监管方式,依法追究欺诈骗保行为责任。

5. 协同推进医药服务供给侧改革

医药服务供给关系人民健康和医疗保障功能的实现。要充分发挥药品、医用耗材集中带量采购在深化医药服务供给侧改革中的引领作用,推进医保、医疗、医药联动改革系统集成,加强政策和管理协同,保障群众获得优质实惠的医药服务。要深化药品、医用耗材集中带量采购制度改革,完善医药服务价格形成机制,增强医药服务可及性,促进医疗服务能力提升。

6. 优化医疗保障公共管理服务

医疗保障公共管理服务关系亿万群众切身利益。要完善经办管理和公共服务体系,更好提供精准化、精细化服务,提高信息化服务水平,推进医保治理创新,为人民群众提供便捷高效的医疗保障服务。要优化医疗保障公共服务,高起点推进标准化和信息化建设,加强经办能力建设,持续推进医保治理创新。

政策解读:

党的十九大报告提出,完善统一的城乡居民基本医疗保险制度和大病保险制度。党的十九届四中全会进一步强调,坚持应保尽保原则,健全统筹城乡、可持续的基本医疗保险制度。2019年11月26日,中央全面深化改革委员会第十一次会议召开,就党中央明确的国家治理急需的制度、满足人民对美好生活新期待必备的制度进行研究和部署。深化医保制度改革的意见就是其中之一。

《意见》坚持以人民健康为中心,坚持问题导向、目标导向、结果导向,全面部署医疗保障制度改革工作,提出了"1+4+2"的总体改革框架。其中,"1"是力争到2030年,全面建成以基本医疗保险为主体,医疗救助为托底,补充医疗保险、商业健康保险、慈善捐赠、医疗互助共同发展的多层次医疗保障制度体系,是总体改革目标。"4"是健全待遇保障、筹资运行、医保支付、基金监管四个机制,是关键机制;"2"所指向的完善医药服务供给和医疗保障服务,是两大支撑体系。

《意见》进一步强化医保制度的保障功能、协同推进医药服务供给侧改革两大部分,集中体现了此次改革创新亮点。《意见》提出要根据经济发展水平和基金承受能力稳步提高医疗保障水平,并设立专章"协同推进医药服务供给侧改革"。在"强保障"上,新一轮医保制度改革有诸多突破性的举措,比如改革职工基本医疗保险个人账户,建立健全门诊共济保障机制,着力补齐门诊保障短板,推进医保制度走向成熟、定型。

四、促进人员开发优化、民生方面的相关政策法规

(一)中共中央、国务院印发《国家积极应对人口老龄化中长期规划》

为积极应对人口老龄化,按照党的十九大决策部署,2019年11月21日,中共中央、国务院印发了《国家积极应对人口老龄化中长期规划》(以下

简称《规划》)①。《规划》近期至 2022 年,中期至 2035 年,远期展望至 2050 年,是到本世纪中叶我国积极应对人口老龄化的战略性、综合性、指导性文件。

政策背景:

我国自 20 世纪末进入老龄化社会以来,老年人口数量和占总人口的比重持续增长,2000 年至 2018 年,60 岁及以上老年人口从 1.26 亿人增加到 2.49 亿人,老年人口占总人口的比重从 10.2% 上升至 17.9%。未来一段时间,老龄化程度将持续加深。

积极应对人口老龄化,是党中央、国务院正确把握人口发展大趋势和老龄化规律,作出的立足当下、着眼长远的重大战略部署,事关实现"两个一百年"奋斗目标,事关实现中华民族伟大复兴的中国梦,对于坚持以人民为中心的发展思想、实现经济高质量发展、维护国家安全和社会和谐稳定,具有重大意义。

积极应对人口老龄化是贯彻以人民为中心的发展思想的内在要求。伴随着人口年龄结构老化,社会与家庭负担加重,社会保障支出压力加大,养老和健康服务供需矛盾更加突出。积极应对人口老龄化,健全可持续的多层次社会保障体系,完善养老服务体系和健康服务体系,构建养老、孝老、敬老的政策体系和社会环境,有利于满足人民日益增长的美好生活需要。

积极应对人口老龄化是实现经济高质量发展的必要保障。在人口老龄化过程中,劳动年龄人口数量持续下降,青壮年劳动力供给逐步减少,对潜在经济增长率造成不利影响。积极应对人口老龄化,加快积累人力资本,加快提高全要素生产率,加快建设创新型国家,可以化被动为主动,对冲人口老龄化带来的不利影响。

积极应对人口老龄化是维护国家安全和社会和谐稳定的重要举措。人口结构持续老龄化,既不利于保持代际和谐与社会活力,也不利于维护国家人口安全和增强国际竞争力。必须有效防范和化解人口老龄化带来的社会稳定风险和国家安全风险,才能确保中华民族世代永续发展、始终屹立于世界民族之林。

---

① 中央人民政府网,见 http://www.gov.cn/xinwen/2019-11/21/content_5454347.htm。

政策内容：

《规划》指出，人口老龄化是社会发展的重要趋势，是人类文明进步的体现，也是今后较长一段时期我国的基本国情。人口老龄化对经济运行全领域、社会建设各环节、社会文化多方面乃至国家综合实力和国际竞争力，都具有深远影响，挑战与机遇并存。

《规划》强调，积极应对人口老龄化，是贯彻以人民为中心的发展思想的内在要求，是实现经济高质量发展的必要保障，是维护国家安全和社会和谐稳定的重要举措。要按照经济高质量发展的要求，坚持以供给侧结构性改革为主线，构建管长远的制度框架，制定见实效的重大政策，坚持积极应对、共建共享、量力适度、创新开放的基本原则，走出一条中国特色应对人口老龄化道路。

《规划》明确了积极应对人口老龄化的战略目标，即积极应对人口老龄化的制度基础持续巩固，财富储备日益充沛，人力资本不断提升，科技支撑更加有力，产品和服务丰富优质，社会环境宜居友好，经济社会发展始终与人口老龄化进程相适应，顺利建成社会主义现代化强国，实现中华民族伟大复兴的中国梦。到 2022 年，我国积极应对人口老龄化的制度框架初步建立；到 2035 年，积极应对人口老龄化的制度安排更加科学有效；到本世纪中叶，与社会主义现代化强国相适应的应对人口老龄化制度安排成熟完备。

《规划》从 5 个方面部署了应对人口老龄化的具体工作任务。

一是夯实应对人口老龄化的社会财富储备。通过扩大总量、优化结构、提高效益，实现经济发展与人口老龄化相适应。通过完善国民收入分配体系，优化政府、企业、居民之间的分配格局，稳步增加养老财富储备。健全更加公平更可持续的社会保障制度，持续增进全体人民的福祉水平。

二是改善人口老龄化背景下的劳动力有效供给。通过提高出生人口素质、提升新增劳动力质量、构建老有所学的终身学习体系，提高我国人力资源整体素质。推进人力资源开发利用，实现更高质量和更加充分就业，确保积极应对人口老龄化的人力资源总量足、素质高。

三是打造高质量的为老服务和产品供给体系。积极推进健康中国建设，建立和完善包括健康教育、预防保健、疾病诊治、康复护理、长期照护、安宁疗护的综合、连续的老年健康服务体系。健全以居家为基础、社区为依托、机构充分发展、医养有机结合的多层次养老服务体系,多渠道、多领域扩大适老产品和服务供给,提升产品和服务质量。

四是强化应对人口老龄化的科技创新能力。深入实施创新驱动发展战略,把技术创新作为积极应对人口老龄化的第一动力和战略支撑,全面提升国民经济产业体系智能化水平。提高老年服务科技化、信息化水平,加大老年健康科技支撑力度,加强老年辅助技术研发和应用。

五是构建养老、孝老、敬老的社会环境。强化应对人口老龄化的法治环境,保障老年人合法权益。构建家庭支持体系,建设老年友好型社会,形成老年人、家庭、社会、政府共同参与的良好氛围。

《规划》要求,坚持党对积极应对人口老龄化工作的领导,坚持党政主要负责人亲自抓、负总责,强化各级政府落实规划的主体责任,进一步完善组织协调机制。推进国际合作,推动与"一带一路"相关国家开展应对人口老龄化的政策对话和项目对接。选择有特点和代表性的区域进行应对人口老龄化工作综合创新试点。建立健全工作机制、实施监管和考核问责制度,强化对规划实施的监督,确保规划落实。

政策解读:

《规划》是一个战略性、综合性、指导性的文件。

首先,《规划》站位高。该《规划》是首个以中共中央、国务院名义印发的关于应对人口老龄化问题的中长期顶层设计及文件,站位全面建设社会主义现代化强国建设新征程,高瞻远瞩,谋划长远,同时效力等级高,具备权威性。

其次,《规划》覆盖广。《规划》中涉及的内容十分广泛,基本覆盖了我国"五位一体"战略布局的相关方面,分别从社会财富储备、劳动力有效供给、高质量的为老服务和产品供给体系、科技创新能力以及社会环境等多方面进行部署,体现了"坚持应对人口老龄化和经济社会发展相结合,坚持满足老年人需求和解决人口老龄化问题相结合"的重要原则以及综合应对、科学应对的要求。

最后,《规划》体现了中国特色。一方面,从人口老龄化进程看,我国老龄化规模大、速度快,这在世界范围内是前所未有的,我国用 20 多年时间完成了部分发达国家几十年的人口老龄化进程,这与世界上先期进入老龄化的发达国家明显不同,要求我国尽快作出反应,及时应对,并且"对症抓药"。另一方面,从老龄化进程和经济社会发展进程的交互作用看,"未富先老、未备先老"等现象仍不同程度存在。作为发展中的人口大国,我国老龄化进程与转型发展中的诸多矛盾和问题交织,应对的任务更为繁重。特殊的国情决定了我国必须探索出一条具有中国特色的积极应对人口老龄化的道路。

（二）中共中央办公厅、国务院办公厅《关于促进劳动力和人才社会性流动体制机制改革的意见》

党的十九大报告提出,要破除妨碍劳动力、人才社会性流动的体制机制弊端,使人人都有通过辛勤劳动实现自身发展的机会。为深入贯彻落实党的十九大精神,促进劳动力和人才社会性流动体制机制改革,2019 年 12 月,中共中央办公厅、国务院办公厅印发《关于促进劳动力和人才社会性流动体制机制改革的意见》(以下简称《意见》)①。

政策背景:

党的十九大报告提出的破除妨碍劳动力、人才社会性流动的体制机制弊端,是聚焦解决当前社会性流动机会、渠道、空间等方面问题提出的要求,具有很强的现实针对性和目的性。促进劳动力和人才社会性流动体制机制改革,形成合理、公正、畅通、有序的社会性流动,有利于进一步解放和发展社会生产力,实现经济持续健康发展;有利于释放和增强社会发展活力,保持社会公平正义和社会大局的长期稳定;有利于创造更多个人职业发展和价值实现的机会,增强个人通过努力奋斗改变命运的动力,实现人的全面发展。

改革开放以来,党和国家持续深化经济、政治、社会体制改革,推进教育、就业、社会保障、户籍等制度深层次变革,出台一系列政策举措,社会性流动实现从计划到市场、从单一到多元的历史性转变。但当前和今后一个时期,由于我国处于并将长期处于社会主义初级阶段的基本国情没有改变,劳动力、人才社会性流动还存在一些体制机制方面的障碍,这与我国目前所

---

① 中央人民政府网,见 http://www.gov.cn/zhengce/2019-12/25/content_5463978.htm。

处的经济社会发展阶段密切相关。因此,稳妥促进劳动力、人才合理有序流动仍是一项长期而艰巨的任务,需要持续研究、逐步破解。

政策内容:

《意见》共提出 4 个方面政策措施,首次构建了促进劳动力和人才社会性流动的政策体系框架。

一是推动经济高质量发展,筑牢社会性流动基础。经济高质量发展是创造更充分、更高质量流动机会的基础。《意见》提出实施就业优先政策创造流动机会、推动区域协调发展促进流动均衡、推进创新创业创造激发流动动力等三方面举措,努力保障流动机会数量增多、质量提高、更加均衡,推动社会性流动顺畅有序。

二是畅通有序流动渠道,激发社会性流动活力。畅通流动渠道是形成社会性流动机会平等的基石。《意见》聚焦妨碍劳动力、人才社会性流动的户籍、单位等关键问题,提出以户籍制度和公共服务牵引区域流动、以用人制度改革促进单位流动、以档案服务改革畅通职业转换等三方面举措,畅通人员在不同区域、不同性质单位之间的流动渠道。

三是完善评价激励机制,拓展社会性流动空间。科学合理的评价体系和积极正向的激励机制,是促进社会性流动的催化剂。《意见》聚焦技术技能人才和基层一线人员的发展,提出拓宽技术技能人才上升通道、拓展基层人员发展空间、加大对基层一线奖励激励力度等三方面举措,引导劳动者爱岗敬业、努力奋斗,在全社会营造尊重劳动、鼓励劳动的良好氛围,让劳动力、人才在本职工作上能够得到认同,获得发展。

四是健全兜底保障机制,阻断贫困代际传递。强化兜底保障,是防止社会性流动弱化的底线,也是政府政策的重要发力点。《意见》从推进精准扶贫促进贫困群体向上流动、推进教育优先发展保障起点公平、推进公平就业保障困难人员发展机会、强化社会救助提高困难群众流动能力等四个方面,促进贫困人口、失业人员、困难群体等实现社会上升,使更多人拥有社会性流动的通道。

此外,《意见》明确要求各地区各部门紧扣人民群众现实需求,结合实际抓好各项政策措施贯彻落实。强化法治保障,健全社会性流动领域法律法规,清理妨碍社会性流动的法律法规和政策性文件。开展多渠道宣传,培育和践行社会主义核心价值观,形成"幸福都是奋斗出来的"舆论环境,为实现"两个一百年"奋斗目标、实现中华民族伟大复兴的中国梦集聚强大动力。

政策解读:

《意见》的一个重大突破和创新,是有效克服了以往过于从"市场流动"角度看问题的局限,转而从更全面的"社会流动"角度审视劳动力和人才问题。

第一,全面把握劳动力和人才的属性,正确处理市场与社会的关系。《意见》在逻辑起点上,不再把人视为单纯的生产要素,而是视为一个完整的"社会人"。尤其是伴随着我国的主要矛盾已经转变为人民日益增长的美好生活需要和不平衡不充分的发展之间的矛盾,必须坚持和完善在共建共治共享的社会治理格局的背景下,从以下两个方面理解:一是从个人的社会性角度出发,就是要充分尊重个人的全面的和差异性的需求,为个人发挥主动性扫清障碍,提高个人发展的空间,尽可能在发展中满足自我需求;二是从群体角度出发,一个可以健康、有序、顺畅地进行社会流动的社会,必然是不同群体之间关系开放和灵活的社会。

第二,坚持"以人为本"的发展观,将个人发展和国家富强相统一。《意见》在改革目标上,不再孤立地追求经济效率,而是同时追求人的全面发展和社会和谐,将个人发展与国家富强、民族复兴相统一。社会性流动不仅仅对个人产生重要影响,对国家和社会来说也十分重要。社会流动与社会发展之间存在正向相关关系,即个人社会流动的路径越是顺畅有序,社会发展水平就越高;而社会发展水平越高,社会流动率也就越高。正如党的十九大报告指出的,"就业是最大的民生",通过建立顺畅有序的社会流动渠道,促进个人就业和发展,以个人发展能力的提高带动个人福祉水平的上升;从个人层面上升到集体层面,即集合为国家整体就业率的提高,以及社会平等水平的上升。

第三,把握"社会性流动"的整体意涵,充分保护人民发展权。《意见》强调打破各种壁垒,全方位推动"社会性流动"。社会流动是人们在社会空间中从一个地位向另一个地位的移动。从《意见》的内容看,既全面把握了社会性流动的整体内涵,又准确认识到我国现阶段的主要问题,力图全方位而有重点地破除妨碍劳动力、人才社会性流动的体制机制弊端。

首先是促进个人向上流动。经济发展是增加流动机会的基础,通过高质量的经济发展给个人提供更多向上流动的就业岗位和空间;个人能力是向上流动的条件,通过就业培训等手段使个人具备向上流动的能力;相关制度是向上流动的保障,通过理顺各种制度,扫清向上流动的障碍。

其次是促进个人跨区域流动。目前影响跨区域流动的主要障碍是户籍制度,以及附着的就业权利与公共服务。《意见》明确提出了"以户籍制度和公共服务牵引区域流动",通过对户籍落户制度、平等就业权利以及公共服务均等化的推动,促进城乡和区域间的劳动力流动。

最后是防止贫困的代际传递。《意见》特别关注到了弱势群体,强调通过健全兜底保障机制,防止贫困的代际传递。这充分认识到了就业与保障、赋能与兜底之间的关系。一方面对贫困群体进行赋能,通过就业提高其自我发展的能力;另一方面利用社会保障体系确保贫困群体不会继续向下流动,以及不至于使贫困影响到其后代。①

(三) 中共中央、国务院《关于新时代推进西部大开发形成新格局的指导意见》

新时代继续做好西部大开发工作,对于增强防范化解各类风险能力,促进区域协调发展,决胜全面建成小康社会,开启全面建设社会主义现代化国家新征程,具有重要现实意义和深远历史意义。为加快形成西部大开发新格局,推动西部地区高质量发展,2020 年 5 月 17 日,中共中央、国务院印发《关于新时代推进西部大开发形成新格局的指导意见》(以下简称《意见》)。

政策背景:

世纪之交,党中央作出实施西部大开发战略的重大决策。20 年来,党中央、国务院先后印发实施《关于实施西部大开发若干政策措施的通知》(国发〔2000〕33 号)、《国务院关于进一步推进西部大开发的若干意见》(国

---

① 冯仕政:《以社会流动厚植市场流动基础,致力实现活力与秩序的有机统一》,2020 年 1 月 8 日,见 http://www.mohrss.gov.cn/SYrlzyhshbzb/zcfg/SYzhengcejiedu/202001/t20200108_353040.html。

发〔2004〕6号)、《中共中央国务院关于深入实施西部大开发战略的若干意见》(中发〔2010〕11号)等文件和一系列相关政策,为西部大开发提供了重要指导和支持。

党的十八大以来,习近平总书记多次到西部地区视察调研,深入基层边疆一线,发表系列重要讲话,为新时代西部大开发指明了方向,提供了基本遵循。党的十九大明确提出,强化举措推进西部大开发形成新格局。针对国内外环境的新变化,在系统总结西部大开发战略实施经验基础上,制定实施新时代推进西部大开发形成新格局的政策性文件,对于推动西部地区高质量发展、决胜全面建成小康社会、开启全面建设社会主义现代化国家新征程具有重要意义。

政策内容:

主要包括五个方面:

一是贯彻新发展理念、推动高质量发展,包括打好三大攻坚战、不断提升创新发展能力、推动形成现代化产业体系、优化能源供需结构、大力促进城乡融合发展、强化基础设施规划建设、切实维护国家安全和社会稳定等七项任务。

二是以共建"一带一路"为引领、加大西部开放力度,包括积极参与和融入"一带一路"建设、强化开放大通道建设、构建内陆多层次开放平台、加快沿边地区开放发展、发展高水平开放型经济、拓展区际互动合作等六项任务。

三是加大美丽西部建设力度、筑牢国家生态安全屏障,包括深入实施重点生态工程、稳步开展重点区域综合治理、加快推进西部地区绿色发展等三项任务。

四是深化重点领域改革、不断完善推动发展的体制机制,包括深化要素市场化配置改革、积极推进科技体制改革、持续加强信用体系建设、努力营造良好营商环境等四项任务。

五是坚持以人民为中心、推动实现基本公共服务均等化,包括着力强化公共就业创业服务、支持教育高质量发展、提升医疗服务能力和水平、完善多层次广覆盖的社会保障体系、健全养老服务体系、强化公共文化体育服务、改善住房保障条件、增强防灾减灾与应急管理能力等八项任务。

政策解读：

党的十九大提出强化举措推进西部大开发形成新格局,体现了以习近平同志为核心的党中央对西部大开发工作的高度重视,为新时代西部大开发工作指明了方向。新时代推进西部大开发形成新格局,其重要意义主要体现在以下几个方面。

一是有利于促进区域协调发展,破解西部地区发展不平衡不充分的问题。新时代我国社会的主要矛盾已经转化为人民日益增长的美好生活需要和不平衡不充分的发展之间的矛盾。西部地区集中了全国大多数老少边穷地区,经济社会发展水平与沿海地区相比还有不小差距,是实现"两个一百年"奋斗目标的重点和难点。同时,近年来西部地区内部分化开始显现,内部差距有所扩大。新时代推进西部大开发形成新格局,就是要破解区域发展不平衡不充分问题,使西部地区比较优势得到有效发挥,区域间经济发展和人均收入水平差距保持在合理区间,基本公共服务、基础设施通达程度、人民生活水平等方面达到大致均衡。

二是有利于巩固国家生态安全屏障,促进西部地区可持续发展。西部地区是我国重要的生态安全屏障,拥有草原、湿地、森林等重要生态资源,但生态环境也十分脆弱,保护和修复任务艰巨。新时代推进西部大开发形成新格局,就是要筑牢国家生态安全屏障,实现中华民族可持续发展。党的十九大报告明确提出,建立市场化、多元化生态补偿机制,这为破解西部地区生态环境保护与经济社会发展之间的矛盾提供了指引。新时代推进西部大开发形成新格局,就是要构建良好生态资源保护者与受益者之间的桥梁和纽带,将西部地区生态红利转化为经济社会发展红利。

三是有利于促进陆海内外联动和东西双向互济,提升西部地区开放水平。当前,西部地区对外贸易和投资在全国的比重还比较低,与东中部地区对外开放的互动性、协同性也有待增强。新时代推进西部大开发形成新格局,就是要把加大西部开放力度置于突出位置,使西部地区进一步融入共建"一带一路"和国家重大区域战略,加快形成全国统一大市场,并发展更高层次的外向型经济;就是要从思想观念、基础设施、规则标准、营商环境等着手,积极参与产业链、供应链、价值链分工,深度融入全球经济体系。

四是有利于增强内生增长动力,推动西部地区高质量发展。西部地区在科技研发和产业发展方面有一定基础,但自主创新能力还不够强,生产方式比较粗放,传统产业、重化工业占比偏高,现代服务业发展相对滞后。过去那种粗放型、外延式的经济增长方式已不可持续,必须向以全要素生产率和劳动生产率提升为特征的集约型、内涵式经济发展方式转变。新时代推进西部大开发形成新格局,就是要在充分发挥西部地区特色资源优势的基础上,更加强调科技创新在经济发展中的重要作用,加快培育战略性新兴产业和先进制造业,推动传统产业转型升级,加快发展现代服务业,推动西部地区经济发展方式实现根本性变革。

五是有利于保障和改善民生,实现西部地区民族团结和边疆稳定。当前,西部地区在住房、教育、医疗、就业等民生领域还有不少短板。西部地区也是我国民族地区和边疆地区最集中的区域,巩固民族团结和边疆稳定的任务十分繁重。新时代推进西部大开发形成新格局,就是要改善西部城乡基础设施条件,有效提供优质教育、医疗等公共服务资源,提高就业、养老等公共服务水平,逐步缩小城乡发展差距;就是要巩固和发展平等团结互助和谐的社会主义民族关系,促进各民族团结奋斗和共同发展。

五、新冠肺炎疫情期间推进复工复产、就业相关政策法规

(一) 人力资源社会保障部、全国总工会等《关于做好新型冠状病毒感染肺炎疫情防控期间稳定劳动关系支持企业复工复产的意见》

为贯彻落实党中央关于新型冠状病毒感染肺炎疫情防控工作的决策部署,积极发挥广大企业和职工在疫情防控中的重要作用,全力支持企业复工复产稳定劳动关系,动员广大职工凝心聚力共克时艰,人力资源社会保障部、全国总工会、中国企业联合会/中国企业家协会、全国工商联于2020年2月7日出台了《关于做好新型冠状病毒感染肺炎疫情防控期间稳定劳动关系支持企业复工复产的意见》①(以下简称《意见》)。

---

① 中国政府网,见 http://www.gov.cn/zhengce/zhengceku/2020 - 02/08/content _ 5476137. htm。

政策背景：

2020 年初，受新冠肺炎疫情影响，我国劳动关系领域面临新情况新问题。部分行业企业面临较大的生产经营压力，劳动者面临待岗、失业、收入减少等风险，劳动关系不稳定性增加，劳动关系矛盾逐步凸显。在新冠肺炎疫情防控的关键阶段，习近平总书记作出了疫情防控工作的一系列部署和安排，要求高度重视当前特殊时期劳动关系运行中出现的突出问题，加强劳动关系风险监测和研判，引导企业与职工共担责任、共渡难关。因此要充分发挥三方机制在保企业、保就业、保稳定中的独特作用，深入分析当前劳动关系形势，结合实际帮助企业制定复工复产的措施，联合各方力量共同行动，加大对特殊时期企业劳动关系处理的指导服务，确保劳动关系总体和谐稳定。

政策内容：

1. 灵活处理疫情防控期间的劳动用工问题

一要鼓励协商解决复工前的用工问题。二要鼓励灵活安排工作时间。在疫情防控期间，为减少人员聚集，要鼓励符合规定的复工企业实施灵活用工措施，与职工协商采取错时上下班、弹性上下班等方式灵活安排工作时间。三要指导规范用工管理。在疫情防控期间，指导企业全面了解职工被实施隔离措施或政府采取的紧急措施情况；对符合规定的复工企业，要指导企业提供必要的防疫保护和劳动保护措施，积极动员职工返岗。鼓励企业积极探索稳定劳动关系的途径和方法，对采取相应措施后仍需要裁员的企业，要指导企业制定裁员方案，依法履行相关程序，妥善处理劳动关系，维护企业正常生产经营秩序。

2. 协商处理疫情防控期间的工资待遇问题

一要支持协商未返岗期间的工资待遇。二要支持困难企业协商工资待遇。对受疫情影响导致企业生产经营困难的，鼓励企业通过协商民主程序与职工协商采取调整薪酬、轮岗轮休、缩短工时等方式稳定工作岗位；对暂无工资支付能力的，要引导企业与工会或职工代表协商延期支付，帮助企业减轻资金周转压力。三要保障职工工资待遇权益。对因依法被隔离导致不能提供正常劳动的职工，要指导企业按正常劳动支付其工资；隔离期结束后，对仍需停止工作进行治疗的职工，按医疗期有关规定支付工资。

3. 采取多种措施减轻企业负担

一要帮助企业减少招聘成本。加大线上招聘服务工作力度,规范人力资源服务收费,对受疫情影响缺工较大的企业或者承担政府保障任务企业,鼓励人力资源服务机构减免费用提供招聘服务。二要合理分担企业稳岗成本。用好失业保险稳岗返还政策,用好培训费补贴政策,用好小微企业工会经费支持政策,用好企业组织会费,用好工会防疫专项资金,充分调动职工参与防控疫情的积极性。三要提供在线免费培训。

政策解读:

新冠肺炎疫情期间,劳动关系领域出现了一些新情况新问题,稳定劳动关系、构建和谐劳动关系面临一定压力。疫情防控期间劳动关系有关问题的处理既要遵循一般劳动关系法律法规,又要体现特殊时期的实际。

因此,《意见》坚持问题导向和效果导向,深入研究劳动关系领域的新情况新问题,梳理分析已出台政策措施中的重点、难点和关键节点,统筹协调发挥多方力量。在保护劳动者权益的同时,充分考虑了企业承受能力,鼓励企业职工协商,有效平衡企业与职工利益,减轻了企业在工资支付负担等方面的担忧,有力地支持了企业复工复产。

(二)国务院办公厅《关于应对新冠肺炎疫情影响强化稳就业举措的实施意见》

为深入贯彻习近平总书记关于统筹推进新冠肺炎疫情防控和经济社会发展工作的重要指示精神,加快恢复和稳定就业,2020 年 3 月 18 日,国务院办公厅发布《关于应对新冠肺炎疫情影响强化稳就业举措的实施意见》①(以下简称《意见》)。

政策背景:

就业是最大的民生。受新冠肺炎疫情影响,今年稳就业任务十分艰巨繁重。党中央、国务院对此高度重视,强调要全面强化稳就业举措,实施好就业优先政策,减负、稳岗、扩就业并举,鼓励低风险地区的农民工尽快返岗

---

① 中国政府网,见 http://www.gov.cn/zhengce/content/2020－03/20/content_5493574.htm。

复工,注重高校毕业生就业工作,把稳就业作为统筹推进疫情防控和经济社会发展的一项迫切任务。

政策内容:

1. 更好实施就业优先政策

一是推动企业复工复产。坚持分区分级精准防控,加快重大工程项目、出口重点企业开复工,协调解决复工复产企业日常防护物资需求,督促其落实工作场所、食堂宿舍等防控措施。二是加大减负稳岗力度。加快实施阶段性、有针对性的减税降费政策。三是提升投资和产业带动就业能力。四是优化自主创业环境。深化“证照分离”改革,推进“照后减证”和简化审批,充分发挥创业投资促进“双创”和增加就业的独特作用,加大创业担保贷款支持力度,扩大政策覆盖范围,优先支持受疫情影响的重点群体。五是支持多渠道灵活就业。

2. 引导农民工安全有序转移就业

一是引导有序外出就业。强化重点企业用工调度保障、农民工“点对点、一站式”返岗复工服务,推广健康信息互认等机制,引导劳动者有序求职就业,鼓励低风险地区农民工尽快返岗复工。二是支持就地就近就业。组织暂时无法外出的农民工投入春耕备耕,从事特色养殖、精深加工、生态旅游等行业。开展以工代赈工程建设,优先吸纳农村贫困劳动力和低收入群体就业。三是优先支持贫困劳动力就业。鼓励企业更多招用贫困劳动力。

3. 拓宽高校毕业生就业渠道

一是扩大企业吸纳规模。对中小微企业招用毕业年度高校毕业生的,给予一次性吸纳就业补贴,鼓励企业吸纳高校毕业生。国有企业要连续两年扩大招聘高校毕业生的规模,并且不得随意毁约,不得将在本单位实习的期限作为招聘入职的前提条件。二是扩大基层就业规模。开发一批城乡社区等基层公共管理和社会服务岗位,扩大“三支一扶”计划等基层服务项目招募规模,畅通民营企业专业技术职称评审渠道。三是扩大招生入伍规模。教育部已经公布了,要扩大 2020 年的硕士研究生招生和普通高校专升本招生规模。扩大大学生应征入伍规模,提高应届毕业生征集的比例。四是扩大就业见习规模。支持企业、政府投资项目、科研项目设立见习岗位,并且对疫情影响中断见习的可以相应延长补贴期限,对见习期未满与高校毕业生签订劳动合同的,我们要给予鼓励和奖励,给予见习单位剩余期限的见习补贴。五是适当延迟录用接收。对延迟离校的毕业生,相应延长报到接收、档案转递、落户办理时限。对离校未就业毕业生还提供两年的户档保管便利,期间以应届生身份参加用人单位考试、录用,落实工作单位以后,参照应届毕业生办理相关的手续。

4. 加强困难人员兜底保障

一是保障失业人员基本生活。畅通失业保险金申领渠道,放宽失业保险申领期限,对生活困难的失业人员及家庭,按规定及时纳入最低生活保障、临时救助等社会救助范围。二是强化困难人员就业援助。动态调整就业困难人员认定标准,及时将受疫情影响人员纳入就业援助范围,确保零就业家庭动态清零。三是加大对湖北等疫情严重地区就业支持。建立农资点对点保障运输绿色通道,支持湖北省组织农业生产。

5. 完善职业培训和就业服务

一是大规模开展职业技能培训。加大失业人员、农民工等职业技能培训力度,实施农民工等重点群体专项培训,适当延长培训时间。二是优化就业服务。推进在线办理就业服务和补贴申领。持续开展线上招聘服务,优化用工指导服务,鼓励困难企业与职工协商采取调整薪酬、轮岗轮休、灵活安排工作时间等方式稳定岗位,依法规范裁员行为。

政策解读:

突如其来的新冠肺炎疫情给中国经济社会发展带来前所未有的冲击。同时,受外部环境影响,复工复产和经济社会发展面临新的困难和挑战。要统筹疫情防控与经济社会发展,最核心的一点就是更加重视保障就业和基本民生,在疫情可能长期存在的条件下推进复工复产、复商复市,更精准应对疫情带来的挑战。基于这一战略背景和现实要求,《意见》有以下突出持点:

一是鲜明的问题导向。受新冠肺炎疫情的影响,部分企业的物流受限、原材料供应短缺、资金压力比较大,生产经营困难增加,稳岗压力加大,所以减员裁员的苗头增大。对此,中央高度重视,习近平总书记强调,要减负、稳岗、扩就业并举,要因地因企因人分类帮扶,提高政策精准性。《意见》正是在前期政策的基础上,以问题为导向,明确了支持企业的新举措,目的就是要为企业特别是中小微企业"供氧""输血",全力稳住就业。

二是政策更加细化具体,有针对性。针对企业主体,《意见》提出了减负的政策要提速,要求加快实施阶段性、有针对性的减税降费政策,特别是要抓好社保费阶段性减免等政策的落地,并且建立了日调度制度来督促这项政策的落实。《意见》还将稳岗的政策提标。在前期扩大中小微企业享受失业保险稳岗返还政策受益面的基础上,对那些不裁员或少裁员的中小微企业,返还标准由原来的企业及其职工上年度缴纳失业保险费的 50%,提高到最高达 100%,对湖北可以放宽到所有的企业。也就是说,失业保险稳岗返还的政策,不仅降低了门槛,还提高了标准,使企业的获得感将更强。

三是加大对湖北地区的支持力度。针对湖北地区管控措施严、退出时间晚对就业造成的影响,这次出台的《意见》专门明确了一系列帮扶措施。

首先是政策倾斜。阶段性免征三项社会保险单位缴费、放宽失业保险稳岗返还裁员率标准、提高失业保险稳岗返还标准的政策,都明确了湖北省可由中小微企业放宽到所有企业。此外,对湖北高校和湖北籍的 2020 届高校毕业生给予一次性求职创业补贴。

其次是项目倾斜。2020 年"三支一扶"等高校毕业生基层服务项目将向湖北倾斜,湖北各级事业单位的空缺岗位今明两年可专项招聘湖北高校及湖北籍的高校毕业生。在当前开展的"百日千万网络招聘专项行动"中,专门设立了湖北专场,帮助湖北地区居民更好就业。

再次是对接倾斜。广东、浙江、江苏等用工大省都与湖北人社部门建立了对口的劳务协作,开展"点对点"输送、"一站式"返岗。

最后是加大权益维护。《意见》和近期相关的文件都在反复强调,要坚决纠正针对疫情严重地区劳动者的就业歧视,明确提出"三个不得",就是服务机构和用人单位不得发布拒绝招录疫情严重地区劳动者的招聘信息,不得以来自疫情严重地区为由拒绝招用相关人员,对疫情导致暂不能返岗提供正常劳动的不得解除劳动合同或退回劳务派遣用工。

(三) 四川省人民政府办公厅《关于应对新型冠状病毒肺炎疫情缓解中小企业生产经营困难的政策措施》

为深入贯彻习近平总书记关于坚决打赢疫情防控阻击战的重要指示精

神,全面落实党中央、国务院决策部署和四川省委、省政府工作要求,切实缓解中小企业生产经营困难,2020 年 2 月 5 日,四川省人民政府办公厅发布《关于应对新型冠状病毒肺炎疫情缓解中小企业生产经营困难的政策措施》(以下简称《措施》)①。

政策背景:

中小微企业是中国特色社会主义市场经济中的"基础细胞",数量多且分布广,凭借其专而灵活的特点,对于稳定市场经济、吸纳社会就业发挥了重要 作用。但面对 2019—2020 年突发的新冠肺炎疫情,企业特别是广大中小企业普遍面临营业收入减少、现金流困难,人力、原料成本上涨压力大等生产经营困难。中小微企业在疫情期间难以开工运营,使得大量中小微企业陷入"现金流荒"的困境中。同时,中小微企业自身短板被放大。缺乏健全完整的运营制度与财务制度,难以从外界获得资金支持,在疫情背景下,中小微企业面临更加严峻的融资难、融资贵问题。

政策内容:

1. 加大减负支持力度

对在疫情防控期间,参与生活物资保供的商贸流通企业,省、市(州)、县(市、区)政府均将给予物流费用补贴、补助。对参与生活物资保供的商贸流通和防疫药品、医疗设备、物资器材等疫情防控相关生产的中小企业,由企业注册所在地政府按销售目录电价的 30% 给予电费补贴,省财政按地方政府实际补贴额的 50% 给予补助。对承租国有资产类经营用房的中小企业,减免 1—3 个月房租。鼓励大型商务楼宇、商场、综合性市场运营主体在疫情期间对中小企业减免租金,各地可对减免租金的业主给予适度财政补贴等。

2. 加大金融支持力度

银行业金融机构新发放贷款按政策范围内最低标准执行,中小微企业存量贷款疫情防控期间到期办理续贷或展期,利率按原合同利率下浮 10% 等。对受疫情影响较大、有发展前景但暂时受困的中小企业,不得抽贷、断

---

① 四川省人民政府网,见 http://www.sc.gov.cn/zcwj/xxgk/NewT.aspx? i = 20200205213409-989944-00-000。

贷、压贷、罚息。对金融机构在疫情防控期间为中小企业提供续贷支持而造成贷款损失的,省、市(州)、县(市、区)政府均将进行分担。

3. 加大财税支持力度

对参与疫情防控的医疗卫生机构和物流企业车辆,免征 2020 年度车船税。因疫情导致重大损失,正常生产经营活动受到重大影响的困难中小企业,可申请免征疫情期间房产税、城镇土地使用税,同时可申请延期缴纳税款,最长不超过 3 个月。"定期定额"征收的个体工商户可依法提请合理调整定额。

4. 加大稳岗支持力度

对受疫情影响的中小企业延期缴纳税款,缓缴社会保险费。中小企业在停工期间组织职工参加各类线上职业培训、吸纳因疫情无法返岗的农民工就业等,也将获得相应补贴。

政策解读:

为缓解疫情影响下中小企业的生产经营困难,《措施》涵盖加大减负、金融、财税、稳岗支持力度四大方面。具体看,这一政策措施有以下几个特点。

第一,出台速度较快。确保了省政府第一时间采取相应政策扶持支持中小微企业,减少企业损失,尽早恢复社会经济秩序。

第二,完善配套政策。在《措施》加大减负力度的基础上,四川省还从强化落实医疗防控救治、疫情防控物资保障、民生物资供应等十个方面提出了四川特色的"税十条"。对受疫情影响生产经营严重困难的企业,特别是小微企业,依法申请延期缴纳税款;采取定期定额征收的个体工商户因生产经营受疫情影响较严重的,或因受疫情影响而停业的,可通过四川省电子税务局提出定额调整申请或全程网上办理停业和复业登记。

金融管理部门也加大了支持力度。若中小企业因疫情影响出现还款问题,引导金融机构对逾期还款不罚息,逾期征信数据不上报,不下调企业信用风险评级和贷款风险分类。并明确提出,2020 年中小企业综合融资总成本下降 0.5%,约合 125 亿元。同时,四川省还出台了九条金融措施支持餐饮企业疫情防控及复工复产,更好支持《措施》落地并发挥对中小微企业的支撑作用。

（四）浙江省人民政府办公厅发布《关于进一步支持我省外贸企业渡过难关的若干意见》

根据党中央、国务院和省委、省政府关于坚决打赢疫情防控阻击战的决策部署，为积极支持在疫情防控期间生产经营受到影响的各类外贸企业渡过难关，2 月 14 日，浙江省新型冠状病毒肺炎疫情防控工作领导小组办公室发布《关于进一步支持我省外贸企业渡过难关的若干意见》①（以下简称《意见》）。从金融、财税、信用保险、参展补助、法律援助、防疫物资进口、稳岗等方面提出了 10 项帮扶举措，帮助外贸企业减少损失、保住市场、渡过难关。

政策背景：

浙江省为外贸大省，本次新冠肺炎疫情对浙江对外贸易产生较大压力，尤其是对需求端造成明显冲击。一是国际市场开拓能力被削弱。据调查统计，约七成企业所结识的采购商中，一半以上来自展会。然而，疫情使得多国采取了出入境限制措施，通过展会拓市场的方式受到严重阻碍。相关管制将对企业出国参展、拜访客户、寻求商贸合作机遇造成负面影响。二是稳市场、稳订单受到严峻挑战。由于疫情导致企业节后复工推迟，可能会造成国际贸易订单交货期延迟，部分国外采购商可能会制定替代方案，寻找新的供应商，境外一些订单可能因此流失，而且中国企业承担违约赔偿的风险增大。三是货物运输与劳动力流动受到管控。严重影响了外贸企业所需原材料运输、货物出口通关等，导致生产计划被打乱，推高相关原材料和物流运输成本。为更好解决外贸企业面临的困难，尽快复工复产，浙江省新型冠状病毒肺炎疫情防控工作领导小组办公室发布这一《意见》。

政策内容：

1. 加大外贸企业金融支持力度。银行等金融机构要加大对参与疫情防控外贸企业的资金保障力度，降低企业融资成本，简化业务审批程序；对受疫情影响严重、贷款到期还款困难的外贸企业给予展期或续贷，并通过适当下调贷款利率、增加贷款额度和延长货款期限等方式，支持外贸企业渡过

---

① 中国经济网，http://www.ce.cn/cysc/ztpd/2020zt/zc/zs/zj/202002/22/t20200222_34326786.shtml。

难关。

2. 加大外贸企业财税支持力度。对防疫物资出口转内供的外贸企业，优先落实相关税费减免政策。对受疫情影响申报税款困难的外贸企业，允许依法办理延期缴纳税款业务，延期期限不超过3个月。受疫情影响无法足额缴纳社会保险费的外贸企业，经批准后可缓缴社会保险费，相关补缴手续在疫情解除后3个月内完成。加快各级政府涉企资金拨付进度，确保各类涉企资金及时拨付到外贸企业。

3. 加大出口信用保险支持力度。鼓励扩大出口信用保险保单融资规模，积极做好疫情防控期间外贸企业保险赔付工作，进一步压缩定损与核赔时间。鼓励创新符合我省外贸企业特点的出口信用保险产品和模式，加大对产品出运前订单被取消的风险保障力度。加大对防疫物资进口预付款承保力度，确保保费补助50%的政策执行到位。对通过地方统保平台投保的小微出口企业给予保费全额补助，不断扩大出口信用保险覆盖面。

4. 加大防疫物资进口支持力度。明确承担防疫物资进口任务的企业名单，按规定享受免税政策。鼓励银行等金融机构优先办理防疫物资进口相关业务，简化单证审核程序。鼓励海关等部门简化防疫物资进口监管程序，支持外贸企业拓展多元化进口渠道。

5. 加大外贸企业法律援助力度。加强国外贸易壁垒等相关信息的收集和发布工作，积极开展有针对性的预警和帮扶工作。发挥省外经贸法律服务律师团作用，开展精准法律服务。积极协助受疫情影响导致合同违约或订单取消的外贸企业办理不可抗力事实证明，支持外贸企业通过商事调解、商事仲裁等方式维护自身权益。

6. 加大外贸企业稳岗支持力度。对不裁员或少裁员的外贸企业，可返还其上年度实际缴纳失业保险费的50%及部分社会保险费。

7. 支持外贸企业逐步有序复工。各地要指导外贸企业按要求有序复工，对经济贡献度较大、订单履行时间紧迫的重点出口企业，优先安排复工。

8. 统筹延续外贸企业参展政策。赴境外参加自办类货物贸易、服务贸易、工程等展会并已支付相关费用，因疫情防控未能参展并无法退回展位费用的外贸企业，给予一定支持。鼓励各地对本地外贸企业参加境内外展会给予支持。鼓励传统外贸企业和生产型企业开展跨境电子商务应用，对企业开展数字化营销给予支持,帮助企业多渠道开拓多元化市场。

9. 减免防疫物资检验检疫费用。海关等口岸监管部门对防疫所需的各类进口设备和物资,要及时办理相关检验检疫手续;对用于防疫的入境援赠设备和物资,免收检验检疫费用。因防疫需要增加的人员安检和商品检测项目,按实际成本收取费用,最大限度减轻外贸企业负担。

政策解读:

2月23日,习近平总书记在统筹推进新冠肺炎疫情防控和经济社会发展工作部署会议上,就有序复工复产提出包括"稳住外贸外资基本盘"在内的八点要求。浙江省作为外贸大省,将稳外贸放在了突出位置,较早出台了《意见》。

首先,《意见》突出强化政府"有形手"。浙江省通过加强横向协同,加强纵向联动,发挥地方创造性,着力解决疫情防治过程中外贸企业遇到的特殊问题和困难。并着力加强企业互通,利用协会等组织,开展展会公司、外贸企业、外资企业互通服务模式,及时根据形势变化为企业提供预警和指导。

其次,《意见》建立企业需求"保障网",及时有效为企业纾难解困。对因疫情导致外贸合同无法正常履约形成的法律风险,及时为企业办理与不可抗力相关的事实性证明。加大财政和金融支持力度,减免缓缴企业税收,从当前主要针对增值税的减税格局转为降低社保费率和企业所得税税率,加强协调信保赔付力度。

最后,给予企业预期"定心丸"。《意见》加大外贸企业稳岗支持力度,支持外贸企业逐步有序复工,采取多种方式,分区域、分行业、分时段有序推进企业复工复产。

第二章　人力资源服务业发展与创新

【内容提要】

2020 年度我国人力资源服务业继续保持了稳健的发展势头,2019 年下半年来,人力资源服务业政策体系不断完善、行业规模持续扩大、促进就业作用显著、开放水平不断提高。2020 年上半年受新冠肺炎疫情影响,人力资源服务业的发展出现了波动,区域发展不均衡、供给能力与质量不足、信息技术建设滞后等问题对行业发展造成了一定的影响。但总的看,人力资源服务业的发展仍保持了良好的势头,并呈现出人员素质专业化、技术工具创新化、用工形态灵活化、竞争格局外向化等新趋势。在 2020 年度,我国的人力资源服务技术不断革新,行业创新力不断提升,突出表现为跨界融合培育了发展新基点、科技赋能带来了前进新动能、业态交互催生了行业新模式等现象。此外,服务外包与灵活用工、新基建与非传统劳动关系、多元业态与软件升级等也成为人力资源服务业技术发展的年度"热词"。2020 年度,我国人力资源服务业的整体发展也亮点频现。一是在全面建成小康社会的收官之年,人力资源服务业积极助力脱贫攻坚。二是在全面深化改革的背景下,人力资源服务业体制机制也不断创新。三是在抗击新冠肺炎疫情的过程中,人力资源服务业发展也积极调整服务模式并在疫情复工复产中发挥了积极作用。

Chapter 2　Development and Innovation of Human Resource Service Industry

【Abstract】

In 2020, China's human resource service industry continues to maintain a steady development. Since the second half of 2019, the policy system of human resource service industry has been continuously improved, the industry scale has been continuously expanded, the role of promoting employment has been significant, and the level of openness has been continuously improved. In the first half of 2020, affected by the new epidemic situation, the internal and external environment of the development of human resources service industry was affected to a certain extent, which deepened the problems of unbalanced regional development, insufficient supply capacity and quality, and lagging information technology construction. But on the whole, the development of human resource service industry still maintains a good momentum, and shows the trend of specialization of personnel quality, innovation of technical tools, flexible activation of employment forms, and export-oriented competition pattern. In 2020, China's human resource service technology will continue to innovate, and the industry's innovation ability will continue to improve. The outstanding performance includes that cross-border integration has fostered a new development base point, science and technology empowerment has brought new momentum for progress, and the interaction of business forms has spawned a new industry model. In addition, "hot words" such as service outsourcing and flexible employment, new infrastructure and non-traditional labor relations, diversified formats and software upgrading have also become highlights of the annual technological development. In 2020, the highlights of China's human resource service industry are also presented. First, at the end of building a moderately prosperous society in an all-round way, the human resources service industry has actively helped to overcome poverty. Second, under the background of deepening the reform in an all-round way, the system and mechanism of human resource service industry are constantly innovating. Third, in the process of fighting the new epidemic, the development of human resource service industry has also actively adjusted the service mode and played a positive role in the resumption of production and work.

国家主席习近平在 2019 年新年贺词中指出,"一个流动的中国,充满了繁荣发展的活力。"人力资源是经济社会发展的第一资源,人力资源流动配置是激发人才创新创业创造活力的重要保障,是深化人才发展体制机制改革的重要任务,是实施人才强国战略和就业优先战略的重要内容。《2019年度人力资源和社会保障事业发展统计公报》显示,2019 年全行业共有人力资源服务机构 3.96 万家,从业人员 67.48 万人。全年共为 4211 万家次用人单位提供人力资源服务,帮助 2.55 亿人次劳动者实现就业、择业和流动服务。可以说人力资源服务业的发展为全面建成小康社会,抗击新冠肺炎疫情等重大事件提供了持续、蓬勃的动力。

一、人力资源服务业发展现状与趋势

(一) 人力资源服务业发展现状

随着国家产业结构的调整,各类企业和组织对人力资源服务的需求逐年增加,专业化分工开始不断深化,人力资源服务业的发展规模得到了进一步扩展;同时,人力资源服务行业链也日趋完整,其服务的内容基本覆盖了从员工入职到离退休的整个职业生命周期。[①] 总的看,2019—2020 年度我国人力资源服务业继续稳健发展,政策体系不断完善,行业规模持续扩大,促进就业作用显著,开放水平不断提高,显示出良好的发展势头。

1. 政策体系不断完善

党的十八大以来,人力资源服务业迎来新的历史机遇期,在国家层面进一步明确了人力资源服务业在国民经济中的重要基础作用,并通过制定一系列政策指明了人力资源服务业发展方向和内容。2012 年 12 月,国务院印发《服务业发展"十二五"规划》,着重就促进人力资源服务业创新发展作出部署,明确了重点发展的新型服务业态。2014 年 8 月,在国务院发布的《关于加快发展生产性服务业促进产业结构调整升级的指导意见》中,把人力资源服务业列为国家重点发展的十二项生产性服务业之一。2016 年 3

---

① 王征、唐鑛:《新经济时代人力资源服务业发展研究——国际经验与中国实践》,《中国劳动》2019 年第 12 期。

月,《国民经济和社会发展第十三个五年规划纲要》中更是把人力资源服务业作为现代服务业重要领域,提出了"产业升级和提高效率"的发展导向,是新时代加快发展人力资源服务业的顶层设计纲领。2018年7月,国务院发布了《人力资源市场暂行条例》。这是改革开放以来人力资源要素市场领域的首部行政法规,明确规定了人力资源服务业的法定地位,为推动人力资源服务业健康发展提供了法制保障。① 2019年以来,在简政放权、促进就业、民生社保等方面又出台了一系列政策法规,比如《人力资源社会保障部关于进一步规范人力资源市场秩序的意见》《关于促进劳动力和人才社会性流动体制机制改革的意见》等。

2020年初的新冠肺炎疫情发生以来,国家和地方出台了一系列政策,从疫情期间人力资源服务业的恢复生产、加班、工资发放、灵活用工到劳动争议和工伤认定等方面给予了政策保障。2020年2月,人力资源社会保障部办公厅第一时间印发了《关于做好新型冠状病毒感染的肺炎疫情防控期间人力资源市场管理有关工作的通知》,对疫情防控期间人力资源市场管理有关工作进行了部署,并随后连续印发了《关于切实做好新型冠状病毒感染的肺炎疫情防控期间社会保险经办工作的通知》《线下招聘活动疫情防控工作指南的通知》《关于做好新型冠状病毒感染肺炎疫情防控期间稳定劳动关系支持企业复工复产的意见》《关于做好疫情防控期间有关就业工作的通知》等一系列复工复产的政策问价。

地方层面,北京市人力资源和社会保障局印发了《关于进一步做好疫情防控期间人力资源服务行业相关工作的通知》,提出了五项举措:优化事前招聘方式、确保事中用工安全、保障事后优质服务、加强市场信息监测、加大行业监督指导。云南省人力资源和社会保障厅采取了健全落实疫情防控措施、调整优化人力资源服务方式、聚焦企业复工复产人员返岗就业开展服务等三大举措进行疫情防控。重庆人力资源服务产业园积极落实重庆市相关政策精神,真心帮扶园区企业,努力协调相关部门,争取资金支持,出台了《关于应对新冠肺炎疫情扶持园区企业共渡难关的若干措施》。四川省印

---

① 孙建立:《人力资源服务业高质量发展:成效、问题与对策》,《中国劳动》2019年第3期。

发了《关于支持和促进人力资源服务业发展十五条措施》,立足"强主体、建园区、创品牌、优生态、聚人才"的人才资源产业发展总思路,坚持集成与创新相结合,全力推进四川省人力资源服务业发展。

2. 行业规模持续扩大

我国拥有世界上规模最大的人力资源市场,蕴含着体量巨大的人力资源服务需求。2019—2020 年度,受总体经济发展趋势和行业规模基数增大等因素影响,行业营收增速虽有所降低,但仍保持在较高增长水平,尤其是中西部地区行业发展势头良好,增速超过东部。截至 2019 年底,全国共设立各类人力资源服务机构 39568 家,从业人员 674836 人,建立人力资源市场网站 15020 个。2019 年全行业营业总收入 19553 亿元,同比增长10.26%。从服务机构类别看,县级以上地方政府人力资源社会保障部门(含其他行业管理部门)共设立公共就业和人才服务机构 5298 家,占人力资源服务机构总量的 13.4%;国有性质人力资源服务企业 1641 家,占4.1%;民营性质人力资源服务企业 30898 家,占 78.1%;外资及港澳台资性质企业 261 家(其中港资、澳资、台资性质的服务企业分别为 115 家、2 家、9家),占 0.7%;民办非企业等其他性质的服务机构 1470 家,占 3.7%。①

人力资源服务产业园在集聚产业、拓展服务、孵化企业、培育市场方面发挥了积极作用。从 2010 年开始,国家人社部会同有关省市陆续建设了上海、重庆、中原、苏州、杭州、海峡、成都、烟台、长春、南昌、西安、北京、天津、广州、深圳等 15 家国家级人力资源服务产业园。各地结合实际,推动省级人力资源服务产业园发展,打造了一批有特色、有活力、有效益的地方产业园。截至 2019 年底,各国家级产业园已有入园企业超 2700 家,园区营业收入 1950 亿元,成为地方经济发展的一大亮点。

3. 促进就业作用显著

人力资源服务业为用人单位和求职者提供了专业化的中介服务、供求交流的场所和更多的职业选择机会,大大提高了劳动者与岗位匹配的效率,有效解决了劳动者与用人单位之间信息不对称问题。2019 年,全国各类人

---

① 人力资源流动管理司:《2019 年度人力资源服务业发展统计报告》,2020 年 5 月 19日,见 http://www.mohrss.gov.cn/SYrlzyhshbzb/jiuye/gzdt/202005/t20200519_369066。

力资源服务机构共服务各类人员 100056 万人次,同比增长 8.82%。在全国各类人力资源服务机构登记求职和要求提供流动服务的人员达 51129 万人次,同比增长 2.43%。截至 2019 年底,全国各类人力资源服务机构共设立固定招聘(交流)场所 3.3 万个,建立网站 1.5 万个,全国各类人力资源服务机构共帮助 25501 万人次实现就业和流动,同比增长 11.82%。2019 年,全国各类人力资源服务机构共为 4211 万家次用人单位提供了人力资源服务,同比增长 14.78%。①

2019 年,全国各类人力资源服务机构共举办现场招聘会 30.26 万场,同比上升 28.85%(其中,高校毕业生专场招聘会 6.84 万场次,同比上升 3.48%;农民工专场招聘会 7.89 万场次,同比上升 12.03%)。参会求职人员 10920 万人次,同比上升 1.21%;参会单位 687 万家次,同比上升 2.94%;提供招聘岗位信息 11870 万条,同比增长 4.36%。2019 年,全国各类人力资源服务机构通过网络发布岗位招聘信息 40448 万条,同比增长 12.45%;发布求职信息 82348 万条,同比增长 13.03%。

2019 年,全国各类人力资源服务机构为 48 万家用人单位提供了劳务派遣服务,同比增长 35.29%;派遣人员 1174 万人,同比增长 8.90%;登记要求派遣人员 812 万人,同比增长 12.85%。各类人力资源服务机构为 91 万家用人单位提供人力资源外包服务,同比增长 11.64%。2019 年,全国各类人力资源服务机构为 349 万家用人单位提供人力资源管理咨询服务,同比增长 6.32%。管理流动人员人事档案 8836 万份,同比增长 4.04%,依托档案提供档案查阅、开具相关证明等服务 5014 万人次,同比增长 2.44%。举办培训班 39 万次,同比增长 5.38%;培训人员 1569 万人,同比增长 11.63%。高级人才寻访(猎头)服务成功推荐选聘各类高级人才 205 万人,同比增长 21.72%。

4. 开放水平不断提高

随着国家对外开放战略的日益完善和逐渐加大,自贸区试点政策的落地生效,在上海、天津、广东、福建、海南等 12 个自贸试验区也开展了允许外

---

① 人力资源流动管理司:《2019 年度人力资源服务业发展统计报告》,2020 年 5 月 19 日,见 http://www.mohrss.gov.cn/SYrlzyhshbzb/jiuye/gzdt/202005/t20200519_369066。

商独资设立人力资源服务机构政策试点工作。在我国与其他国家和地区签订的多边或双边的服务贸易协议中,允许部分国家或地区的投资者在我国设立合资人力资源服务机构拥有多数股权。这也进一步吸引了国际知名的人力资源服务机构进入中国,并实现了快速发展,与此同时还积极推动我国优秀的人力资源服务机构积极"走出去",参与国际人才交流与合作。

同时,国家层面还鼓励省(区、市)将在自由贸易试验区内设立中外合资和外商独资人才中介机构的审批权下放到自贸区。比如,2020 年 6 月 1 日,中共中央、国务院印发的《海南自由贸易港建设总体方案》中提出:"实行更加开放的人才和停居留政策,打造人才集聚高地"。其中又具体提出:"建立健全人才服务管理制度。实现工作许可、签证与居留信息共享和联审联检。推进建立人才服务中心,提供工作就业、教育生活服务,保障其合法权益。"

(二) 人力资源服务业存在的问题

伴随着人力资源配置市场化改革进程,再加上政策和法律的支持,多层次、多元化的人力资源服务体系初步形成,人力资源服务内容渐趋丰富,服务领域不断拓展。但对标党的十九大提出的"在人力资本服务等领域培育新增长点、形成新动能"的要求,当前我国人力资源服务业仍存在一些短板和问题。

1. 区域发展不均凸显

我国经济呈现东中西发展水平不均衡的客观情况,经济发展越早、越快的地区对各类人才的吸引力也越强。受此影响,人力资源服务业发展从东部、中部和西部东北,也呈现出依次下降的阶梯式状态。具体讲,北上广深等重点城市和其他沿海省市的人力资源服务业蓬勃发展,新兴业态也快速发展,与互联网、金融、保险等产业的跨界融合开始出现,而在东北地区和中西部地区,人力资源服务业发展则相对滞后,主要以传统服务为主,发展水平也存在明显差距。根据北京大学人力资源开发与管理研究中心与上海市对外服务有限公司在 2020 年 7 月发布的《中国各省市区人力资源服务业发展水平排行榜(2020)》显示,东部地区省市的人力资源服务业发展水平明显优于其他地区,这种水平优势不仅体现在人力资源服务业发展的现状上,而且体现在人力资源服务业发展的潜力上。

2. 供给能力质量不足

当前,我国人力资源服务机构虽然数量较多,但规模普遍偏小,且分布较为分散,总体上产业仍处于粗放式发展阶段。在产业结构上,也是劳务派遣等传统服务多,而运用新技术、新方法提供服务中高端服务、一揽子解决方案和满足个性化需求的企业较少。① 此外,我国尚未形成系统化的人力资源服务专业培养体系,各类行业人才供给不足。一方面,开设人力资源服务方面相关课程的高等院校较少,大多学生毕业后很难满足人力资源服务机构的工作要求,难以提供更多专业化的高端人力资源服务业务。另一方面,新型中高端业从业人员缺乏相应的专业知识技能,能力素质水平和服务质量参差不齐,难以提升行业服务质量。②

3. 信息技术建设滞后

近年来,国际领先的人力资源服务企业已经开始实现信息化、平台化发展模式,并通过积极运用大数据、云计算、移动互联网等新一代信息技术提升服务质量,强化客户关系,降低交易成本,从而进一步提升企业市场竞争优势。疫情发生以来,中央提出"六稳六保"要求,其中的稳就业和保居民就业都是排在第一位。这需要人力资源服务业加强数字化建设,特别是大数据互联网的平台建设,抓好信息化、专业化、精准化、项目化建设。但是总体来看,我国人力资源服务业的信息化建设仍然滞后,不仅各省(区、市)人力资源市场的信息化建设普遍处于"单兵作战"的状态,信息不联通,而且各级人力资源市场管理机构之间、各类人力资源服务机构之间的信息资源难以实现共用、共享。除此之外,众多中小人力资源服务企业受限于资金成本,不具备加强信息化建设的能力,在运用新一代信息技术提升服务质量方面存在不足。③

---

① 谭永生:《人力资源服务业需要实现高质量发展》,《中国人力资源社会保障》2018 年第 9 期。

② 孙建立:《人力资源服务业高质量发展:成效、问题与对策》,《中国劳动》2019 年第 3 期。

③ 王征、唐鑛:《新经济时代人力资源服务业发展研究——国际经验与中国实践》,《中国劳动》2019 年第 12 期。

（三）人力资源服务业的发展趋势

近年来,在国家的高度重视下,人力资源服务行业的市场活力不断被激发。同时,随着人口红利消逝、新兴技术的诞生、零工经济和共享平台的崛起,人力资源服务业不断发展和进化,人力资源服务机构规模持续扩大,行业产值持续提高。放眼未来,可以发现,与人力资源服务业发展密切相关的经济环境、技术、政策和人口等要素发生或正在发生一系列变革,这些变革将对人力资源服务业产生深远影响。

1. 人员素质专业化

人员素质专业化是指人力资源服务业企业的服务对象更强调专业性。2019 年 5 月,国务院办公厅发布了《关于印发职业技能提升行动方案(2019—2021 年)》的通知(国办发〔2019〕24 号),大力开展高技能人才培训,推广"工学一体化""职业培训包""互联网+"等先进培训方式,鼓励建设互联网培训平台。随着资本、技术力量大力进入人力资源服务业,人力资源服务从简单的"中介"服务逐步向"专业"服务发展,再转型成为互联网和智能技术组合的"专业+技术"服务,当前又出现跨界融合的"类金融"服务等,人力资源服务业态呈现丰富多彩的趋势,复合、跨界人才需求量明显增多。

2. 技术工具创新化

技术工具创新化是指人力资源服务业企业的服务手段对象更突出技术创新。随着高端智能技术的深入应用,企业通过人工智能、大数据等技术搜集客户需求等信息,再进行分析和判断,能为客户提供个性化的产品和服务。比如,可以采用客户关系管理技术(Customer Relationship Management,CRM)技术来管理企业与客户之间的关系,按照统一格式从各种推广渠道获取潜在客户信息,再有专业人员进行筛选、分析、跟踪,实现线上客户自动抓取。此外,还可对客户数据进行可视化分析,直接呈现客户特点;或预测性分析,建立模型,在现有数据的基础上,基于各种算法的计算,对未来数据进行预测,从而分析出客户的深层次需求。在对客户数据深层次分析、判断的基础之上,提出针对性强的解决方案。

3. 用工形态灵活化

用工形态灵活化是指人力资源服务从硬性用工向柔性用工形态发展。

2019 年税改与社保征缴体制改革,促使各用人单位与劳动者更关注与自己切身利益相关的税改变化所带来的经济影响。受经济、政策、人口三重压力,灵活用工业务未来将持续走强。随着"灵活用工"和"社会化用工"的广泛应用,加之"零工经济""共享经济"的出现、"二胎政策"实施、企业订单的不确定性增加,临时性、替代性工作安排需求增加,用工方式呈现多元化发展态势,为了保证合法用工,劳务派遣成为用人单位解决临时性、替代性岗位用工的选择。特别是在经济下行压力下,且社保征缴体制改革,企业用工成本增加的情况下,灵活用工业务将持续走强。

4. 竞争格局外向化

竞争格局外向化是指人力资源服务企业的竞争从行业内竞争延伸到地区间和国家间。一方面,伴随国家战略布局,人力资源服务业走向国外市场竞争。"一带一路""粤港澳大湾区"等重大国家战略部署的实施使海外人力资源服务需求日益增加,越来越多的企业走出国门、走向世界。另一方面,业内各梯队水平更加分散,人力资源市场拉开距离。人力资源行业的发展水平,相比城市经济来说反应是滞后的,只有当城市经济与文化发展到一定规模的时候,该城市的人力资源才会逐渐发展起来。以北上广深超一线城市为代表的人力资源服务市场水平,和二线城市的距离逐渐拉开,而二线城市,也将会和三四线城市的距离逐渐拉大。

二、年度人力资源服务技术创新与发展

（一）人力资源服务技术创新

1. 跨界融合培育新基点

当前,区块链技术、神经科学、动机心理学等新兴力量开始加速融入到人力资源服务行业,区块链能推动人力资源管理行业转型升级,而神经科学、动机心理学则能为人力资源管理服务注入新的活力。[①] 近年来,我国人力资源服务市场细分化程度日益加深,具体表现为纵向和横向两个维度。一方面是基于某一服务点位的垂直细分,如招聘服务板块面向高校毕业生、

---

① 吴帅:《创新是人力资源服务业的必由之路》,《人才资源开发》2018 年第 14 期。

博士、物流与电商领域人才以及文化创意产业人才等的专业化服务平台；另一方面是基于上下游配套的服务环节细分，如从招聘、猎头中细分出来的背景调查服务。与国际相比，中国目前的背景调查市场潜力巨大。美国1.6亿的就业人口，创造了300亿元人民币的背景调查市场。而中国7.2亿的就业人口，目前的背景调查市场仅为几亿元人民币。应该说，无论是纵向垂直细分还是横向流程细分，都给人力资源服务行业带来了新的增长点，同时也助推了市场扩容。从未来人力资源服务业业态和产业链发展趋势看，跨界发展将是重要趋势。对于人力资源服务企业而言，从生产和生活性服务业大范畴内寻找跨界机会将是其开展"互联网+"布局的重要战略思考。

2. 科技赋能带来新动能

互联网行业用科技为现代商业注入了新的活力，与此同时，大数据、云计算的运用也正在为人力资源服务行业进行赋能。近年来，智能薪酬服务的算法不断成熟，基于人工智能、云计算、移动互联网技术实现人力资源服务公司的在线服务交付的智能服务平台已经成为现实。可以预见，科技与人力的深度融合正在成为人力资源服务业的重要发展方向之一。无论是互联网企业还是传统人力资源服务机构，都在开始越来越强调自己的科技属性。人工智能、区块链、云计算、大数据等科技基础服务将成为一个赋能者，通过科技和数据能力改变人力资源服务的成本结构，通过"互联网+"和人工智能改变人力资源服务的交付方式，通过区块链技术提升人力资源服务的数据安全性等，这些都将帮助人力资源服务机构提高人力资本服务科技水平。此外，基于大数据挖掘的增值服务将成为行业新的增长点。在"互联网+"时代，人力资源服务企业的盈利模式也将发生改变，以云计算为核心的人力资源 SaaS（Software-as-a-Service，软件即服务）和大数据分析将成为人力资源服务行业的发展趋势，数据库优势以及挖掘数据价值的能力将成为影响企业盈利能力的重要因素。[①]

3. 业态交互催生新模式

公益与商业的结合已经是社会的大趋势。做公益需要钱，更需要人，这

---

① 吴帅：《"互联网+"时代人力资源服务业的创新与发展》，《中国人力资源社会保障》2017年第3期。

里面就涉及很多人力资源服务的问题。近年来不断有一些带有公益"基因"的人力资源服务项目涌现。比如,有的项目是针对老龄化背景下"银发人才"的二次开发利用问题,旨在通过挖掘退休老年人身上的才艺、技能和经验,结合"二次人力资源开发"和"二次职业规划"两种模式,把退休人才的所长通过平台以直接就业或间接产品化输出的方式进行二次开发利用。也有的项目创新来源于解决过去自发性公益服务下的资源和服务碎片化痛点,如在大学生支教、医疗救护等领域集合培训、大数据分析、云服务等多功能在线服务平台。总的看,打通公益与商业的壁垒,用户关注度和集聚是人力资源服务业企业未来重要的资源。"互联网+"通过技术革新,极大地拉近了生产者和终端消费者之间的距离,构建起了一个以消费者为中心的新的生产关系,传统模式下 B2B 的模式将向 B2C、C2C 延伸。从生产关系的角度看,在用户思维、产品思维的驱动下,终端的个体将越来越多地参与到人力资源服务的产品创新和流程改造中。

(二) 人力资源服务技术发展

1. 服务外包与灵活用工

新业态经济下的劳动用工形式与传统的劳动用工不同,其面临着责任界定、政策监管等诸多难点。新业态经济下的劳动关系整体灵活化趋势对传统企业劳动关系形成比对效应,全新的绩效评估理念给部分劳动法规的应用增添了难度,异地服务的普及对劳动争议处理制度提出了新的挑战。在这样的背景下,出现了人力资源服务业外包,即 HRO(Human Resources Outsourcing)。HRO 是指企业根据需要将某一项或几项人力资源管理工作或职能外包出去,以降低人力成本,实现效率最大化。目前和以后相当长一段时间,无论是采用何种雇用关系或是灵活用工形式,人力资源全流程HRO(承揽/外包)服务将是最主流且产值占比最高的终端服务业态。此外,随着国内经济环境变化,灵活用工正被越来越多的企业看作降本增效、提升竞争力的有效方式。据《2017—2022 年中国劳务派遣行业市场前瞻与投资战略规划分析报告》数据显示,目前,灵活用工已成为全球人力资源服务行业中体量最大的细分行业,从灵活用工占总就业份额来看,"灵活用工"模式在国外的发展已经非常成熟,发达国家年均达到 25%,尤其是波兰、西班牙、荷兰、意大利达到 30% 以上；而中国的灵活用工占比仅为 9%。预计 2018—2025 年中国灵活用工行业年平均复合增长率约为 23%，2025 年中国灵活用工市场规模将达到 1660 亿元。①

2. 新基建与非传统劳动关系

2020 年 3 月，中共中央政治局常务委员会召开会议提出，加快 5G 网络、数据中心等新型基础设施建设进度。2020 年政府工作报告提出，重点支持"两新一重"（新型基础设施建设，新型城镇化建设，交通、水利等重大工程建设）建设。在这样的背景下，新型基础设施建设即新基建②催生了劳动关系业态的变化。以大数据、人工智能、互联网等技术加速了人力资源服务业快速分化。人力资源服务业已朝着信息化、智能化方向转型并在积极寻找典型应用场景，将技术手段有效地结合进来，从而达到提升员工体验和人力资源工作效率的目的。2016 年 1 月，花旗银行联合牛津大学发布的报告 *TECHNOLOGY AT WORK V2.0* 表明，中国 77% 的工作将会被机器人代替。借助新兴的科技工具，劳动关系和管理方式也不断发生变化。比如，基于云端的应用与系统可以让员工随时随地与企业取得联系，也方便企业实现对员工跨地域、实时的管理，大大拓宽了员工的工作地点、形式选择。再如，便捷、安全、合规的电子合同、文件的签署，可以提升人力资源管理工作效率，降低纸质合同所带来的打印、快递、存储等成本。

3. 多元业态与软件升级

随着社会经济的发展，人力资源业态也在逐渐创新和丰富，服务内容从传统的职业介绍、职业培训、流动人员档案管理、劳务派遣等业务，拓展到网络/移动互联网招聘服务、人力资源培训、人才测评服务、高级人才寻访（猎头）服务、人力资源外包服务、人力资源管理咨询、人力资源软件服务等。此外，人力资源服务业的跨界合作也卓有成效。人力资源服务与金融保险、科技交流、财务管理、法律服务、健康服务、交通出行等领域业务的合作都取

---

① 王睿：《人力资源服务业迎来历史机遇期》，《中国人力资源社会保障》2019 年第 5 期。

② 新基建主要包括 5G 基站建设、特高压、城际高速铁路和城市轨道交通、新能源汽车充电桩、大数据中心、人工智能、工业互联网七大领域，涉及诸多产业链。

得了丰硕的成果。① 此外,伴随着人力资源服务产业一直保持快速增长,人力资源管理软件行业在产品、服务模式上不断创新,涌现出 SaaS(Software as a Service)、PaaS(Platform as a Service)等服务模式。如今,大中型企业在进行人力资源产品选型时,更加注重企业经营情况与产品技术的匹配。② 2020 年以来,由于疫情原因,虚拟课堂、远程会议等需求骤升,腾讯会议、钉钉、微信等新软件、新平台迅速抢滩。这些软件也间接地服务于人力资源服务业的各个领域和环节,发挥了积极的作用。

三、年度人力资源服务业亮点

(一)人力资源服务业助力脱贫攻坚

1. "西部和东北地区人力资源市场建设援助计划"项目

自 2017 年起,人社部连续 3 年组织实施了西部和东北地区人力资源市场建设援助计划,累计支持了 15 省(市)和新疆生产建设兵团共 47 个项目,有效推动西部和东北地区人力资源市场建设,促进人力资源服务业加快发展,取得良好成效。该计划聚焦深度贫困地区人力资源市场建设和东西部人力资源市场协作等内容,重点支持人力资源服务机构助力脱贫攻坚,举办人力资源市场高校毕业生招聘活动,加强人力资源市场供求信息监测,强化人力资源市场管理人员和人力资源服务从业人员培训,促进与东部省份人力资源市场建设对口交流。

2019 年"西部和东北地区人力资源市场建设援助计划"项目共确定支持项目 16 个,其中 11 个为脱贫攻坚项目。主要集中在以下方面:一是人力资源服务机构助力脱贫攻坚,鼓励人力资源服务机构深入贫困地区,举办扶贫专场招聘会等活动。二是开展人力资源市场管理人员培训,不断提升服务水平。三是开展人力资源服务业从业人员培训,提高人力资源服务业从业人员专业化、职业化水平。四是举办人力资源市场高校毕业生招聘活动,

---

① 余兴安:《努力成就世界一流的人力资源服务业》,《中国人力资源社会保障》2018 年第 6 期。

② 《2020 年中国人力资源科技十大趋势》,中国网科学频道,2019 年 11 月 27 日,见 http://science.china.com.cn/2019-11/27/content_40975859.htm。

支持西部和东北地区举办专场招聘会、网络招聘会和跨区域招聘会等,促进高校毕业生就业。五是开展与东部省份人力资源市场建设对口交流,建立合作关系,加强资源共享。通过实施人力资源市场建设援助计划,进一步加强人力资源市场建设、助力脱贫攻坚、提高市场管理人员和从业人员素质,为加快发展人力资源服务业、建设人力资源协同发展的产业体系和服务高质量发展提供支撑。

2. 陕西省村级劳务扶贫服务公司

陕西着眼于发展壮大人力资源服务业和充分调动人力资源机构投身就业扶贫工作的积极性,立足职能职责,助力脱贫攻坚。(1)制定出台政策,营造良好的扶贫政策环境。该省将精准施策作为做好就业扶贫工作的关键,协调提升政策"含金量",建立形成就业扶贫新的政策体系,为全省就业扶贫工作提供有力政策支持。一是制定出台实施就业扶贫"六大工程",鼓励人力资源服务机构促进贫困劳动力实现就业,及时完善职业介绍补贴政策,明确将人力资源机构纳入职业介绍补贴申领范围,标准由每人 200 元提高至 500 元,并专门针对贫困劳动力设立季节性职介补贴,介绍贫困劳动力到季节性岗位就业,期限不少于 3 个月的,按每人 200 元给予补贴,每人每年可享受两次。二是制定出台《陕西省人力资源服务业发展行动计划实施方案》,及时将人力资源服务机构广泛开展助力脱贫攻坚作为全省人力资源服务业开展"四个行动"的发展计划之一,并作为评选活动的一项重要依据。经统计,该省有 1.6 万多名贫困劳动力通过各类机构提供服务实现就业。(2)凝聚行业力量,彰显脱贫攻坚人力资源机构在行动。陕西已连续四次组织人力资源服务机构赴 3 市 5 县开展面向贫困劳动力和高校毕业生的就业扶贫专场招聘会,有 60 余家人力资源服务机构为当地提供了 1 万多个无就业门槛、高于平均薪资水平且管食宿的适配岗位,参会 3 万多人达成就业意向近 6000 人次,凸显了脱贫攻坚三个行动(人社部门在行动、苏陕两地劳务合作在行动和人力资源机构在行动)的特点。(3)劳务扶贫到村,探索组建村级劳务扶贫服务公司。2018 年 5 月以来,安康旬阳县以培育人力资源市场为突破口,在全县所有贫困村组建村级劳务扶贫服务机构,采取"村级劳务公司+用工企业主体+贫困劳动力"运用模式,探索开展了把劳务服务机构建到村,将就业指导、职业介绍、岗位信息、对接匹配、技能培训等就业服务项目延伸到村到社区到群众家门口,精准服务到户到人的新路径。

3. 江苏发挥市场主体助力脱贫攻坚

江苏现有经营性人力资源服务机构2700余家(不含劳务派遣机构),从业人员6.1万人,认定省级人力资源服务骨干企业100家,建有国家级人力资源服务产业园1家、省级产业园14家、市级产业园21家。江苏充分发挥该省人力资源服务业资源较为丰富的优势,注重引导各地经营性机构发挥市场主体作用,提高人力资源服务机构脱贫攻坚行动的市场化、专业化程度。一是制定脱贫攻坚实施方案。制定了《江苏省人力资源服务机构助力脱贫攻坚行动实施方案》,围绕开展劳务组织提升、精准对接、专场招聘、创业指导、技能扶贫、人力资源市场援助六大行动制定了细化举措,提高行动的针对性和实效性。二是多措并举开展劳务转移。在人社部门的帮助下,加强与当地沟通联络,根据建档立卡贫困劳动力信息,开展精准对接。将乡镇社保所协管员、拆迁安置点协管员等群体作为培养对象,开发培养当地劳务经纪人。利用企业微信公众号或APP进行招聘信息定制推送,多方位提供岗位信息。提供精细化、人性化服务,对来苏务工人员进行跟踪管理和服务,帮助他们解决各种实际困难,促进他们稳定就业。三是推进产教融合新模式。部分人力资源服务外包企业与该省对口帮扶支援贫困地区职业院校开展校企合作,共同制定人才培养标准、修订专业课程,将企业生产经营标准和环境引入教学过程,培养技术技能人才。四是设立分支机构就地开展服务。支持和引导有条件的人力资源服务机构到该省对口帮扶支援地区设立分支机构或办事处,加强劳务对接,参与劳务协作,协助援受两地开展人力资源服务合作。

(二) 人力资源服务业的体制机制改革

1. 重庆人力资源服务行政许可备案

重庆市全面启动人力资源服务行政许可备案工作。为进一步优化人力资源市场营商环境,激发人力资源市场主体活力,促进人力资源服务业发展,重庆市印发《关于做好人力资源服务行政许可备案报告有关工作的通知》,全面启动人力资源服务行政许可、备案、报告工作,在降低人力资源市场准入门槛的同时进一步简化许可备案报告工作流程,精减办事材料。

《通知》规定,经营性人力资源服务机构从事职业中介活动的,应当依法向人力资源社会保障行政部门申请行政许可,取得人力资源服务许可证;开展人力资源供求信息的收集和发布、就业和创业指导、人力资源管理咨询、人力资源测评、人力资源培训、承接人力资源服务外包等人力资源服务业务的,应当自开展业务之日起 15 日内,向人力资源社会保障行政部门备案;设立分支机构,变更名称、住所、法定代表人或者终止经营活动的,应当自市场监督管理部门变更登记或者注销登记手续完毕之日起 15 日内,书面报告人力资源社会保障行政部门。在降低人力资源市场准入门槛方面,将过去从事职业中介许可要求具备相应职业资质专职工作人员数量由至少 8 名降为至少 3 名,将场地面积要求具备 80 平方米以上降至 50 平方米以上,且允许重庆自由贸易试验区内设立外商独资性质人力资源服务机构,以营造更加宽松便利的营商环境,激发人力资源市场主体活力。在推进人力资源服务行政许可、备案、报告便民化方面,重庆市将推动人力资源服务行政许可、备案、报告事项全程网上办理,已在窗口办理的,不再要求机构补填网上流程。

2. 山东出台扶持资金管理办法

2019 年 12 月,山东省人力资源社会保障厅、省财政厅印发《山东省省级人力资源服务业发展扶持资金管理办法》,明确对人力资源服务产业园区创建与发展、人力资源服务机构培育、人力资源服务业高端人才队伍建设等给予扶持补贴。山东启动择优重金补贴的办法,最直接的效果就是强化人力资源服务机构间的竞争,促使其提高服务水平的主动性和积极性,整体服务水平的提高又会增强山东人力资源服务产业整体的竞争优势。因此,政府扶持带来了人力资源服务水平和服务产业的相互拉动,实现了良性循环。

具体看,扶持资金采用项目分配方式,通过专家评审、择优遴选、公开公示方式进行。对人力资源服务产业园区补贴,按照"以奖代补"的方式进行。对批准建设国家级产业园的,给予每家不超过 600 万元一次性补贴;对批准建设省级产业园的,给予每家不超过 300 万元一次性补贴。对运营状况良好的国家级、省级人力资源服务产业园,给予每家每年 20 万元的运营补贴。人力资源服务机构培育奖补包括三类:人力资源诚信服务机构奖补,对新获评全省人力资源诚信服务机构的,给予每家10万元奖补,对新获评全国人力资源诚信服务示范机构的再给予每家10万元奖补;人力资源服务机构成长创新奖补,支持人力资源服务骨干企业培育,对市场前景好、创新能力强、营收连续3年增长的一定规模以上的人力资源服务机构,尤其是创新服务产品、技术或模式,满足市场专业化需求、引领或促进行业发展的人力资源服务机构,给予每家20万元奖补;人力资源服务机构助力重大发展战略奖补,对参与重大战略并作出贡献的人力资源服务机构或行业组织等,给予每家20万元奖补。

3. 粤港澳大湾区加速人才流动

广东省人社厅出台《关于支持珠海市横琴新区人社事业创新发展的意见》,针对横琴人社事业发展需求和区位特色,提出支撑横琴新区人才发展、服务横琴改善和保障民生的十条政策措施,进一步深化粤澳人社领域互利合作、促进横琴综合实力提升,加快推动粤港澳大湾区建设。(1)下放权限类。省人社厅将依法向横琴新区下放教师职称评审权,现代服务业、文化创意产业、人工智能等领域高级职称评审权,中外合资、港澳台合资、港澳独资人力资源服务许可审批权,人才优粤卡审批权,等等。(2)政策支持类。省人社厅将在就业创业、人事人才、社会保险、劳动关系等方面给予横琴新区有力支持,包括支持加大创业扶持政策补贴力度,将在横琴创业的澳门居民纳入创业担保贷款政策覆盖范围;允许横琴新区的高校、医院、科研机构等公益二类事业单位设置特设岗位,聘用高层次急需紧缺港澳籍人才;支持建立职称评审新机制,创新人才分类评价方式;允许港澳导游及领队在横琴换证执业,争取国家支持在旅游、卫生等八个领域推进职业资格互认;开展工业机器人、物联网、智能控制、美容美发等"一试多证"职业标准开发及评价试点;支持在横琴居住、工作符合条件港澳居民参保并享受待遇等。(3)平台建设类。省人社厅将支持横琴新区建设一批重大项目平台,包括优化提升博士工作站、区域博士后科研工作站分站、博士后科研工作站、博士后创新示范中心、博士和博士后创新创业孵化分基地、博士后创新实践基地建设;支持横琴澳门青年创业谷建设国家级创业孵化示范性基地;支持建设"粤菜师傅""南粤家政"工程示范基地、"一试三证""一试多证"职业资格评价基地,支持珠澳共建技能实训基地;等等。

（三） 新冠肺炎疫情之下的人力资源服务业发展

就业是最大的民生。新冠肺炎疫情发生以来,全国各地人力资源服务机构积极开展网络专场招聘、精准对接企业复工复产用工需求、促进灵活就业。截至 2020 年 4 月 9 日,共有 1.9 万家人力资源服务机构投入疫情防控工作,组织 3.6 万场(次)网络招聘会,服务求职者 4362 万人,服务企业 218 万家。[①] 人力资源服务机构提供就业岗位 4230 万个,其中直接服务疫情防控重点单位 8.4 万家,为疫情防控重点单位提供就业岗位 205 万个。[②] 此外,按照人社部统一部署安排,19 家国家级人力资源服务产业园联合开展了"百日千万网络招聘专项行动——产业园专场活动",聚焦疫情防控工作和经济社会发展需求,打造了供需充分对接、信息便捷可靠的优质人力资源服务平台。截至 2020 年 4 月 25 日,参加专场活动的各类人力资源服务机构 2000 多家,提供招聘岗位 397.8 万个,90.8 万人达成就业意向。

1. 相关的人力资源服务业政策

疫情以来,国家层面出台了一系列政策"组合拳",从疫情期间人力资源服务业的恢复生产、加班、工资发放、灵活用工到劳动争议和工伤认定等方面给予了政策保障。比如 2020 年 2 月,人力资源社会保障部办公厅印发了《人力资源社会保障部办公厅关于做好新型冠状病毒感染的肺炎疫情防控期间人力资源市场管理有关工作的通知》。《通知》提出,为深入贯彻习近平总书记关于做好疫情防控工作重要指示精神,落实党中央、国务院决策部署,有效减少人员聚集,保障劳动者生命安全和身体健康,切实做好疫情防控期间人力资源市场管理工作,促进就业和人力资源有序流动配置,要实施七项举措,具体包括:暂停现场招聘会等活动、强化网络招聘等线上服务、合理安排现场服务、做好人力资源服务许可备案等工作、做好流动人员人事档案服务工作、加强人力资源市场监测、加大人力资源市场监管力度。此外,人社部办公厅印发了《关于切实做好新型冠状病毒感染的肺炎疫情防控期间社会保险经办工作的通知》,允许参保企业和个人延期办理业务。

[①]　赵兵:《人力资源服务产业驶入快车道》,《人民日报(海外版)》2020 年 6 月 3 日。

[②]　其中包括组织招聘 1850 多名工地建设、卫生保洁、运输保障人员参与抢建火神山医院、雷神山医院和方舱医院工作。

国家协调劳动关系三方四部委还印发了《关于做好新型冠状病毒感染肺炎疫情防控期间稳定劳动关系支持企业复工复产的意见》，明确要求保障职工工资待遇权益。"对因依法被隔离导致不能提供正常劳动的职工，要指导企业按正常劳动支付其工资；隔离期结束后，对仍需停止工作进行治疗的职工，按医疗期有关规定支付工资。对在春节假期延长假期间因疫情防控不能休假的职工，指导企业应先安排补休，对不能安排补休的，依法支付加班工资。"在就业方面，人社部等五部委制定出台了《关于做好疫情防控期间有关就业工作的通知》，从有力确保重点企业用工、关心关爱重点地区劳动者、完善高校毕业生就业举措、推广优化线上招聘服务等方面保障了疫情期间的就业问题。

地方层面，北京市人力资源和社会保障局印发了《关于进一步做好疫情防控期间人力资源服务行业相关工作的通知》，也按照市委市政府关于新冠肺炎疫情防控工作的重要部署，结合近期可能出现的返京人员高峰，提出了五项举措：优化事前招聘方式、确保事中用工安全、保障事后优质服务、加强市场信息监测、加大行业监督指导。为做好人力资源服务行业的疫情防控，云南省人力资源和社会保障厅采取了健全落实疫情防控措施、调整优化人力资源服务方式、聚焦企业复工复产人员返岗就业开展服务等三大举措进行疫情防控。云南省人社厅还要求各级人力资源社会保障部门将全面加强人力资源市场监督管理，依法打击就业歧视、发布虚假招聘或求职信息等违法违规行为，充分保障用人单位及求职者合法权益。在疫情影响下，中国重庆人力资源服务产业园针对园区企业普遍面临业务开展困难、营业收入减少、现金流紧张、人力成本上涨等生产经营困难。产业园积极落实重庆市相关政策精神，真心帮扶园区企业，努力协调相关部门，争取资金支持，出台了《关于应对新冠肺炎疫情扶持园区企业共渡难关的若干措施》，从房租减免、房租缓缴、优化服务等方面提出七条具体政策措施，切实缓解园区企业生产经营困难，帮扶企业共渡难关。为认真贯彻落实党中央、国务院和四川省委、省政府关于新冠肺炎疫情防控的决策部署和政策措施，积极帮助人力资源服务企业应对疫情、渡过难关。一方面，四川省印发了《关于支持和促进人力资源服务业发展十五条措施》，立足"强主体、建园区、创品牌、优业态、聚人才"的人才资源产业发展总思路，坚持集成与创新相结合，全力推进四川省人力资源服务业发展。另一方面,四川省人力资源服务行业协会收集整理了在疫情期间恢复生产、加班、工资发放、灵活用工、劳动争议、工伤认定、人力资源服务活动 7 个方面的政策法规相关条文。

2. 人力资源服务业的挑战与机遇

从挑战上看,除疫情相关的医药及诊疗服务行业短期有突变式发展机会外,疫情笼罩下的绝大部分需求、投资、消费、出口等将会受到严重冲击,大部分企业的经营规模将可能会出现明显的缩减预期。[1] 住宿餐饮、批发零售、交通运输、旅游等服务企业及因疫情无法按时开工和订单下降的制造企业受疫情影响最为明显。从地域上看,北、上、广、深等重点城市和其他沿海省市的人力资源服务业蓬勃发展,新兴业态也快速发展,跨界融合开始出现,而在东北地区和中西部地区,人力资源服务业发展则相对滞后,主要以传统服务为主。这种地域差距在疫情下被进一步放大。此外,由于人力资源服务业涉及不同政府部门,不同“条块”会对疫情期间人力资源服务业的管理产生碎片化的问题。而且由于人力资源市场的准入门槛过高,事中事后监管也跟不上“放管服”改革的要求。[2]

从机遇上看,受疫情严重负面影响的同时,疫情面前的人力资源服务业也出现了新的发展机遇。疫情带来了共享人力资源的巨大商机,给人力资源服务业提供了弹性人员派遣、即插即用式人员培训等巨大业务发展的空间。比如,疫情初期,盒马鲜生“借调”友商员工的“共享员工”模式,“共享员工”直接解决了不同企业间员工使用的结构性矛盾,也解决了员工的结构性失业问题。根据《中国共享经济年度发展报告 2019》显示,2018 年,我国大约有 7.6 亿人参与共享经济,约 7500 万人为服务提供者,同比增长7.1%。平台员工数为 598 万人,是我国就业人数新增的重要来源。后疫情时代,人力资源服务业机构要突出网络化和开放性的特点。网络化指某一边的市场群体的用户或特征会影响到其他边的用户使用该平台所得到的效用。开放性指平台型企业拥有支持不同市场群体交互以及影响其机会识别

---

① 上海交通大学行业研究院:《新冠肺炎疫情对若干行业的影响分析》,上海交通大学出版社 2020 年版,第 29—32 页。

② 来有为:《培育和规范人力资源市场提升人力资源服务业发展水平》,《中国组织人事报》2018 年 7 月 20 日。

的开放性系统。① 在这种共享发展的视角下,企业人力资源管理的内涵发生了变化,这也为人力资源服务业机构带来发展红利与机遇。

3. 人力资源服务业的行动和举措

人力资源服务业是实施创新驱动发展战略、就业优先战略和人才强国战略的重要抓手,在优化人力资源配置和服务高质量发展方面发挥着独特作用。新冠肺炎疫情发生以来,人力资源服务机构服从"六稳六保"大局,积极开展网络专场招聘、精准对接企业复工复产用工需求、促进灵活就业。根据人社部发布的《2019 年度人力资源和社会保障事业发展统计公报》,截至 2020 年 4 月 9 日,共有 1.9 万家人力资源服务机构投入疫情防控工作,组织了 3.6 万场(次)网络招聘会,共服务求职者 4362 万人,服务企业 218 万家。② 在这场"抗疫"保卫战中,人力资源服务机构还提供就业岗位 4230 万个,其中直接服务疫情防控重点单位 8.4 万家,为疫情防控重点单位提供就业岗位 205 万个,尤其值得一提的是组织招聘了 1850 多名工地建设、卫生保洁、运输保障人员参与抢建火神山医院、雷神山医院和方舱医院工作。此外,共有 19 家国家级人力资源服务产业园联合开展了"百日千万网络招聘专项行动——产业园专场活动",聚焦疫情防控工作和经济社会发展需求,打造了供需充分对接、信息便捷可靠的优质人力资源服务平台。截至 2020 年 4 月 25 日,参加专场活动的各类人力资源服务机构 2000 多家,提供招聘岗位 397.8 万个,90.8 万人达成就业意向。

2020 年是决胜脱贫攻坚的收官之年。人力资源服务行业在疫情中也逆行而上,积极提供农民工就业机会,助力脱贫项目的继续开展。劳务派遣员工以农民工为主,职业中介也多是服务于农民工群体,人力资源服务行业复工是反映农民工就业的晴雨表。总的看,受此次疫情影响,劳务派遣、人力资源外包类业务员工复工延后明显。调查显示,疫情对人力资源服务企业带来新挑战,很多企业既面临自身复工难、员工返岗难的问题,也有受客户单位经营困难或开工时间延迟带来的人资业务下降问题,还有适应特殊

---

① 何永贵、姜莎莎:《基于新业态共享经济的企业人力资源管理模式研究》,《管理现代化》2020 年第 1 期。

② 赵兵:《人力资源服务产业驶入快车道》,《人民日报(海外版)》2020 年 6 月 3 日。

时期的服务内容和方式的转型问题。根据 2020 年 3 月 21 日国务院扶贫办的最新发布,中西部 22 个省份有扶贫车间 28530 个,目前已复工 21705 个,复工率 76.08%,吸纳贫困人口就业 26.04 万人。上述省份安排扶贫项目 35.85 万个,目前已开工项目 14.9 万个,开工率 41.55%。[①] 由于隔离或者担心被传染等原因,扶贫项目所需的劳动力不能正常供给,致富能手和村干部也难以亲临现场指挥工作,致使部分扶贫项目无法按期推进,后续项目安排也因此受阻。不过,根据中国劳动学会的调查,接近九成企业在 2 月底前已经复工。[②] 此外,为了应对疫情,很多企业人力资源活动都通过线上方式开展,由此带动网上招聘、培训、测评、管理等业务大幅增长,线上人力资源服务业务需求量较大,复工率相对较高。

---

① 　国务院扶贫办:《积极应对疫情 五大举措推进脱贫攻坚》,见 http://www.cpad.gov.cn/art/2020/3/21/art_61_116164.html。
②　上海交通大学行业研究院:《新冠肺炎疫情对若干行业的影响分析》,上海交通大学出版社 2020 年版,第 29—32 页。

第三章　人力资源服务业的先进经验与案例

【内容提要】

中国人力资源服务业走过了 40 多年的发展历程,业态呈现蓬勃发展的态势。人力资源服务业已从招聘服务、档案管理、代收社保等传统形式,转向提供多层次、分类别、多样化的产品和服务。本章选取的两个案例与往年不同,内容更新率达 95% 之多,一个为政府机构,另一个为央企,两家机构在人力资源服务方面各具特色,业态形成良好的互补。我们基于人力资源服务业的专业化、信息化、产业化、国际化和人力资源服务业有特色、有活力、有效益的标准,从全国范围内选取了优秀且有代表性的人力资源服务业管理部门与机构——江西省人力资源和社会保障厅和中国国际技术智力合作有限公司,对于他们的先进经验和突出贡献进行了介绍,以飨为人力资源服务机构及相关部政府部门提供参考。

Chapter 3　Advanced Experience and Case of Human Resources Service Industry

【Abstract】

China's human resource service industry has gone through more than 40 years of development, and its business forms are booming. Human resource service has changed from recruitment service, file management, social security collection and other traditional forms to providing multi-level, classified and diversified products and services. The two cases selected in this chapter are different from those in previous years. The content update rate is as high as 95%. One is a government agency, and the other is a central enterprise. The two organizations have their own characteristics in human resource services and form a good complementary format. Based on the standards of specialization, informatization, industrialization and internationalization of human resource service industry and the characteristics, vitality and efficiency of human resource service industry, we have selected excellent and representative human resource service industry management departments and institutions: Jiangxi Provincial Department of Human Resources and Social Security and China International Technology and Intelligence Co., Ltd. Their advanced experience and outstanding contributions are introduced in order to provide reference for human resource service agencies and relevant departments.

　　人力资源服务业作为现代服务业和生产性服务业的重要组成部分,是实施创新驱动发展战略、就业优先战略和人才强国战略的重要抓手,是构建人力资源协同发展产业体系的重要力量。特别值得一提的是,2020 年新冠肺炎疫情发生以来,全国各地人力资源服务机构积极开展网络专场招聘、精准对接企业复工复产用工需求、促进灵活就业。在疫情防控和复工复产中,人力资源服务机构也发挥了不可或缺的作用。

　　本书在全国范围内经过行业、协会与专家推荐,选取了在地方人力资源服务业发展中发挥了重大作用的江西省人力资源和社会保障厅(以下简称江西省人社厅),以及在中国人力资源服务业发展中一直发挥着旗帜作用的央企——中国国际技术智力合作有限公司(以下简称中智公司)。

　　江西省地处中部,在经济和文化方面与东部和沿海地区尚有一定的差距,但党委政府非常重视人力资源服务业,在促进人力资源服务业发展的相关人才引进与政策方面有很大的力度和举措。中智公司是中央管理的国有重点骨干企业,由国务院国有资产监督管理委员会监管,成立三十年来一跃成为业内的翘楚,在人力资源外包、管理咨询与服务形成了一定的特色和亮点。本章通过介绍他们的成果经验、相关政策、服务理念等,为国内外人力资源服务机构的发展和地区的人力资源市场的建设提供参考借鉴。

一、齐抓共管,打造人力资源服务新高地——江西省人社厅

(一) 基本情况

江西省人力资源和社会保障厅在原省人事厅、原省劳动保障厅的基础上组建而成。2018 年机构改革后,目前全厅共有内设处室 22 个、直属副厅级事业单位 1 个(省社保中心)、正处级事业单位 16 个。人社工作全部涉及人,大部分涉及民生,2020 年省政府民生工程 51 件实事中,涉及人社部门的就有 13 件。主要职责包括就业创业、社会保险、人才人事和劳动关系四大板块工作,并统筹推进人社扶贫和公共服务体系建设工作。江西省人社系统坚持以习近平新时代中国特色社会主义思想为指导,围绕"民生为本、人才优先"工作主线,发挥职能部门作用,坚持稳中求进,加大改革创新,在促进就业创业、完善社会保险制度、健全人才引进和培养机制、构建和谐劳动关系、优化人力资源发展环境等方面取得了显著成效,为助力江西经济社会发展作出了一定的贡献。

近年来,江西省人力资源服务业发展进入增速换挡期,在较短时间内取得了明显成效,在全国范围内产生了一定影响力,主要呈现出以下几个特点:一是产业规模迅速扩大。人力资源服务业各项主要指标增长速度均保持在两位数以上,营业收入年平均增幅达 43.58%,远高于全国平均水平(22.47%)。2019 年底,全省人力资源服务机构数达到 1636 家,从业人员达到 2.2 万人;全年营业收入突破 380 亿元,在 2017 年基础上实现了翻番。二是园区建设有所突破。人力资源服务产业园从无到有,目前已建成 11 个产业园,包括国家级 1 个(中国南昌人力资源服务产业园)、省级 5 个、市级 3 个和县(区)级 2 个。截至 2019 年底,各级产业园入驻人力资源服务机构 523 家,累计营业收入 235 亿元,累计服务用工 403.2 万人次,产业集聚效应显著。三是服务供给水平快速提升。包括人才招聘、劳务派遣、人力资源服务外包、人力资源培训、流动人员档案管理、人力资源管理咨询、高级人才寻访、人才测评等多元化多层次的人力资源服务体系初步形成,特别是网络招聘迅速兴起,管理咨询、猎头等高端业务保持较快增长。四是市场配置效

能明显增强。人力资源市场在人力资源配置中的决定性作用进一步凸显，人力资源流动配置能力明显增强。2019 年，全省各类人力资源服务机构服务用人单位 41 万家次，服务人员 956.7 万人次，共帮助 235.59 万人实现就业和流动。

（二）经验介绍

1. 加强产业引导，优化发展环境。江西省高度重视人力资源服务业发展，将其作为经济社会发展新增长点、新动能进行培育。充分发挥政府部门的作用，学习借鉴发达地区先进经验，引进了市场主导、政府引导、"人才+资本+产业+平台"深度融合的人力资源服务业发展模式。围绕产业发展，在龙头企业培育、产业园建设、市场需求开发、人才队伍建设、交流合作平台打造、行业协会建设等方面制定和实施了一系列政策措施。特别是以省政府名义出台了关于加快人力资源服务业发展的意见，从省级层面对人力资源服务业发展进行顶层设计和统筹规划。部分设区市也相继出台人力资源服务业扶持政策。指导性强、覆盖面广、推动力大的人力资源政策体系基本形成，人力资源服务业发展环境日益优化。

2. 推进人力资源服务产业园建设，积极培育市场载体。江西省将人力资源服务产业园建设作为市场培育的一个重要抓手，大力推进产业园建设，打造产业转型升级的助推器。2017 年中国南昌人力资源服务产业园获批全国第 10 个国家级产业园。以此为契机，江西省加强规划布局，大力推进省级及以下人力资源服务产业园建设，在短短两年内建起 10 个省级及以下产业园，打造覆盖全省的产业和人才集聚高地。各级产业园建设各具特色、互为补充，均结合自身实际制定了相关优惠政策，主要包括企业开办、减免租金、贷款贴息、财政奖励、购买公共服务、企业上市、企业高层次人才创新创业等方面，以吸引各类人力资源服务企业入驻。各级产业园自投入运营以来，发挥了显著的集聚效应和引领作用，对全省人力资源服务业产值的贡献率达到 50% 以上。

3. 持续举办全国性论坛活动，搭建交流合作平台。自 2018 年以来，江西省连续两年举办中国（江西）人力资源服务创新发展论坛。两届论坛均为全国性千人论坛，汇聚了来自全国各地的业界专家和优秀机构，有效提升了江西省人力资源服务业在全国的知名度和影响力。特别是首届论坛由江西省人民政府主办,这在全国同类论坛活动中尚属首次。论坛活动形式丰富多样,既有对人力资源服务业发展形势的研判分析,又有相关政策的推介发布,既有人力资源服务创新项目(产品)的展示,又有人力资源服务供需对接洽谈,为人力资源服务机构与实体企业搭建起了交流合作的高端平台,在满足省内实体企业人力资源服务需求的同时,直接促进了行业发展。

4. 培育和开发人力资源服务需求,促进市场扩容。江西省针对人力资源服务需求不足的问题,以培育需求和推动供需匹配为重点,促进人力资源服务市场扩容。2019 年先后举办 3 期重点产业企业人力资源高级管理人员研修班,专门聘请业内知名专家进行理论授课,并到东部发达地区有关企业开展实地教学,帮助实体企业全面了解现代人力资源服务业的发展趋势、业态模式和优势产品,提升实体企业对人力资源服务业的认知度和认同感,引导实体企业充分利用人力资源服务加快变革提升。全省共有 120 余名企业高管参加了培训,相关人员理念受到了冲击,思维逐步转变,人力资源服务需求市场得到有效培育和开发,对促进人力资源服务供需平衡、助推人力资源服务业与实体经济协同发展发挥了重要作用。据了解,举办此类研修班在全国尚属首次。

5. 加大技术和资本引进力度,加快业态创新升级。江西省在发展壮大现场招聘、职业介绍、人力资源服务外包、劳务派遣和流动人员档案管理等 5 类主要传统服务项目的同时,全面丰富了海外人才引进、高级人才寻访、人力资源管理咨询、人力资源网络服务、人才测评等近 10 类当下主流新兴的服务业态和产品,重点发展了"互联网+"平台、航空、中医药、汽车领域培训、新能源汽车海外市场开拓等契合省内重点产业发展、符合业界发展趋势的服务业态和产品。特别是启动省级人力资源服务孵化基地建设,引进和孵化新型业态和产品,提供客户对接和相关服务,帮助其在较短时间内成长为有一定规模和实力的人力资源服务企业落户江西。同时,设立人力资源服务产业基金,开拓人力资源服务业资本市场,发挥活资本的作用。

6. 加强行业基础建设,提升人力资源服务水平。通过培训研修的方式,加强对人力资源服务业高级管理人才培养,着力建设一支素质优良、结构合理的人力资源服务业人才队伍。成立江西省人力资源发展协会,由江西省人社厅作为主管业务部门,充分发挥行业协会连接政府和市场的桥梁纽带作用。积极贯彻落实《人力资源市场暂行条例》,加快推进人力资源市场管理法制化进程。

(三) 人力资源服务业相关政策

1. 2017 年,中共江西省委印发《关于深化人才发展体制机制改革的实施意见》(赣发〔2017〕4 号),提出通过如下措施推动人才服务市场化体系建设:一是大力发展专业性行业性人才市场,实施更加开放的市场准入制度,积极培育和支持人才中介服务机构发展壮大,有序承接政府转移的人才培养、评价、流动、激励等职能。加大高端人才猎头引进培育力度,积极拓展境外市场化引才渠道。二是做大做强人力资源服务产业,把人才服务业纳入现代服务业,通过加大政府采购和财税支持力度,做大做强一批综合实力强、专业化程度高、发展潜力大的人力资源服务企业,支持创建人力资源服务产业园。

2. 2018 年,江西省人民政府出台《关于加快人力资源服务业发展的意见》(赣府发〔2018〕27 号),从产业综合实力、产业集聚效应、专业化水平、市场配置效能、信息化水平和创新能力、市场体系等方面提出了六大发展目标任务。围绕目标任务,提出了发展各类人力资源服务机构、推进人力资源服务产业园建设、促进人力资源服务业态和产品创新、拓宽投融资渠道、加强行业高层次人才队伍建设、鼓励人力资源服务机构开展引才引智活动、优化人力资源服务机构公共服务功能、搭建人力资源服务供需对接平台、加大对外开放和合作交流力度、加大财政资金投入等 10 项力度空前的支持政策措施。明确从 2018 年起,省财政每年安排 2000 万元人力资源服务业发展扶持资金,为江西人力资源服务业发展注入了强劲动力,对江西人力资源服务业发展具有里程碑意义。

3. 2018 年,江西省人社厅印发《江西省人力资源服务业发展行动计划(2018—2020 年)》(赣人社发〔2018〕38 号),明确了近三年全省人力资源服务业发展的时间表和路线图,全面实施“三计划”(骨干企业培育计划、领军人才培养计划、产业园区建设计划)和“三行动”(“互联网+”人力资源服务行动、诚信主题创建行动、"一带一路"人力资源服务行动）。

4.2018 年，江西省人社厅印发《江西省省级人力资源服务产业园评估认定暂行办法》（赣人社发〔2018〕30 号），明确了省级人力资源服务业产业园评定的申报条件、认定办法、监督管理等有关事宜。

5.2019 年，江西省财政厅、江西省人社厅印发《江西省人力资源服务业发展扶持资金管理暂行办法》（赣财社〔2019〕4 号），明确了省级人力资源服务业发展扶持资金的使用范围、奖补程序和管理规范。

6. 江西省赣州市、上饶市、九江市、南昌市、宜春市等 5 个设区市出台了加快人力资源服务业发展的实施意见或办法，在组织、资金、政策等方面给予保障。

（四）引才激励措施

1. 人力资源服务机构引才引智激励政策介绍

《江西省人民政府关于加快人力资源服务业发展的意见》（赣府发〔2018〕27 号）明确：引导人力资源服务市场在引才引智方面发挥主渠道作用。鼓励用人单位通过人力资源服务机构开展高级人才寻访服务。对用人单位委托人力资源服务机构成功开展招才引智的，由同级财政给予寻访费补贴，其中引进中国科学院、中国工程院院士，每人补贴 50 万元；引进国际相关领域著名专家，"千人计划""万人计划""长江学者奖励计划"、国家杰出青年科学基金、中科院"百人计划"等国家重大人才工程入选人员，享受国务院特殊津贴的专家，每人补贴 30 万元；引进省部级重大人才工程入选人员，每人补贴 15 万元；引进具有正高级专业技术资格，且为经济社会发展急需紧缺的人员，或省重点工程、重要支柱产业、重要新兴产业紧缺的企业高级管理人才、高技能人才，每人补贴 5 万元。鼓励人力资源服务机构为用人单位提供高级人才寻访服务，对人力资源服务机构为用人单位成功引进上述人才的，由同级财政分别按 10 万元、8 万元、5 万元、2 万元标准给予一次性奖励。

2. 江西省省级层面引才政策介绍

（1）项目资助：对引进的"千人计划"专家给予 500 万元到 1000 万元的资助；对引进的国家杰青、长江学者、百人计划 A 类人选，给予 300 万元到

500 万元的项目支持。其中,自带高水平科研成果来赣转化的,再给予 50 万元到 100 万元的转化项目资助。

对入选江西省"双千计划"引进类项目给予项目资助,长期项目入选者,自然科学类每人 200 万—300 万元,人文社科类每人 20 万—50 万元,金融类每人 50 万—100 万元;青年项目每人 100 万元;对创新创业团队入选者,给予每个团队 500 万—800 万元;对短期项目入选者,自然科学类每人 30 万—50 万元,人文社科类每人 10 万—20 万元,金融类每人 20 万—30 万元。

(2)编制管理:直接办理进人核编和上编手续。

(3)职称评聘:特别优秀的博士后可申请认定副高级专业技术资格。有突出贡献人才可不受学历、资历、论文等限制,直接审定高级专业技术资格。

(4)落户:高层次人才可在服务地(居住地)落户,配偶、未婚子女及父母可随迁。

(5)社会保险:引进的高层次人才、高技能人才,未达到法定正常退休年龄的,可随所在用人单位参加相应的职工养老保险;来赣前有省外、海外工作经历且未参加养老保险的,本人自愿,可办理一次性补缴曾在省外或海外工作期间的基本养老保险费。

(6)配偶安置:高层次人才配偶就业安置由用人单位妥善解决,第一、二类人才的配偶就业安置可比照驻赣部队随军家属安置办法操作。

(7)子女入学:高层次人才子女申请转(入)我省义务教育阶段学校和普通高中就读的,根据本人意愿和实际情况,由其父母服务地或居住地教育行政主管部门按免试就近入学原则优先办理转(入)学手续,不收取国家规定以外费用。非江西省户籍子女,在江西省就读义务教育阶段学校和普通高中期间,享受江西省户籍学生同等待遇。

(8)创业资助:每年遴选 50 个高层次人才、高技能人才创办的科技型小微企业进行重点扶持,对贷款额度在 100 万元以内,可免除担保、反担保措施,直接给予贷款。对获得创业大赛奖项的人才项目给予资助,获得国家级大赛奖项的给予 20 万元以下资助、省级大赛奖项的给予 10 万元以下资助。

（五）人力资源服务产业园及基地

1. 中国南昌人力资源服务产业园建设情况介绍

（1）建设和运行情况

2016 年 7 月，省委、省政府明确指示筹建中国南昌人力资源服务产业园；8 月，中国南昌人力资源服务产业园的筹建工作正式启动。2017 年 5 月，中国南昌人力资源服务产业园获人力资源社会保障部批准为全国第 10 个、长江中游地区第 1 个国家级人力资源服务产业园；2017 年 10 月，中国南昌人力资源服务产业园开始试运营。

中国南昌人力资源服务产业园按"一园三区"布局，由经开园区、高新园区、小蓝园区组成，坚持"政府引导、市场化运作"的运行机制，以"各区自营"为主要运营管理模式。一期投入使用面积 12.6 万平方米，其中经开园区一期 5.7 万平方米，高新园区一期 3.3 万平方米，小蓝园区 3.6 万平方米。二期规划正在推进中。各园区按照差异化功能设计，通过建设集人才、就业、社保、劳动保障、劳动仲裁、自助办税等服务窗口的"一站式"高效便捷的政务服务平台，初步形成了集人才引进、人力资源开发、配置、培养和公共人力资源服务等功能于一体的人力资源要素市场。截至 2019 年底，已入驻机构 176 家，较 2018 年底增加 55 家；营业收入 182 亿元，较 2018 年底增长 90%；税收 3.2 亿元，较 2018 年底增长 60%；服务用工 263.7 万人次，较 2018 年底增长 1 倍多。

（2）主园区、"百亿楼"建设情况

高新园区作为中国南昌人力资源服务产业园"一园三区"主园区，以"集聚产业、培育市场、孵化企业、集聚人才"为功能定位，形成大学科技城园区和人才大厦一园两址的总体布局。为进一步提升高新主园区建设水平，人才大厦将围绕打造"百亿楼"目标，重点引进国内外知名人力资源服务机构，通过建立人力资源服务产业孵化基地，加快新业态引进和培育。目前，江西省人力资源有限公司、智联招聘、北京外企、智通人力等多家省内外知名企业已入驻园区。

2. 省级人力资源服务孵化基地建设情况介绍

（1）建设背景

贯彻落实《江西省人民政府关于加快人力资源服务业发展的意见》文

件精神,通过政府引导、市场运作、政策支持等措施,建立人力资源服务孵化基地,激发人力资源内生动力,储备一批成长型中小企业,培育成一批有一定规模的创新型人力资源服务机构,进一步丰富和完善产业链。

（2）"以投代招"特色运营模式

组建人力资源服务产业基金,通过"以投代招"模式,重点引进国内外知名人力资源服务企业新业态落地江西,配套孵化基地三级孵化体系和完善投后管理体系,实现从"服务落地"到"机构落地"的引进培育功能。

（3）功能区划

人力资源服务孵化基地坐落于人才大厦,面积共 2000 平方米,功能区包括:种子孵化区（共享办公区）、初创孵化区、加速孵化区、资源服务区（公共服务大厅/共享服务区、导师工作坊/创业书吧/党建活动室、创业咖啡/创业实训中心/生态服务区、路演大厅/融资服务区）等。

（4）发展规划

争取通过五年时间,孵化 30—40 家人力资源服务创新型企业,培育 10 种人力资源新业态,孵化产值达到 5000 万元。实现孵化基地培育市场、丰富业态、集聚产业、服务江西的作用,打造成具有江西特色的人力资源服务孵化基地。

（六）发展目标与设想

当前和今后一段时期是江西省人力资源服务业发展的"窗口期",也是实现跨越赶超的关键时期,应当抓住机遇,发挥优势,坚持"产业+资本+人才+平台"发展模式,着力提升人力资源服务业产业化、专业化、信息化、国际化水平,推动人力资源服务业高质量发展。

1. 强化政府引导作用,不断完善政策体系。良好的政策环境是江西省人力资源服务业发展的重要优势。江西省应当进一步加强统筹规划和政策创新,在重点落实好现有各项政策措施的同时,根据经济形势和市场需求的变化,不断完善产业发展政策,完善财税、金融、人社、政府购买公共服务等方面配套政策措施,形成上下联动、相互协调的政策体系和政策合力。

2. 大力发展各类人力资源服务机构,加快培育龙头企业。遵循人力资源服务产业龙头企业带动、中小微企业创新、各类机构协同发展的规律,通过培育龙头企业和领军企业,发挥带头和示范作用,抓住技术进步的良好机遇,充分借力主板、新三板等资本市场,推进企业上市工作,做大做强江西省人力资源服务品牌。鼓励中小微企业在服务模式、服务产品方面加强创新,形成各类机构协同发展、产品创新力强、服务质量高的良好局面,提升人力资源服务产业综合实力。

3. 推进人力资源服务产业园建设,充分发挥产业集聚效应。按照吸引多元化的人力资源服务企业、满足多层次的服务需求、具有专业化的服务能力、具备国际化的发展视野要求,将国家级中国南昌人力资源服务产业园打造成为"立足南昌、惠及全省、辐射中部、面向全国"的区域性人力资源聚集高地和人才培养、人才储备的洼地,成为全国一流并与国际接轨的国家级人力资源服务产业园区。加快推进省级及以下产业园建设,并逐步向县(区)延伸,形成国家级、省级、市级、县(区)级产业园共同发展的良好格局,不断夯实产业发展基础。提升各级产业园建设的科学化水平,利用园区与科研院所开展科技成果转化、知识平台共建与分享等活动。

4. 加大行业宣传和需求培育,促进人力资源服务供需平衡。在"需"的一头,针对实体企业对人力资源服务业认知不足的问题,定期并持续举办重点产业企业人力资源高级管理人员研修班,引导实体企业一方面真正从思想上接受并重视人力资源服务,从行动上认同并运用人力资源服务,从而激发人力资源服务需求;另一方面提升需求层次,从以职业介绍、人才招聘等传统项目和简单的劳务外包为主,扩大到高级人才寻访、人力资源管理咨询、薪酬管理、人才测评等高端服务项目。在"供"的一头,针对人力资源服务从业人员专业水平不高,特别是管理人员创新能力不足的问题,定期并持续举办人力资源服务机构高级管理人员研修班、从业人员培训班等,提升人力资源管理和从业人员的专业素养和认知水平,提高对市场需求变化的快速适应和创新能力,从而更好引领和推动行业发展,提升人力资源服务供给能力水平,更加充分满足服务对象需求。

5. 加快人力资源服务孵化基地建设,促进人力资源服务业转型升级。以省级人力资源服务孵化基地建设为引领,加快引进和孵化新型业态和产品,加快在人力资源服务领域引进"新技术",积极发展"人力资源服务+互联网""人力资源服务+智能科技",引导人力资源服务机构运用技术创新,促进传统业态升级,开拓发展高端业态,推动人力资源产业向科技型、平台型、共享经济型转变。引导人力资源服务业开展与金融、教育、医疗等行业的跨界服务,形成连通各行业的人力资源服务产业链,实现新形势下产业和人才的融合。

6. 定期举办人力资源服务交流活动,扩大江西人力资源服务业影响力。持续举办中国(江西)人力资源服务创新发展论坛等大型活动,搭建宣传江西人力资源服务业发展政策、环境和需求的平台,搭建江西人力资源服务业与国内乃至国际对话的平台,搭建人力资源服务机构与实体企业对接合作的平台,吸引全球优质人力资源服务企业到江西投资兴业,与省内人力资源服务机构开展合作,改善江西人力资源服务供给结构,提升产品和服务质量。组织省内有代表性的人力资源机构和实体企业走出去,到业内领先的人力资源服务供应商参观学习,了解新技术、新理念、新产品和新实践,加强交流与合作。

7. 推进人力资源服务行业协会建设,发挥行业协会积极作用。加强江西省人力资源发展协会建设,鼓励并推进各地成立行业协会,出台相应的政策指导文件,促进行业协会组织快速健康成长。充分发挥行业协会在推广服务标准、引领规范经营、拓展品牌建设、推动诚信自律以及服务会员单位等方面的作用,形成行业发展合力,助推江西省人力资源服务行业高质量发展。

8. 规范人力资源市场管理,保障行业规范有序发展。制定实施《江西省人力资源市场管理条例》,健全人力资源市场管理制度体系,营造公平竞争、监管有力的产业发展环境。推进人力资源市场诚信体系建设,建立完善守信激励和失信惩戒制度,实施信用分类监管。强化"双随机、一公开"监管制度,加大人力资源市场整顿力度,对各种危害用人单位、劳动者合法权益的行为,依法依规给予严厉打击,切实维护市场秩序。推进人力资源服务标准化建设,提升信息化管理水平,优化管理手段,提高管理效率。

（七）述评与展望

近年来,江西省人力资源服务业呈现强劲发展势头,主要发展指标均保持两位数增长。2019 年,江西省共有人力资源服务机构 1636 家,从业人员

2.2万人;全年营业收入突破380亿元,各类人力资源服务机构服务用人单位41万家次,服务人员956.7万人次,帮助235.59万人实现就业和流动。

当前人力资源服务业已进入由高速发展转向高质量发展窗口期。为推动江西省人力资源服务业发展实现质量效益双提升,可以从强化高端引领、加快转型升级、促进供需平衡、扩大开放交流、优化市场环境等方面持续发力。一是大力培育人力资源服务龙头企业,通过兼并重组、靠大联强、合资合作等方式,重点培育一批综合实力强、具有示范引领作用的本土人力资源服务骨干企业,带动全省人力资源服务机构提升核心竞争力和服务供给水平。二是加快推进人力资源服务产业园规划布局和人力资源服务孵化基地建设,充分运用产业园、孵化基地等优质载体,在人力资源服务领域加快引进新技术和活资本,培育和发展新兴业态、高端服务项目和产品,促进全省人力资源服务机构向科技型、平台型转变。三是通过定期举办重点产业企业人力资源高级管理人员研修班,大力开发和培育人力资源服务市场需求。加大行业领军人才和高级人才培养引进力度,提升行业人才专业能力和创新能力,进而提高人力资源服务供给水平。推进全省性人力资源服务行业协会建设,充分发挥其在机构培育、供需对接、规范服务、交流合作等方面的桥梁纽带作用。四是持续举办中国(江西)人力资源服务创新发展论坛等活动,搭建人力资源服务领域交流合作以及与实体企业对接合作平台,进一步提升江西省人力资源服务业的知名度和影响力。五是优化市场环境。以江西省政府《关于加快人力资源服务业发展的意见》为引领,完善落实相关配套政策,健全产业发展政策体系,进一步优化营商环境。推进人力资源市场法治化建设,制定《江西省人力资源市场管理条例》,加快构建系统完备、科学规范、运行高效的人力资源市场管理体系,依法加强人力资源市场建设和管理,推动人力资源服务业健康有序发展。

二、与时俱进,引领人力资源新向标——中智公司

(一) 基本情况

中国国际技术智力合作有限公司是国务院国有资产监督管理委员会管理的国有重点骨干中央企业。中智作为中国领先的人力资源企业,是一家

主营人力资源业的中央企业。中智拥有六大业务板块以及投融资平台、文化传播平台,创新发展知识产权等与人力资源主业相关度高、国家战略高度关注的新兴智力服务领域,增进作为国家智库的影响力。中智以创新转型、变革发展,人力资源与科技的深度融合,描绘"智领中国"新蓝图。中智公司作为中国人力资源服务行业领军企业和领先品牌,列 2019 中国企业 500强第 215 位;列 2019 中国服务业企业 500 强第 83 位。截至 2019 年 9 月,中智连续 14 年领航中国人力资源服务业。

中国国际技术智力合作有限公司(英文缩写 CIIC),总部位于北京,是国务院国有资产监督管理委员会管理的国有重点骨干企业(中央企业),也是人力资源服务行业中唯一一家中央企业。中智公司成立于 1987 年 6 月,先后经历了创业起步、全国拓展、多元化发展、探索转型发展四个阶段,业务范围涵盖人力资源外包、管理咨询、招聘及猎头、培训、国际人力资源服务、投资与贸易服务六大领域。

截至 2020 年底,公司建立了覆盖 31 个省、自治区、直辖市的 378 个城市的全国性服务组织网络,境内外共设有 168 家分支机构,服务网点遍及 378 个城市,服务超过来自全球的 9.4 万余家企业(其中包括 239 个世界500 强集团下的 1057 家企业及 148 个中国 500 强集团下的 611 家企业),服务客户人数达 245 万余人。

（二）业务介绍

中智公司致力于为客户提供高质量、全产业链的人力资源服务。

1. 人力资源外包业务。人力资源外包业务深耕行业 32 年,稳居行业领军地位,依托覆盖全国的服务组织网络,凭借中央级优质企业平台、精干专业的人力资源服务团队、领先的互联网服务系统,为各类企业客户提供五险一金解决方案、人事管理解决方案、健康管理及商业保险解决方案、项目外包解决方案等一整套优质、敏捷、便利、高效的人力资源外包服务解决方案。

2. 人力资源管理咨询业务。管理咨询业务一直致力于推动企业战略思维和变革管理能力的提升,主要围绕人才管理、人力资本管理和变革管理,提供管理咨询整体解决方案及落地服务,已形成 6 大系列 57 个细分特色咨询产品,以及专业的方法论积淀,为90%以上中央企业提供人力资源管理咨询服务,为各级国资委、组织部及人社部、开发区等政府部门提供智库服务,成为中国领先的管理咨询整体解决方案提供商及国资国企改革的高端智库,连续8年入选中国管理咨询50大机构十强,位列人力资源管理咨询第一位。

3. 招聘猎头灵活用工业务。招聘和猎头业务主要服务于高端人才、专业人才和普通招聘(白领/蓝领),并积极向灵活用工、岗位外包延伸。拥有专注于为企业提供校园招聘服务的"预才网"、为灵活就业人员提供招聘管理服务的"时币招聘"等系统,可满足企业多样化的用人需求。

4. 培训业务。培训业务致力于企业人才的培养与发展,从个人提升、标杆学习等方面,搭建强有力的个人与企业学习平台,为企业培训与员工发展提供专业、系统的解决方案,帮助提升员工岗位胜任力,改善企业整体绩效。主要产品及服务内容包括:企业内训、语言文化技能类培训、海外标杆培训、"中智大学"线上平台类培训、国际国内认证培训等。

5. 国际人力资源服务业务。国际业务主要致力于为客户提供对外劳务合作、留学及游学、移民、签证、商务咨询、商旅服务及语言培训等国际人力资源服务,可为客户提供法国、荷兰等国签证服务;劳务输出、技能实习生和技能人才国际派遣等特色服务;"一带一路"国际人力资源服务等。

(三) 先进经验

1. 战略规划定方向。深入对标党中央、国务院决策部署和国资委工作要求,积极贯彻新的发展理念,系统优化管理目标,突出质量第一、效益优先,适应质量变革、效率变革、动力变革要求,统筹"量"的合理增长和"质"的稳步提升。高质量编制"十四五"规划,在谋篇布局上体现前瞻性、指导性,为公司长远发展明确方向,找准目标。

2. 服务大局展担当。主动对接服务国家战略,紧紧聚焦京津冀协同发展、粤港澳大湾区建设、长三角区域一体化发展、海南自贸区建设、东北振兴等区域发展战略,及时调整公司战略部署,与辽宁、河北、三亚、张家口等建立战略合作关系。坚决落实中央稳就业工作要求,围绕高校毕业生、农民工、残疾人等重点群体就业积极开展工作,主动服务中央企业高质量发展,与 68 家央企总部建立了业务联系,为 25 家单位提供高端人才引进和职业经理人选聘服务。依托中智招聘网站、"预才网"校招等自有平台,集成"社会招聘、校园招聘、在线考试、在线面试、人才测评、电子签约"等模块功能的一体化布局,使企业、求职者足不出户即可满足双方的用工、求职需求,努力为各企业提供"定制化、颗粒化、一体化"的全流程线上招聘服务。积极承办国资委、人社部、教育部、团中央等大型网络招聘活动,协同多地人社部门共同举办地方网络招聘会,产生了良好社会反响,为确保疫情防控特殊时期就业大局稳定发挥了积极作用。

3. 深化改革强活力。深入推进"双百"行动试点企业改革进度,设立月度进展定期督导机制,推动重点分支机构在引战入股方面取得阶段性成果。教育科技公司成功入选发改委第四批混改试点,并形成混改方案。制定了深化三项制度改革方案,逐步建立起与市场经济相适应、与企业功能定位相配套的市场化劳动用工和收入分配管理体系。深化考核分配制度改革,完善了工资与效益联动机制,制定了《中智公司劳动合同管理办法》等劳动用工制度和 13 项绩效考核分配制度。积极开展科技型企业分红激励机制改革,上海电气工程公司岗位分红权激励试点加快推进。多项有力改革进一步释放了发展动能,为公司长远发展注入了强大动力。

4. 加强创新赢主动。打造中智"人才银行"实体运营模式。为解决人力资源行业"最后一公里"服务,公司结合人力资源行业产品服务特点和央企品牌强大的资源整合能力,打造人力资源平台资源融合下的人力资源服务新生态运营形态,即人力资源实体服务门店,面向市场提供人力资源服务时产品更实用、对象更精准、链条更完整、内容更有价值,突破了人力资源服务产业传统"远程服务"的模式,让消费者能亲身走近品牌、理解感知产品,致力于打造人力资源行业新生态动能。创新整合线上服务平台。为帮助企业客户规范日常管理,转变管理方式,提高管理效能,公司推出"中智云管家""EHR+"等线上服务平台。中智云管家涵盖"基础人事""智享薪""智享签"三大核心模块,将中智公司、企业和员工三方高效连接,深度融合互联网,加速信息流通,形成稳定的三角闭环,让智能管理平台化、生态化。全链条的服务模式,帮助企业提高工作效率、优化工作流程,提高信息处理电子化程度。"EHR+"平台设有"人事组织管理""时间管理""档案管理""电子签约"等服务模块,打通中智线上线下服务环节,将传统的线下服务映射至线上,与客户、用户做到实时交互,丰富线下服务场景。产品旨在帮助客户企业通过信息化人事管理技术,实现降本增效,并将 HR 从事务性工作中释放,赋能企业人力资源管理。开发管理咨询业务新模式。重新定位各类产品的咨询服务模式,鼓励研发立项及业务模式创新,并加大配套的研发经费投入。公司以客户需求为导向,在标准化咨询服务模式的思路下,鼓励创新立项和持续开发。近年来,"智企加"人才管理平台、"薪 E 通"薪酬体系设计系统、"IP 快线"知识管理平台等一系列信息化产品上线,开启"咨询+互联网"模式的创新探索,为人力资源数字化转型服务探索提供了更多可能。整合资源提供公益招聘服务。通过依托中智招聘网站、"预才网"校招等自有平台,集成"社会招聘、校园招聘、在线考试、在线面试、人才测评、电子签约"等模块功能的一体化布局,使企业、求职者足不出户即可满足双方的用工、求职需求,努力为各企业提供"定制化、颗粒化、一体化"的全流程线上招聘服务。积极承办国资委、人社部、教育部、团中央等大型网络招聘活动,协同多地人社部门共同举办地方网络招聘会,策划制作了 10 期抗疫稳岗扩就业、央企"一把手"谈招聘系列访谈节目,产生了良好社会反响,为确保疫情防控特殊时期就业大局稳定发挥了积极作用。截至 5 月 20 日,中智公司共为 28304 家企事业单位发布招聘岗位 112693 个,岗位需求人数超过 60 万人,各类求职者合计投递简历 82 万份。其中,为央企集团的 2973 家法人单位发布招聘岗位 32851 个,岗位需求人数超过 14 万人;为 25331 家地方国有、民营、外资和其他企事业单位发布招聘岗位 79842 个,岗位需求人数超过 45 万人。

5. 技术赋能促增长。推出线上平台解决企业发展痛点。公司由传统线下服务逐渐转移到互联网的服务,在体验便利的同时,实现了公司人工成本的降低与工作效率的提升,是国内同业中最早通过 ISO27001 信息安全认证的企业。2019 年,公司下属分支机构开发了"中智北京 APP""后道社保机器人""人力资源外包业务系统(HRO)"等多项信息化应用软件及系统平台。"中智北京 APP"鼓励员工自主完成线上业务办理,提高服务办事效率,减少人工投入成本;"后道社保机器人"的研发上线,将自动化处理大批量的报增/减工作;"人力资源外包业务系统(HRO)"是由客户智能服务平台、员工移动端(TO C)、社保公积金代缴平台、员工入离职服务平台等组成的人力资源外包业务一体化信息服务平台,实现了业务的全流程闭环,有效加强了公司内控体系的完善。同时,在 2019 年参加中国质量协会举办的第四届"全国质量创新大赛",被评为 QIC-Ⅲ级技术成果。加强内部网信建设。编制发布了公司信息化规划(2019—2021)1.0 版,启动了以数字化转型为目标的信息化规划 2.0 版编制工作;初步建立起 1+N 网信管理制度体系。推进管理和业务系统建设,外包业务系统、OA 系统实现二级分支机构全覆盖;薪税业务系统按新个税法完成升级改造,"三重一大"系统全面完成上线,并接入国资委监管系统。集团网站群系统实现 37 个分支网站归集。完成 26 个信息系统等级保护建设。打造"中智大学"在线培训平台。"中智大学"作为中智公司面向企业提供人才培养与发展的专属平台,着力打造人才培养与发展核心价值,并通过"中智大学"的建立,逐步形成"平台+内容+服务+数据"一体化解决方案模式,为企业提供更实用、更贴近需求的企业培训与人才职业教育解决方案。帮助企业提高职业化管理平台,提升企业竞争力,将企业整体战略目标和实务需求结合,为企业培训与员工发展提供专业、系统的解决方案,帮助提升员工岗位胜任力,改善企业的整体绩效。扎根于企业与个人,采取有特色的 B-B-C 的经营模式,为客户提供高标准课程培训服务。"中智大学"助力企业实现人才升级、组织发展与智慧传承,通过沉浸式 O2O 智慧教育解决方案,专注于学习场景的知识传导,碎片化学习时间的充分应用,体系式企业级学习服务的规划与运营,通过先进的移动互联网及云端服务技术,构建以课程云系统、企业培训学习系统、平台运营系统和精品课程系统四大模块为核心的在线教育生态圈。"中智大学"打通了从课程生产者企业员工的全链条,构建企业培训的生态系统,目前已有用户数 200401 人,线上课程 2392 门,用户培训总时长约 2865631 分钟。

6. 优化服务增黏性。公司高度重视分支机构间协同协作的质量,2019 年年底,开展针对分支机构间协同满意度调查工作,进一步推进公司整体协同合作,提升综合服务工作水平。协同满意度调查工作围绕分支机构的"服务态度与服务意识""沟通技巧与沟通能力""专业知识与业务水平",以及若干操作准确度和及时度等二十个维度进行分支机构间互评打分。对打分结果进行统计分析和横向比对,并将分析和比对的结果及时反馈至各分支机构,以指导分支机构不断提高服务质量。公司各分支机构建立客户回访制度,开展客户满意度调查。各分支机构根据客户分级,每月通过各种形式围绕服务质量内容回顾、业务流程梳理改进等内容,进行客户回访,在回访中提供新政解读,进一步挖掘客户需求,跟进客户内部情况,重点关注客户拜访工作质量,对于拜访所需得到的信息做了进一步细化,落实于系统记录。

7. 精益管理夯基础。大力推进总部机构改革,积极开展"总部机关化"问题专项整改,调整压缩总部职能部门,总部管控水平、专业能力、服务意识得到加强。积极开展规章制度立改废,制度体系建设更加完善。认真落实全面预算管理制度,首次实现三级企业预算编制全覆盖;建立起运营者标监测和生产经营分析会机制,首次召开全集团生产经营分析会,基础管理更加规范。梳理管控项目,制定放权清单,下放调整审批权限;优化采购审批流程,集团审批项目数量有效减少工作效率明显提升。法务与风险管理体系更加完善。扎实推进法治央企建设,积极推动分支机构主要负责人履行法治建设第一责任人职责。强化法律风险防范,着力在合同审核、授权委托、案件处理等方面下功夫、严把关。制定发布《合规管理办法(试行)》等相关制度,开展合规管理培训,举办合规承诺函签署仪式,初步建立起合规管理体系。加强风控体系建设,完成年度内部控制评价、全面风险管理评价,梳理出总部业务工作风险点,制定内控风险管理制度。强化审计管理,出台进一步加强审计工作指导意见,制定了五年审计全覆盖计划,针对发现问题汇总下发了年度审计情况通报。规范加强投资管理,强化投资项目审核,有效防范投资风险。

8. 国际合作促发展。做强标杆企业对标培训。标杆企业研讨以对标卓越企业的优秀管理经验,由境内外师资共同打造,结合卓越企业管理、管理模式和大陆企业的应用实践,标杆企业的管理精髓。研讨的课程涵盖管理、投资、创新、高端制造、人力资源和 IT 类,由美国哈佛大学、斯坦福大学、波士顿大学,英国牛津大学、剑桥大学,澳洲悉尼大学、墨尔本大学及中国香港大学针对学员量身定制。此外还有德国、以色列、日本等高校。帮助企业全面提升公司管理人员和技术骨干在投资、运营、专业、管理等各方面能力。

通过提供全方位的海外院校定制课程,再辅以各国当地知名企业的实地研讨和交流。采用混合式培养路径,以学习者为中心,主动探索式的学习,集合多种培养方式的优点,深入调研培训需求与资源条件,建立在完全以学习者为中心的环境中,从信息到教学内容,从技能评估到支持工具,从训练到协作环境,一切围绕学员展开。系统设计混合式培养全过程能够更加全面和快速地提升综合素质。开发尼泊尔签证中心。经过多年来的不懈努力,中智签证业务迎来历史性重大突破——中智公司中标尼泊尔中国签证申请中心项目。境外中国签证申请中心是面向驻在国和第三国公民、依照驻在国的法律注册、运营的服务性商业机构,是经中国使领馆认可并唯一授权的提供中国普通签证办理服务的事务性机构。境外签证中心项目是借船出海的机遇,意味着国内领先的中智签证业务正式走向海外,迈上从服务中国境内的各国公民出境,到服务全世界客人入境的新台阶,也标志着中智公司实现人力资源服务国际化方面取得新突破。

9. 党建引领作保证。坚持把政治建设摆在首位,大力引导党员干部增强"四个意识",坚定"四个自信",做到"两个维护"。认真落实"中央企业党建巩固深化年"专项行动要求,持续深化"三基建设",坚持党建工作与业务工作目标同向、措施同定、工作同步,将党建考核结果与分支机构负责人年度绩效薪酬直接挂钩,推进党建工作与生产经营深度融合。强化人才系统化规划、体系化管理,认真落实《中智公司三年人才发展行动计划(2019—2021 年)》,加强年轻干部选用管育,逐步解决干部人才紧缺问题。更加突出讲担当、重实干的选人用人导向,坚决把勇于担当作为、狠抓工作落实、工作实绩突出的优秀干部选出来、用起来,大力激励干部担当作为。充分发挥文化对企业高质量发展的助推作用,发布中智企业文化纲领,整改修订中智 VI 系统,制作公司司歌,完善员工激励关怀帮扶机制,凝聚公司砥砺奋进强大合力。

(四) 述评与展望

近年来,中智公司坚持聚焦主责主业、抢抓发展机遇、持续深化改革创新,加快转型升级,全产业链价值经营质量稳步提升,企业内生动力活力有效激发,党建引领作用充分发挥,高质量发展取得积极成效,业内影响力不断扩大。

"十三五"时期,中智公司坚持聚焦主责主业,持续深化改革创新,加快推进转型升级,注重强化协同发展,全产业链价值经营质量稳步提升,企业内生动力活力明显增强,党建引领作用充分发挥,高质量发展取得积极成效,行业影响力不断扩大,连续14年领航中国人力资源服务业。

新冠肺炎疫情发生以来,发挥"中智招聘"平台优势,积极承办人社部、国资委、团中央、教育部大型网络招聘活动,先后与北京、上海、天津、湖北、安徽、江苏、黑龙江等多个地方政府合作开展地区网络招聘会,发布复工复产、就业供需、政策解读等系列研究报告,积极开展公益直播课程,得到社会广泛好评,并在国务院联防联控机制新闻发布会上得到国务院国资委重点推介。

未来中智公司将紧紧围绕建设具有全球竞争力的世界一流人力资源服务企业战略目标,突出数字化转型,着力以效益支撑发展、以改革驱动发展、以信息化赋能发展、以创新引领发展、以法治保障发展,推动公司由传统服务型企业向技术驱动型企业转型,加快公司从国内高质量发展向国外全面拓展,转为中国企业走向世界提供全面的人力资源服务,为全球人力资源服务业发展贡献中国经验与特色。

第二部分
专题报告篇

第一章　各省区市人力资源服务业重视度分析

【内容提要】

本章共分为三部分。第一部分,反映各地公众对于人力资源服务业关注度的变化趋势,呈现各地公众对于人力资源服务业的关注度和支持度。第二部分,系统揭示各地政府对于人力资源服务业的政策保障与发展规划支持力度,并对政府间推动人力资源服务业发展的区域合作以及不同地区典型省份发展人力资源服务业的典型案例进行解析。第三部分,通过对各地媒体对于"人力资源服务业"的相关报道和各地行业协会和人力资源服务中心等社会组织发展度,反映各地媒体及社会组织对于人力资源服务的关注度。

从整体看,本章从公众、政府、媒体和社会组织等不同群体的视角出发,通过大数据方法和文本分析方法对主流社交媒介、纸质媒介、网站、各省政府工作报告以及相关政策法规、规划文件进行数量统计和内容分析,以阐述人力资源服务业在我国各省市受到的重视程度及发展情况。

Chapter 1　Recognition Level of Human Resources Service Industry in Each Province, District and City

【Abstract】

This chapter is divided into three parts.The first section of this chapter reflected the trend of public attention around the human resources services, and explored the public attention and support to the human resources services. The second part systematically revealed the level of local governments' policy support, human resources service industry-related policies, regulations and planning. In the third part, we made analyses through the reports and news concerning human resources services on local media and the development of social organizations like Human Resources Consulting Association and Human Resources Service Centers, to reflect the attention of social organizations paying to human resources services.

As a whole, This chapter employed the methods of Big Data Analysis and Content Analysis, analyzed the mainstream social media, paper media, websites, provincial government work reports and relevant policies, regulations and planning documents, from three different perspectives of the public, government and non-governmental organizations, to describe the degree of attention and development situation of Human Resources services in China's provinces and cities.

一、各地公众对人力资源服务业的关注度

在网络高度发展的现代社会,社会公众在网络上对人力资源服务业的关注度能够在一定程度上反映各地公众对该行业的关注度。本部分借助具有权威性的三类检索指数来反映各地公众对于人力资源服务业关注度的变化趋势;通过大数据分析方法对微博、微信这两大自媒体平台的用户进行分析来呈现各地公众对于人力资源服务业的关注度和支持度。

(一) 关注趋势分析

本部分将利用当前网络时代具有权威性和代表性的三类指数——百度指数、360 指数和微信指数来分析公众对于人力资源服务业的关注度。百度指数主要反映关键词在百度搜索引擎的搜索热度;360 指数主要反映关键词在微博的热议度;微信指数主要是帮助大家了解基于微信本身的某个

关键词的热度。

1. 百度指数

百度指数是以百度海量网民行为数据为基础的数据分享平台。通过检索特定关键词,可以呈现关键词搜索趋势、洞察网民兴趣和需求、监测舆情动向、定位受众特征。

"人力资源"是输入百度指数的关键词,将时间段限定为 2019 年 8 月 1 日到 2020 年 7 月 31 日,得到的搜索指数①如图 2-1-1 所示。

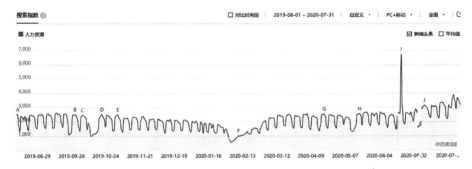

图 2-1-1　"人力资源"搜索指数变化趋势(2019 年 8 月 1 日到 2020 年 7 月 31 日)

图 2-1-2 需求分布图所呈现的是 2020 年 7 月 23 日到 2020 年 7 月 29 日与"人力资源"相关的检索关键词。该图是针对特定关键词的相关检索词进行聚类分析而得的词云分布,从中可以看出公众对于人力资源的检索关注点在于"人力资源资格证""人力资源管理""人力资源公司"等领域,对于"人力资源服务业"的关注还未明显展现出来。

2019 年 8 月 1 日到 2020 年 7 月 31 日新闻热点中与人力资源服务业相关的新闻如表 2-1-1 所示。2020 年新闻热点主要对人力资源社会保障部部署开展的人力资源服务行业促就业行动进行了宣传报道,各省也相继出台本省的人力资源服务业促就业计划,相关研究机构对人力资源服务业的发展前景进行了分析。从新闻报道的数量能够看出,人力资源服务产业园的发展是当前媒体关注的焦点。

---

①　搜索指数是以网民在百度的搜索量为数据基础,以关键词为统计对象,科学分析并计算出各个关键词在百度网页搜索中搜索频次的加权和。

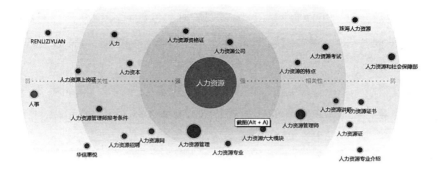

图 2-1-2　与"人力资源"相关的需求分布图

表 2-1-1　"人力资源服务"相关新闻热点

时间	名　称	来　源	相关报道
2019/08/23	建人力资源服务产业园 确保生活无忧	大公网	25 条相关
2019/09/24	全球人力资源服务行业三巨头崛起启示录	未来智库网	15 条相关
2019/11/04	一文看懂人力资源服务业发展四大趋势	中国人力资源开发网	11 条相关
2019/11/28	脱贫攻坚对人力资源服务业具有深刻影响	新浪网	21 条相关
2020/01/18	四川加快发展人力资源服务业	新华网	12 条相关
2020/05/19	2019 年度人力资源服务业发展统计报告	中国政府网	56 条相关
2020/06/11	人力资源服务产业园面临的问题和发展方向	中国企业电商联盟	8 条相关
2020/07/31	人力资源社会保障部部署开展人力资源服务行业促就业行动	中国政府网	41 条相关

　　对关注"人力资源"的人群展开分析,总体上华东地区公众的关注度明显高于其他地区,华北、华南次之,而东北、西北的社会公众关注度相对较低。地域分布情况与 2019 年基本相同,华南地区对人力资源关注度略有上升。

　　从城市上来看,北京、上海、成都、深圳则是社会公众关注度相对高的地区。从检索关注的人群地域分布可以发现,经济发达地区对于人力资源服务业的关注度较高,北京、上海连续三年排名位于前三位,成都排名稳中有升,侧面反映出这些地区人力资源服务业发展具有相对良好的社会环境基础和广泛的社会关注度。

2. 360 指数

360 指数平台是以 360 网站搜索海量网民行为数据为基础的数据分析统计平台,在这里可以查看全网热门事件、品牌、人物等查询词的搜索热度变化趋势,掌握网民需求变化。"人力资源"是在 2019 年 8 月 1 日至 2020 年 7 月 31 日中浏览较多的关键词,可以通过分析其"360 指数"的变化趋势来分析社会公众对于"人力资源"领域的关注度。

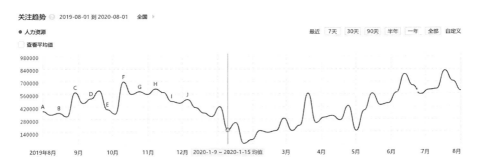

图 2-1-3　"人力资源"360 指数变化趋势(2019 年 8 月 1 日 至 2020 年 7 月 31 日)

图 2-1-4　"人力资源"关注人群地区分布(2019 年 8 月 1 日至 2020 年 7 月 31 日)

与百度指数反映出的结论类似(如图 2-1-4 所示),广东、北京、江苏、山东等地区对于人力资源服务的热议度最高。与 2019 年相比,江苏省对人力资源的关注度有显著提升，上海略有下降，总体上看沿海地区的热议度高于内陆地区。

3. 微信指数

微信指数①是腾讯开发的整合了微信上的搜索和浏览行为数据，基于对海量云数据的分析，形成的当日、7 日内、30 日内以及 90 日内的"关键词"的动态指数变化情况，即用具体的数值来表现关键词的流行程度。相较于长时间段的百度指数和 360 指数，微信指数能够更加精确地反映某个词语在短时间段内的热度趋势和最新指数动态，能够预测该关键词成为热词的潜力。

以"人力资源服务业"作为检索关键词，得到了 90 日（2020 年 4 月 30 日到 2020 年 7 月 30 日）"人力资源服务业"微信指出变化趋势图（如图 2-1-5 所示）。

图 2-1-5　"人力资源服务业"微信指数（2020 年 4 月 30 日至 7 月 30 日）

与 2019 年同时段微信指数相比，2020 年 4 月 30 日至 7 月 30 日，微信用户对人力资源服务业搜索数量略有下降，且数据波动较大。其中，7 月搜索数量明显高于其他月份。

（二）网络社交体传播途径

随着互联网的发展，微博和微信已经成为社会公众交流互动、信息发布、意见表达的重要平台。因此本部分在微博和微信环境下进行研究，探究

---

①　微信指数计算采用数据：总阅读数 R、总点赞数 Z、发布文章数 N、该账号当前最高阅读数 Rmax、该账号最高点赞数 Zmax。采用指标：总阅读数 R、平均阅读数 R/N、最高阅读数 Rmax、总点赞数 Z、平均阅读数 Z/N、最高点赞数 Zmax、点赞率 Z/R。

各地网民对人力资源服务业的关注度。

1. 微博

2020 年 5 月 18 日,微博发布 2020 年第一季度财报。截至第一季度末,微博月活跃用户达到 5.5 亿,与去年同期相比净增长约 8500 万,单季增长创下历史新高,移动端月活跃用户突破 5 亿,用户占比达到 94%。同期微博营收达到 22.7 亿元。凭借用户规模的优势,微博已经成为内容生产者传播信息和与粉丝互动的重要平台,也是观察社会公众对"人力资源服务业"关注度的重要窗口。通过新浪微博的用户高级搜索界面,搜索到了"人力资源服务"相关用户数量为 8652 个,比去年同期增长了 516 个,增幅为 6.3%,其中机构认证用户数量 2339 个,个人认证用户数量 441 个,普通用户 5872个。通过对微博用户的标签信息进行检索,搜索到了 179 个机构认证用户,同比增长 2 个;14 个微博个人认证用户;223 个普通用户,同比增长 8 个(如图 2-1-6 所示)。

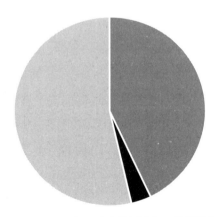

■ 机构认证用户　■ 个人认证用户　■ 普通用户

图 2-1-6　新浪微博用户分析(用户标签"人力资源服务",
截止时间:2020 年 7 月 31 日)

表 2-1-2　人力资源服务相关用户地区分布

排名	地区	数量	排名	地区	数量	排名	地区	数量	排名	地区	数量
1	北京	287	8	浙江	95	15	天津	46	22	吉林	15
2	广东	252	9	河北	83	16	重庆	42	23	贵州	15

排名	地区	数量	排名	地区	数量	排名	地区	数量	排名	地区	数量
3	其他①	211	10	湖北	81	17	安徽	35	24	云南	15
4	上海	180	11	四川	73	18	湖南	34	25	黑龙江	12
5	江苏	131	12	福建	57	19	广西	28	26	山西	12
6	河南	119	13	辽宁	56	20	甘肃	25	27	青海	9
7	山东	115	14	陕西	54	21	海外	17	28	香港	6

根据表 2-1-2,从地域分布上来看与 2019 年排序保持一致。除其他地区外,数量排在前三位依然为北京、广东、上海,其人力资源服务相关用户数量远高于其他地区,属于第一梯队。江苏、河南、山东区域内的相关用户数量都在 100 以上,也相对较高,属于第二梯队。浙江、河北、湖北、四川、福建、辽宁、陕西的用户数量在 50 个及以上,属于第三梯队。其余则是在各个省份分布,西北、西南、东北部分省份排名较为靠后。

2. 微信公众号

中国信息通信研究院政策与经济研究所、腾讯微信团队共同发布了《2019—2020 微信就业影响力报告》。报告显示,我国数字经济促进经济增长、稳定就业的作用不断增强。在疫情期间展现了极强的韧性,成为一股积极向上的重要力量,微信生态新职业不断涌现,新媒体运营、社群运营、小游戏开发工程师、微信公众号运营、小程序运营等职业岗位快速增长。2019年微信带动就业约 2963 万个,其中直接就业机会达 2601 万个,同比增长16%,间接带动就业岗位达 362 万个。② 截至 2019 年底,公众号的注册总量已经超过 2000 万个,活跃的公众号数量为 88.5 万个,其中服务行业公众号占比约 1/5,运营者对公众号的投资,数量和金额均明显增长。可见微信公众号当前在社会中具有日益增长的影响力。

以"人力资源服务"为关键字在搜狗微信公众号检索平台上进行检索(检索截止时间为 2020 年 7 月 31 日),得到 200 个具有认证资格的相关微

---

① 表中的"其他"为微博自动分类的,除了国内省区市之外的其他地区。

② 中国信通院:《2019—2020 微信就业影响力报告》发布,见 http://www.caict.ac.cn/xwdt/ynxw/202005/t20200514_281775.htm。

信用户,用户数量较之 2019 年同期相比增长 1 个。

表 2-1-3　2020 年"人力资源服务"相关微信公众号地域分布

地　区	2020 年区域内微信号数量	2020 年区域内微信号数量占比	近一个月发文量总量
广东	30	15.00%	265
江苏	27	13.50%	253
北京	17	8.50%	324
河北	15	7.50%	132
浙江	14	7.00%	153
上海	13	6.50%	164
山东	11	5.50%	97
云南	8	4.00%	56
四川	6	3.00%	78
陕西	5	2.50%	67
内蒙古	5	2.50%	45
新疆	5	2.50%	67
福建	5	2.50%	87
甘肃	4	2.00%	76
安徽	4	2.00%	56
天津	4	2.00%	52
山西	4	2.00%	71
湖南	4	2.00%	76
河南	3	1.50%	34
湖北	3	1.50%	45
重庆	3	1.50%	31
辽宁	2	1.00%	32
海南	2	1.00%	54
贵州	2	1.00%	11
江西	2	1.00%	10

续表

地　区	2020 年区域内 微信号数量	2020 年区域内 微信号数量占比	近一个月 发文量总量
吉林	1	0.50%	21
广西	1	0.50%	5
总计	200	100%	2362

数据来源:搜狗微信公众号检索,http://weixin.sogou.com/,截止日期:2020 年 7 月 31 日。

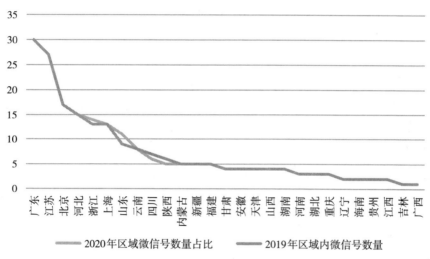

图 2-1-7　2020 年、2019 年"人力资源服务"相关微信公众号地域分布对比

根据图 2-1-7,对比 2019 年数据,可以发现 2020 年各省份的微信公众号数量排序基本保持不变,广东、江苏公众号数量仍然明显多于其他地区,两地公众号累计占比 28.5%,北京、河北、浙江、上海、山东公众号超过 10个,其余公众号在各地零散分布,总发文量相较于 2019 年的 2804 篇,有一定下降。

整体上看,不同媒体所反映出的地域、数量、变化趋势等指数基本相同,各地公众对人力资源服务业的发展关注度相较于 2019 年略有增长。具体来看,在关注渠道上,微博、微信公众号等网络社交媒体人力资源服务相关账号保持着较高的活跃度,账号数量稳中有增,并保持着较为稳定的人力资源服务业相关信息输出量。在关注的地域分布上,沿海经济发达地区以及北京、上海、广州、深圳等大型城市的公众关注度相对较高,地域分布情况与2019年的情况基本保持一致。值得关注的是,四川、陕西作为西南地区及西北地区的重要省份,近两年对人力资源服务业的关注持续上升,显示出两省份在辐射并带动周边地区人力资源相关产业的发展中起到了重要作用。在关注趋势变化上,各类指数反映出趋势随着人力资源服务业热点事件的发生而变化。2020年各类媒体对于人力资源服务业的相关报道与疫情发展呈现高度相关的关系,随着疫情逐渐好转,单位复工复产,人力资源服务业的报道量也随之增多。

二、各地政府对人力资源服务业的重视度

地方政府发布的政府工作报告、年度工作计划以及相关的法律法规、政策文件能够集中体现该地区政府的政策关注点。因此,本部分通过各地2020年政府工作报告、人力资源服务业相关政策、法规、规划,来分析各地政府对于"人力资源服务业"关注与重视程度。

(一) 各地政府对人力资源服务业的关注度

首先通过对各省、自治区、直辖市(港澳台地区除外)的2020年政府工作报告进行文本分析,探究省级政府对人力资源服务业的关注度。

近年来,在国家的高度重视下,人力资源服务行业的市场活力不断被激发。同时,随着人口红利消逝、新兴技术的诞生、零工经济和共享平台的崛起,人力资源服务业不断发展和进化,人力资源服务机构规模持续扩大,行业产值持续提高,呈现出"人才驱动专业化、技术驱动效率化、常规业务周期性显著化、竞争格局外向化"的趋势。党的十九大报告也强调我国经济已由高速增长阶段转向高质量发展阶段,首次提出要"着力加快建设实体经济、科技创新、现代金融、人力资源协同发展的产业体系"。各省市在2020年的政府工作报告中也直接或间接地提出了有助于人力资源发展的要素,将人力资源服务业视为生产性服务业和现代服务业的重要组成部分,以推动经济发展、促进就业创业和优化人才配置。

表 2-1-4 各地 2020 年政府工作报告与"人力资源服务业"相关内容(节选)

类型	省份	政府工作报告相关内容
明确提出人力资源服务	天津	汇聚一批高水平企业家和技能人才,造就一支知识型、技能型、创新型劳动者大军。推进建设国家人力资源服务产业园。
	江西	加快人力资源服务产业园建设,启动建设国家级技能人才培养综合示范(试验)园区,开展"赣鄱工匠""能工巧匠"以及"名师""名家"等评选活动,贯通技术工人与专业技术人员职业发展通道,不断提高技术工人的社会地位。
	四川	建立"4+6"现代服务业体系:"6"指科技信息服务、商务会展服务、人力资源服务、川派餐饮服务、医疗康养服务、家庭社区服务六大成长型服务业。
	贵州	坚持无微不至服务人才,让一流人才获得一流待遇,帮助解决子女就学、配偶就业、安居住房、社会保障等具体问题。坚持宽宏大度激励人才,尊重创新、宽容失败,让创新创业人才放开手脚、尽展才华。
做好人力资源服务工作是国家发展战略的重要环节	北京	狠抓资金、土地、人才等配套条件支撑。加强财政资金整合,提高对高精尖产业发展的服务水平。强化对人才的落户、教育、医疗、住房等服务保障,在中关村实施更大力度的国际人才创新改革政策。
	河北	深化开放创新。支持高等院校、科研院所和企业开展国际国内合作,制定管用有效的人才政策,大力引进科技领军人才和创新团队。
	山西	创新是第一动力,人才是第一资源。我们要坚持"引才引智""晋才晋用"并举,深入实施"三晋英才""青年拔尖人才""海外高层次引进人才"等支持计划,加强院士工作站、博士后"两站"和海外人才工作站建设,建立完善高层次人才联系服务制度。
	辽宁	深度对接国家发展战略。开展长三角、珠三角、京津冀招商引资系列活动,强化与江苏、北京、上海干部人才交流、产业对接、平台共建。深化东北三省一区交通、文化、旅游、环保等领域合作。扎实做好对口支援工作。
人力资源服务对于实施人才战略的积极作用	上海	促进人才柔性双向流动,提升人才市场服务能级,加快形成更为顺畅的人才流动机制。
	福建	深入实施"海纳百川"高端人才聚集计划、"八闽英才"培育工程……积极增加优质教育和高端医疗资源有效供给,完善生活服务等配套设施,提升人才综合服务水平。
	吉林	以创新带动创业、以引进企业带动引进人才,坚决扭转人才外流趋势。研究制定就业优先、留住人才优先、吸引人才回归优先等政策,支持高校、科研院所与企业共建研发机构,实现合作发展、融合发展。启动实施"长白山人才工程"。
	广东	打造创新人才高地。优化实施"珠江人才计划""广东特支计划""扬帆计划"等重大人才工程。拓展全球化引才引智渠道,为归国留学人员和外籍人才在住房、子女教育等方面提供更加便利的服务。

续表

类型	省份	政府工作报告相关内容
人力资源服务对于实施人才战略的积极作用	湖北	建设创新人才高地。实施楚才引领计划,培养更多高端人才和高技能人才,引进一批世界级科学家、企业家和投资家。大力发展院士经济。赋予科研机构和人员更大自主权,全力为科研人员加油减负,最大限度降低各种表格、报销、"帽子""牌子"等对科研的干扰。创新的核心是人才。
	重庆	完善瞄准高端人才的"塔尖"政策和针对青年人才的"塔基"政策……优化人才服务,实施人才安居工程,完善全过程、专业化、多层次人才服务体系。
	甘肃	实行更加有效的人才政策,把引进高层次和急需紧缺人才作为一项战略工程来抓,完善表彰激励、收入分配、知识产权收益等制度,让广大科研人员"名利双收"。

明确在政府工作报告中提及"人力资源服务"的省份有天津市政府、江西省政府、四川省政府、贵州省政府。其中,天津市政府和江西省政府均提到了加快人力资源产业园建设;四川省政府提出建立"4+6"现代服务业体系,其中人力资源服务业属于六大成长型服务业之一;贵州省政府提出要坚持无微不至服务人才,让一流人才获得一流待遇。其余省份则是在相关战略背景下间接体现,主要是两大背景性要素,第一,"创新发展"需要配合以"人才支撑",以人才驱动发展是多个省市的重要提法;第二,在发展高质量产业体系的背景下,各地政府提出要努力构建实体经济、科技创新、现代金融、人力资源协同发展的产业体系,而人力资源是其中重要的构成要素。总体来讲,各地政府工作报告均突出了将人力资源作为第一资源的重要性,以人力资源服务业为依托,为人才提供各类服务保障。

(二) 各地政府对人力资源服务业的政策保障度

使用"北大法宝 V6 版"数据库的高级检索针对"地方法规规章"进行检索。以"人力资源服务"进行全文检索,发布时间范围为:2019 年 3 月 1 日到 2020 年 7 月 31 日。检索到各地政策主要包括两类:一类是地方性法规,另一类是地方规范性文件。

1. 地方性法规

检索得到与"人力资源服务"相关的地方性法规有 16 篇,与 2019 年的

5 篇相比有明显上升。这些法规主要是地方人才工作条例,以及地方针对特殊人群的人力资源服务保障政策。

(1)保障落实人才政策。例如《通化市人才发展促进条例》鼓励社会各方面力量参与人才引进,培育和引进人力资源服务机构,促进人力资源服务业发展。① 《深圳经济特区人才工作条例(2019 修正)》中规定:人力资源保障部门认定人才时,可以采信风险投资机构、人力资源服务机构等市场主体的评价意见,也可以授权行业协会、企业、高等院校和科研院所直接认定。②

(2)对人力资源服务行业的规范性政策。《西藏自治区建筑市场管理条例(2020 修订)》规定:从事建筑行业经营性人力资源服务的机构应当取得人力资源社会保障行政部门相应许可。③《深圳经济特区人才工作条例(2019 修正)》中规定:人力资源服务业实行登记备案制度和负面清单管理制度;经依法登记取得法人资格的机构应当在开展人力资源服务业务之日起十五个工作日内向人力资源保障部门申请办理登记备案。④

(3)针对特殊人群的人力资源服务保障政策。例如《苏州市残疾人保障条例》规定:残疾人就业服务机构应当为残疾人提供免费的求职登记、职业适应评估、职业心理咨询、职业指导等就业服务。鼓励人力资源服务机构为残疾人提供免费就业服务。对推荐残疾人成功就业的,残疾人联合会应当按照规定给予补贴。⑤

2. 地方规范性文件

从 2019 年 8 月 1 日到 2020 年 7 月 31 日,检索得到与"人力资源服务"相关地方规范性文件共 344 篇(如表 2-1-5 所示),相比 2019 年 169 篇有明显上升。

---

① 《通化市人才发展促进条例》,通化市第八届人民代表大会常务委员会公告第 3 号,2019 年 12 月 4 日发布。

② 《深圳经济特区人才工作条例(2019 修正)》,深圳市第六届人民代表大会常务委员会公告第 161 号,2019 年 9 月 5 日发布 。

③ 《西藏自治区建筑市场管理条例(2020 修订)》,西藏自治区人民代表大会常务委员会公告〔2020〕5 号,2020 年 6 月 10 日发布 。

④ 《深圳经济特区人才工作条例(2019 修正)》,深圳市第六届人民代表大会常务委员会公告第 161 号,2019 年 9 月 5 日发布。

⑤ 《苏州市残疾人保障条例》,苏州市第十六届人民代表大会常务委员会公告第 14 号,2019 年 10 月 9 日发布。

表 2-1-5　"人力资源服务"相关地方规范性文件地域分布
（2019 年 8 月 1 日到 2020 年 7 月 31 日）

2020 年排名	省　份	2020 年数量	2019 年数量	与 2019 年数量相比
1	广东省	34	14	+20
2	北京市	32	5	+27
3	四川省	28	6	+22
4	江苏省	25	8	+17
5	天津市	21	1	+19
6	安徽省	16	6	+10
7	广西壮族自治区	14	3	+11
8	湖北省	13	14	-1
9	江西省	12	8	+4
10	湖南省	12	11	-1
11	河北省	11	4	+7
12	福建省	11	16	-5
13	贵州省	11	7	+4
14	重庆市	11	*	+11
15	辽宁省	9	3	+6
16	浙江省	9	11	-2
17	河南省	9	9	0
18	上海市	8	3	+5
19	山东省	8	8	0
20	青海省	7	10	-3
21	山西省	6	2	+4
22	云南省	6	4	+2
23	陕西省	6	1	+5
24	海南省	6	1	+5
25	吉林省	5	4	-1
26	甘肃省	5	1	+4
27	内蒙古自治区	4	*	-4
28	新疆维吾尔自治区	3	*	-3
29	黑龙江省	1	7	-6
30	宁夏回族自治区	1	1	0

数据来源:北大法宝、各地政府官方网站,检索时间段:2019 年 8 月 1 日到 2020 年 7 月 31 日,2019 年数据参考《中国人力资源服务业蓝皮书 2019》。

　　根据表 2-1-5,从地域上来看,在 2019 年 8 月 1 日到 2020 年 7 月 31 日这一年内,广东省、北京市、四川省、江苏省、天津市五个省份发布的与人力资源相关的地方规范性文件数量超过 20 份,多于其他地区,广东、北京、四川均有大于 20 的明显增幅,其次是安徽省、广西壮族自治区、湖北省、江西省、湖南省等九个省份多于 10 份文件,展示出这些地区的地方政府对于"人力资源服务业"的关注度较高。与 2019 年相比,部分省份发布的文件数量显著增加,各省之间的差异拉大。而内蒙古、黑龙江、甘肃、宁夏、新疆等东北及西北部分地区发布的相关政策文件数量最少。

　　四川省人力资源服务业在 2019 年到 2020 年得到了高速发展。2020 年 1 月 7 日,四川省人社厅召开新闻发布会,称到 2022 年,全省人力资源服务机构将达到 1500 家左右,产业规模超过 500 亿元,从业人员总量达 3 万人以上。省人社厅相关负责人介绍,在省委省政府着力构建"4+6"现代服务业体系的发展战略中,人力资源服务业是六大成长型服务业之一。根据四川省人力资源服务业发展规划,当前和今后一个时期,四川省人力资源服务业将引进一批国内外知名机构、培育一批省内领军骨干机构、支持一批"专精特新"中小机构,力争到 2022 年全省人力资源服务机构数从目前的 1185 家增至 1500 家,产业规模从 268 亿元增至 500 亿元。[①] 江苏省在人力资源服务行业领域一直走在全国前列,自 2018 年起,江苏启动为期两年的人力资源服务业领军人才培养计划,每次遴选 50 人参加,计划用四年时间培养 100 名人力资源服务行业领军人才。同时,江苏将实施"双百培训"计划,每年组织 100 名人力资源服务业中高级经营管理人才集中培训,提升经营管理能力。每年选派 100 名高级人才赴美国、德国、英国、澳大利亚等国培训,开拓国际视野。评选表彰行业领军人才,每两年评选表彰一次"江苏省人力资源服务业十大领军人才",给予每人 10 万元的奖励,增强产业发展的动力和活力。

　　从具体的文件内容来看,大致可以分为几类:

　　第一类与就业创业保障相关。《河北省人民代表大会常务委员会关于

---

　　① 中国政府网:《四川省人力资源服务产业规模 2022 年将超 500 亿元》,2020 年 1 月 8 日,见 http://www.gov.cn/xinwen/2020-01/08/content_5467408.htm。

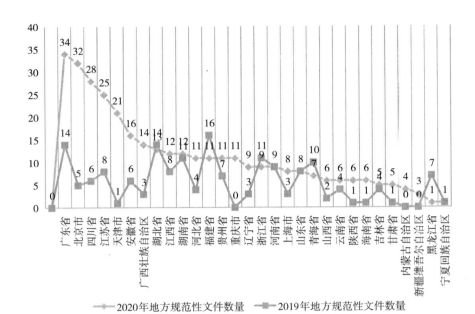

图 2-1-8　2019 年、2020 年各地地方规范性文件数量对比

数据来源:北大法宝、各地政府官方网站,检索时间段:2019 年 8 月 1 日到 2020 年 7 月 31 日,所涉及的 2019 年数据参考《中国人力资源服务业蓝皮书 2019》。

落实纾困惠企政策、保护和激发市场主体活力的决定》中指出:"工业和信息化、人力资源和社会保障等部门应当引导和支持社会专业机构为中小企业提供人才招聘、服务外包等人力资源服务,解决企业用工需求。"①《上海市人力资源和社会保障局、上海市财政局关于印发〈上海市人力资源服务"伯乐"奖励计划实施办法(试行)〉的通知》中规定:"人力资源服务机构推荐选聘高层次和紧缺急需人才,按照符合条件、自主申报、专业评价、择优确定的方式进行奖励。"②《广州市人力资源和社会保障局关于印发广州市促进人力资源服务机构创新发展办法的通知》鼓励广州市人力资源服务机构与国内外知名人力资源服务机构、科研院所、学术组织、产业联盟、行业协会等开展深度合作,搭建遍布全球的引才网络,为我市用人单位引进

---

①　《河北省人民代表大会常务委员会关于落实纾困惠企政策、保护和激发市场主体活力的决定》,河北省第十三届人民代表大会常务委员会公告第 57 号。

②　《上海市人力资源和社会保障局、上海市财政局关于印发〈上海市人力资源服务"伯乐"奖励计划实施办法(试行)〉的通知》,沪人社规〔2020〕10 号。

高层次人才。①

第二类与发展现代服务业相关,其中以规划人力资源服务产业园的发展为主。安徽省人力资源和社会保障厅关于印发《安徽省人力资源服务产业园管理办法(试行)》,其中规定:"鼓励各地充分利用现有的青年创业园、留学人员创业园、农民工返乡创业示范园等各类园区建设人力资源服务产业园;支持各地因地制宜、统筹规划、科学定位,分级分类建设人力资源服务产业园;鼓励有条件的地区积极建设省级人力资源服务产业园。优先推荐符合条件的省级人力资源服务产业园申报国家级人力资源服务产业园。"②《重庆市人力资源和社会保障局关于推进市级人力资源服务产业园建设的意见》中要求:"按照'集聚产业、培育市场、孵化企业、服务人才'的功能定位,统筹规划,合理布局,优化运营,在全市规划建设一批区域性、专业性的市级人力资源服务产业园,促进人力资源服务业集聚发展、创新发展、快速发展。围绕国民经济社会发展规划和市场需求,以促进人力资源服务业集聚发展和增加人力资源服务供给为主要任务,统筹规划、合理布局,科学确定市级人力资源服务产业园的功能定位,形成区域衔接、优势互补、资源共享、层次合理的产业园布局。"③

第三类与当地特殊发展规划和政策相关,例如《哈尔滨市人力资源和社会保障局、哈尔滨市财政局关于印发人力资源服务机构介绍输送求职者到省外就业给予奖励政策实施细则的通知》中规定:"对在哈登记注册的人力资源服务机构介绍输送我市(九区九县)求职者到省外实现就业(签订 1年以上劳动合同)并缴纳社会保险费的,按每人 200 元标准给予人力资源服务机构奖励。"广西壮族自治区人力资源和社会保障厅办公室印发《2020年全区人力资源服务机构助力脱贫攻坚行动实施方案》的通知中规定:"坚持以习近平新时代中国特色社会主义思想为指导,深入贯彻落实党中央、国务院决策部署,按照自治区党委、政府有关要求,聚焦贫困地区特别是我区还未摘帽的 8 个贫困县,发挥人力资源服务机构职能优势和专业优势,创新

---

① 《广州市人力资源和社会保障局关于印发广州市促进人力资源服务机构创新发展办法的通知》,穗人社规字〔2019〕5 号。

② 《安徽省人力资源服务产业园管理办法(试行)》,皖人社发〔2020〕15 号。

③ 《重庆市人力资源和社会保障局关于推进市级人力资源服务产业园建设的意见》,渝人社发〔2019〕120 号。

方式,精准施策,通过开展系列行动,为确保如期高质量完成脱贫攻坚目标任务提供坚实有力的人力资源服务支撑。"①

　　第四类与新冠肺炎疫情下的人才保障政策相关,例如《北京市人力资源和社会保障局关于印发〈人力资源服务机构"百日千万网络招聘专项行动"实施方案〉的通知》规定:发挥公共人力资源服务机构示范引领作用,调动经营性人力资源服务机构积极主动性,聚焦疫情防控和复工复产需要,针对高校毕业生、农民工、城镇失业人员、贫困劳动力等重点群体,不断加大网上招聘力度,提升岗位归集强度,拓展人力资源服务深度,以更加务实的举措稳就业、惠民生。②《石家庄市鼓励支持人力资源服务机构为复工复产企业提供劳动用工服务的若干措施》中规定:"为鼓励人力资源服务机构在疫情防控期间充分发挥作用,切实为复工复产企业提供劳动用工服务,提出如下措施:具备条件的经营性人力资源服务机构可利用网络平台,为复工复产企业免费提供线上招聘服务,实行'不见面招聘'。"《青海省人力资源和社会保障厅办公室关于进一步做好新冠肺炎疫情防控期间人力资源服务有关工作的通知》中要求"各类人力资源服务机构要积极深入疫情防控、公共事业运行、群众生活必需等涉及国计民生的重点企业和单位,摸排调研用工需求,梳理紧缺岗位,发挥信息汇聚、联通各方、服务专业的优势,综合运用线上对接、远程协作、线上专场招聘等方式,千方百计提供精准的供需对接服务。"③

　　以上各类地方规范性文件可以看出,各级地方政府从环境营造、平台搭建、突发情况应对等方面出发,结合当地经济发展情况与人才发展计划,为人力资源服务业的发展提供政策性保障。

(三) 各地政府针对新冠肺炎疫情出台的政策

1. 地方性新冠肺炎疫情相关人力资源服务业文件

新冠肺炎疫情给我国国民经济造成了巨大影响,国家多措并举推进企

---

①　《2020 年全区人力资源服务机构助力脱贫攻坚行动实施方案》,桂人社办函〔2020〕9 号。

②　《北京市人力资源和社会保障局关于印发〈人力资源服务机构"百日千万网络招聘专项行动"实施方案〉的通知》,京人社市场字〔2020〕43 号。

③　《青海省人力资源和社会保障厅办公室关于进一步做好新冠肺炎疫情防控期间人力资源服务有关工作的通知》,青人社厅办发〔2020〕16 号 。

业复工复产,保障社会各项事业有序开展,人力资源服务在疫情防控下发挥了重要作用。新冠肺炎疫情发生以来,全国各地人力资源服务机构积极开展网络专场招聘、精准对接企业复工复产用工需求、促进灵活就业。截至2020年4月9日,就有1.9万家人力资源服务机构投入疫情防控工作,组织3.6万场(次)网络招聘会,服务求职者4362万人,服务企业218万家,特别是人力资源服务机构积极发挥专业优势,组织招聘工地建设、卫生保洁、运输保障等各类人员1850多名,参与了抢建火神山医院、雷神山医院和方舱医院工作。① 陆续有部分省市出台相关文件,具体情况见表2-1-6。

表 2-1-6　地方性新冠肺炎疫情相关人力资源服务业文件举例
（2020 年 1 月 1 日到 2020 年 7 月 31 日）

序号	地区	级别	文件名称	发布时间	文号
1	宁夏省	省级	宁夏回族自治区人力资源和社会保障厅关于做好新冠肺炎疫情防控一线医务人员专业技术岗位等级晋升工作的通知	2020 年5 月 14 日	
2	天津市	省级	天津市新型冠状病毒感染的肺炎疫情防控工作指挥部关于印发《抗击新冠肺炎疫情推动复工复产人力资源服务机构开展招聘活动工作指南》的通知	2020 年3 月 28 日	津新冠防指〔2020〕168 号
3	河南省	省级	河南省人力资源社会保障厅、河南省财政厅关于应对新冠肺炎疫情防控期间及时兑现一线医务人员有关待遇问题的通知	2020 年2 月 28 日	豫人社〔2020〕6 号
4	上海市	省级	上海市人力资源和社会保障局关于进一步做好全市人力资源服务行业新型冠状病毒感染的肺炎疫情防控工作的通知	2020 年2 月 10 日	
5	云南省	省级	云南省人力资源和社会保障厅关于进一步做好全省人力资源服务行业新型冠状病毒感染的肺炎疫情防控工作的通知	2020 年2 月 7 日	
6	贵州省	省级	贵州省人力资源社会保障厅关于进一步做好新型冠状病毒感染肺炎疫情防控期间公共就业服务工作的通知	2020 年2 月 5 日	黔人社通〔2020〕11 号

① 新浪科技:《人力资源服务产业驶入快车道》,2020 年 6 月 3 日,见 https://tech.sina.com.cn/roll/2020-06-03/doc-iirczymk4935312.shtml。

序号	地区	级别	文件名称	发布时间	文号
7	张家口市	市级	张家口人力资源和社会保障局关于新型冠状病毒感染肺炎疫情期间网上办理人社业务的公告	2020 年 2 月 3 日	
8	淮南市	市级	淮南市人力资源和社会保障局关于做好新型冠状病毒肺炎疫情防控期间就业服务工作的通知	2020 年 1 月 29 日	淮人社秘〔2020〕18 号

2. 新冠肺炎疫情下各地人力资源服务业的具体做法

（1）云南省

为促进农村劳动力返岗就业,云南省人力资源和社会保障厅准备出台对外出务工人员进行免费体检,采取统一的组织运输（包车、专列、包机）等方式,把外出务工人员安全、按时送到工作岗位。据云南省人力资源和社会保障厅党组成员、副厅长石丽康介绍,该厅主动与"长三角""珠三角"等省外务工人员集中地区,特别是近几天始终保持与云南主要劳务输入地的广东、浙江、江苏、福建、上海 5 省市人社部门对接协调,收集岗位。截止到 2020 年 2 月 11 日,共收到 5 省市 379 家用人单位、723 个门类、10 万余招聘岗位信息,已全部及时通过"就业彩云南"在全省范围内进行了公开发布。倡导服务对象通过网络平台"不见面"获取各类公共服务。此外,对提供职业介绍的人力资源服务机构,按照介绍成功就业人数,给予就业创业服务补助等政策。①

（2）广东省

广州、深圳、汕尾、中山、珠海等地区采取发放人力资源服务机构职业介绍补贴,鼓励人力资源服务机构帮助企业招工、恢复生产。鼓励企业组织职工参加线上适岗职业技能培训,按规定给予补贴。中山市规定,受疫情影响的本市各类企业,经辖区人力资源社会保障部门同意后,自主或委托机构开展职工线上适岗培训,按实际参加培训人数给予企业补贴,每人补贴最高100 元;珠海市政府支持企业自行组织或委托机构开展线上适岗培训,完成

---

① 《云南省人社厅:将对外出务工人员进行免费体检 并统一运送到岗》,2020 年 2 月 11 日,见 https://www.sohu.com/a/372186874_663389。

培训任务且培训效果达到计划要求的,按实际参加培训人数给予每人每课时 30 元的补贴,除上述援企稳岗措施外,各地政府还采取发放创业带动就业补贴、线上招聘活动等多样化措施支持企业招工复工。

(3)重庆市

针对保障疫情防控、公共事业运行、群众生活必需等重点企业,重庆市建立了重点企业用工调度保障机制,通过本地挖潜、余缺调剂、组织见习、协调实习生等措施,积极满足企业阶段性用工需求。同时,为鼓励人力资源服务机构积极参与企业复工复产,重庆市还优化了招工政策,对介绍劳动者与企业签订合同的人力资源服务机构,按规定给予补贴。其中,对为重庆市重点电子企业送工的人力资源服务机构,介绍的劳动者稳岗三个月及以上的,除招聘补贴外,还可享受 600 元/人应急补贴和最高不超过 1000 元/人的紧急组织补贴。企业吸纳建档立卡贫困家庭成员等就业,可享受 6000 元/人的一次性岗位补贴。加大线上招聘服务力度。暂停举办现场招聘和跨地区劳务协作,组织各级各类公共就业服务经办机构、人力资源服务机构加大线上招聘力度,推行视频招聘、远程面试,加快实现公共机构岗位信息在线发布和向上归集,实施"就业服务不打烊、网上招聘不停歇"的线上春风行动。根据当地疫情状况和党委政府部署,确定并公告公共就业服务机构和窗口开放时间,引导就业政策、就业服务尽可能网上办、自助办,切实加快审核进度,有序疏导现场流量。开展供求双方信息匹配、信息推送,提供远程面试服务。将重点企业岗位信息纳入当地线上"春风行动暨就业援助月活动"或开辟专栏予以发布。加强就业政策咨询服务,积极推行公共就业"不见面"服务,提供公共就业服务经办机构联系方式、各类就业相关业务经办流程等咨询服务。在自动语音服务中增加疫情防控期间就业政策、业务经办流程等内容,不断优化服务内容,助力劳动者了解、知晓疫情防控期间就业政策。

总体来说,在新冠肺炎疫情下,各地出台相关政策,发挥人力资源服务机构示范引领作用,主动开拓网络线上人力资源服务新办法,尤其是复工复产阶段,调动经营性人力资源机构的积极性,针对毕业生、因疫情失业人员、农民工等群体,增加网上招聘力度,促进疫情期间就业信息公开化、透明化。

（四）各地人力资源服务业产业园发展情况

1. 国家级人力资源服务业产业园情况

从 2010 年上海建立第一家国家级人力资源服务产业园区开始，各地相继筹划或建设人力资源服务产业园，希望以园区为载体，通过产业集聚，推进人力资源服务产业大发展。截至 2020 年 7 月 31 日，全国已建成投入使用的有上海、重庆、中原、苏州、杭州等 16 家国家级人力资源服务产业园，2020 年 8 月又新建了长沙、合肥、武汉、宁波 4 家产业园。另有沈阳、石家庄等人力资源产业园正在筹建。截至 2018 年底，入驻国家级产业园的企业超 2000 家，园区营业收入 1680 亿元，税收超过 50 亿元，为超过 3.5 万家（次）用人单位提供了人力资源服务，服务各类人员 953 万人（次），有效促进了人力资源服务业集聚发展、就业创业和人力资源优化配置。

表 2-1-7　国家级人力资源服务业产业园概览（2020 年
1 月 1 日到 2020 年 7 月 31 日）

序号	名称	所在地	区域
1	上海人力资源服务产业园	上海	华东
2	苏州人力资源服务产业园	江苏	华东
3	深圳人力资源服务产业园	广东	华南
4	杭州人力资源服务产业园	浙江	华东
5	成都人力资源服务产业园	四川	西南
6	海峡人力资源服务产业园	福建	华南
7	烟台人力资源服务产业园	山东	华东
8	重庆人力资源服务产业园	重庆	西南
9	西安人力资源服务产业园	陕西	西北
10	南昌人力资源服务产业园	江西	华东
11	长春人力资源服务产业园	吉林	东北
12	中原人力资源服务产业园	河南	华中
13	北京人力资源服务产业园通州园区	北京	华北
14	天津人力资源服务产业园	天津	华北
15	大连人力资源服务产业园	辽宁	东北
16	广州人力资源服务产业园	广东	华南
17	长沙人力资源服务产业园	湖南	华中

序号	名称	所在地	区域
18	合肥人力资源服务产业园	安徽	华东
19	武汉人力资源服务产业园	湖北	华中
20	宁波人力资源服务产业园	浙江	华东

从国家级人力资源服务产业园的数量分布上看,华东地区数量最多、华南地区次之,西北地区最少。上海、苏州、杭州、宁波等城市地处我国东部地区,人力资源服务业发展较快,园区体量相对较大,产业链搭建较为完善,园区产品丰富,管理运营等相对规范。长沙、中原等人力资源服务产业园地处我国中部地区,人力资源服务业发展相对缓慢,且园区体量相对较小。海峡人力资源服务产业园建设时间不是最早,但因其地理位置特殊,涉及海峡两岸人才互通,园区产业链搭建等具有一定的特色。重庆、成都、西安人力资源服务产业园区等属于西部地区有代表性的园区,辐射西北、西南区域。

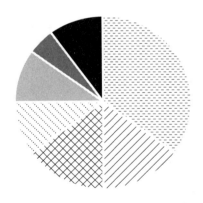

华东　华南　华中　华北　西南　西北　东北

图 2-1-9　国家级人力资源服务产业园区域分布

2. 特色人力资源服务业产业园介绍①

(1)中国上海人力资源服务产业园

2010 年 11 月 9 日,由国家人社部、上海市政府共建的中国上海人力资

---

① 孟续铎:《人力资源服务业及其产业园建设发展研究》,《北京劳动保障职业学院学报》2015 年第 3 期。

源服务产业园区正式揭牌,这是全国第一家国家级人力资源服务业产业园区。与后来一些地方先建园区后吸引集聚不同,上海的园区建设路径是"先有产业集聚,后建产业园区"。园区以上海人才大厦为核心,占地总面积约 2 平方公里。

功能定位:上海人力资源服务产业园区坚持立足上海和服务全国相结合、高端和低端相结合、引进外资与培育内资相结合、做强人力资源服务业与辐射现代服务业相结合的原则,重点发挥集聚产业、拓展服务、孵化企业、培育市场等四大功能。

发展策略:上海人力资源服务园区走的是总部策略,即将重点放在吸引国内外知名的人力资源服务企业总部。从政策支持上看,上海主要打的是减税优惠牌。

规划布局:中国上海人力资源服务产业园的格局主要是楼宇经济模式,建设目标是形成 20 多栋、230 万平方米建筑面积的商务楼宇。目前基本形成了以上海人才大厦、新理想国际大厦为载体的人力资源服务企业集聚地,以上海人才培训广场、上海市青少年活动中心为载体的人力资源培训机构集聚地,以上海人才大厦延伸楼宇为载体的人力资源服务外包产业基地,以周边楼宇为载体的后台服务和呼叫中心基地。

(2)中国苏州人力资源服务产业园

2012 年 4 月,江苏以省委、省政府名义率先出台《关于加快人力资源服务业发展的意见》,提出 2015 年要在全省范围内建成国家级产业园 1 家,省级和市、县级产业园分别为 20 家和 50 家,行业营收突破 1000 亿元。2013 年 12 月,以江苏苏州高新区人力资源服务产业园为核心区的"中国苏州人力资源服务产业园"获国家人社部批准建立。

功能定位:苏州人力资源服务产业园在建设初期就明确了五大建设目标:一是通过园区主核心区和辐射区平台,吸引本地以及国内外知名人力资源服务企业入驻,形成产业集聚效应;二是整合现有人力资源服务资源,推动人力资源服务机构品牌化发展;三是加强政策引领,发挥园区的孵化作用,扶持园内企业做大做强;四是突出强化职业培训功能,打造形成集正规学历教育、专业技能培训、公共部门知识更新与能力提升、企业培训开发和海外教育培训等多个集培训教育平台于一体的综合培训基地;五是推动实现人力资源服务专业化、信息化、规范化、国际化。

规划布局:因苏州地域分布广,且具有经济多级增长的特点,苏州人力资源服务产业园区采取"一园多区"的布局模式。"一园"是指苏州地区人力资源服务产业园区的整体概念,"多区"是指分别在高新区、昆山区、常熟市、吴江区建设首个人力资源服务产业集聚区。在四个产业园中,高新区人力资源服务产业园被定为苏州人力资源服务产业园的核心区,发挥引领和窗口功能;昆山市人力资源服务产业园被定为与上海人力资源服务产业园的连接点,促进区域之间的信息交流共享;常熟市人力资源服务产业园被定位为职业培训特色园区,以提供技术型、生产型蓝领工人服务项目为主;吴江区人力资源服务产业园定位为形成蓝领服务特色,服务江浙沪。

经营管理特色:考虑到苏州正处于产业结构转型调整时期,未来 5—10年,对高新技术企业、现代服务业的人力资源需求将不断加大,因此苏州园区突出强化职业培训服务,分别布局了吴江区产业园和常熟市产业园两大以职业培训为特色的园区,在为苏州市自身的发展提供技能人才储备的同时,也发挥苏州的区位优势,将辐射范围向江浙沪延伸。园区的 5 年发展目标提出,形成 5010 个辐射广、连锁经营的培训教育机构,年服务规模达到50 万人次。基于毗邻上海的现实,苏州人力资源服务产业园区充分考虑了与上海的错位发展,将服务重点定位在生产与服务外包。

(3)中国海峡人力资源服务产业园

2014 年 12 月,国家人社部批准同意福建省设立中国海峡人力资源服务产业园。园区位于福建省福州市鼓楼区,按"一园两区"格局规划建设,以福州软件园五期 G1 楼为主体核心区、福建人才大厦为分园区。

功能定位:园区突出海峡特色,定位于立足福建,联动海峡两岸和海峡西岸经济区。园区的功能定位是整合资源、集聚产业、拓展服务、孵化企业、培育市场等,旨在打造政府公共服务和市场专业服务两大平台,规划六大功能区,即人才交流及招聘服务专区、两岸人力资源外包服务专区、两岸人力资源培训基地、两岸大学生(青年)创业创新孵化基地、人才公共服务专区和中小人力资源服务企业孵化专区。

规划布局:园区计划以"一园多区"的综合布局为基础,逐步向省内 9个设区市和平潭综合实验区推广,希望经过 3—5 年建设和运营,逐步建成海峡两岸知名人力资源机构总部集中区。

经营管理特色：产业园通过多方联动来整合资源、落实政策、推进融合，实现两岸人才项目合作的无缝对接。一是与省委人才办、省台办、省台联、省台商协会等共同发起设立"海峡两岸人才交流合作协会"，采取"协会＋基金"的工作格局，积极吸引社会资本，探索以社会投入为主体、多元化、多渠道的闽台人才交流合作事业发展投入机制。二是与福建省台湾同胞联谊会合作，通过开发台胞就业创业网、建立业绩诚信档案库和建设闽台青年创业基地等方式，为广大台胞在大陆就业创业提供服务。三是与福建团省委合作，共同设立两岸青年人才就业创业服务中心，为两岸青年就业提供就业推荐、就业接收、职业生涯规划、考级考证和各类专业技术职务任职资格评审等服务。四是推动孵化与发展联动，设立创业孵化与人力资源主题咖啡馆，汇聚 IT、文化创意、移动互联网、电子商务、物联网等高新行业的优质创业团队，引入天使投资人、风险投资、私募基金等，通过展示推介、沙龙座谈、导师辅导等多种形式，促进人才、项目、技术与资本对接。

总体来看，各地政府高度重视人力资源服务业的发展。各省市在 2020 年的政府工作报告中将人力资源视为最重要的资源，将人力资源服务业视为生产性服务业和现代服务业的重要组成部分，以推动经济发展、促进就业创业和优化人才配置。从各地政府发布的人力资源服务业相关政策文件来看，除了关注本地区的人力资源服务业发展之外，也开始关注人力资源服务业的区域性合作，发展本省人力资源服务产业园，将其作为开展人力资源服务领域区域合作的平台，打造具有本地特色、功能齐全的人力资源服务产业园。除此之外，在疫情期间，各省积极探索开展线上人力资源服务方式，出台相关政策，通过线上面试、线上答疑、线上办事等方式，推动开展人力资源服务业的网络新方式。

三、各地媒体和社会组织对人力资源服务业的关注度

首先通过对国内主流媒体及各省市主要报刊的报道进行分析，以此来反映各地社会关注度的情况。

（一）主流媒体对人力资源服务业的关注度

1. 国内主流报纸媒体报道情况

通过搜索引擎,在光明网、人民网、环球时报、中国青年报、新京报官方网站搜索"人力资源服务业"相关新闻,得到下列数据(如表 2-1-8 所示)。主要报纸媒体对人力资源服务业新闻报道的数量相较 2019 年略下降。

表 2-1-8　2016—2020 年主要报纸媒体关于人力资源服务业新闻报道数量

	光明网	人民网	环球时报	中国青年报	新京报	总量
2020 年相关报道篇目	128	324	35	13	2	502
2019 年相关报道篇目	154	373	57	8	3	595
2018 年相关报道篇目	96	257	40	16	1	410
2017 年相关报道篇目	81	203	35	4	3	326
2016 年相关报道篇目	154	153	21	0	1	329

数据来源:各报纸官网,检索时间段:2019 年 8 月 1 日到 2020 年 7 月 31 日,2016 年、2017 年、2018年、2019 年数据参考《中国人力资源服务业蓝皮书 2016》《中国人力资源服务业蓝皮书2017》《中国人力资源服务业蓝皮书 2018》《中国人力资源服务业蓝皮书 2019》。

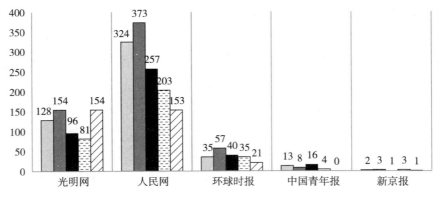

图 2-1-10　2016—2020 年主要报纸媒体关于人力资源服务业新闻报道数量

其中人民网关于人力资源服务业的相关报道数量连续五年最多,其从2018 年 1 月起开设专栏,推出"聚焦高质量发展·人才是第一资源"系列报道,从发展现状、细分业态、政府推动、"互联网+"等多个角度,呈现当前人力资源服务业的发展特点和经验做法,中国青年报关于"人力资源服务业"

的报道数量相较 2019 年也有增多。

相比 2019 年,国内主流报纸媒体关于"人力资源服务业"的报道数量的总量有所下降,造成此现象的原因有可能是在新冠肺炎疫情的影响下,大部分人力资源服务行动都需在网络上完成,线下活动非常少,因此网络报道增多,而报纸媒体的报道数量减少。

2. 各省区市主流媒体报道情况

接着,本部分通过对各省区市(港澳台地区除外)主流报纸对"人力资源服务业"的相关报道数量进行统计分析(如表 2-1-9 所示)。

表-2-1-9　2017—2020 年各地报纸媒体人力资源服务业相关报道数量

	2020 年相关报道篇目	2019 年相关报道篇目	2018 年相关报道篇目	2017 年相关报道篇目
北京日报	21	1	20	13
天津日报	12	1	27	15
上海新民晚报	8	7	*	*
重庆日报	6	11	14	18
河北日报	11	8	23	29
河南日报	7	14	28	50
云南日报	2	3	18	10
辽宁日报	8	4	24	18
黑龙江日报	3	2	31	24
湖南日报	11	8	6	11
安徽日报	7	9	22	33
山东齐鲁晚报	6	*	*	*
新疆日报	1	5	9	7
江苏扬子晚报	*	*	*	*
浙江日报	2	5	17	24
海南日报	1	2	10	9
江西日报	2	3	14	11
湖北日报	5	1	25	21
广西日报	3	8	22	17
甘肃日报	2	3	7	11
山西日报	3	4	6	19

续表

	2020 年相关报道篇目	2019 年相关报道篇目	2018 年相关报道篇目	2017 年相关报道篇目
呼和浩特日报	*	1	5	*
陕西日报	13	4	15	24
吉林日报	4	6	15	39
福建日报	5	1	9	18
贵州日报	13	10	16	36
广东日报	1	*	*	*
青海日报	2	4	10	6
中国西藏新闻网	*	*	*	*
四川日报	8	2	18	23
宁夏日报	1	*	6	10
总计	168	127	417	496

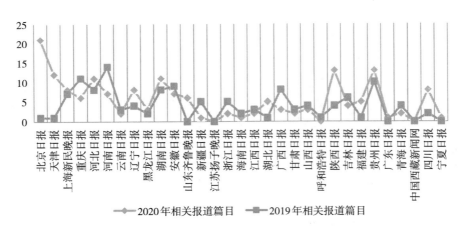

图 2-1-11　2019—2020 年各地报纸媒体人力资源服务业相关
报道数量(截止日期:2020 年 7 月 31 日)

总体来说,可以看出近一年来各地报纸媒体关于"人力资源服务业"的相关报道数量相较于上一年在总量上有所上升。各省区市主流媒体对人力资源服务业的报道篇目数量与当地人力资源服务业发展基本上成正相关。2019 年,有部分国家级人力资源服务产业园(如成都人力资源服务产业园)及省级人力资源服务产业园(如石家庄人力资源服务产业园)开园,当地媒体对其进行了系列报道,这也成为当地主流媒体对人力资源服务业报道篇目的影响因素之一。此外,各地主流媒体还对新冠肺炎疫情期间,当地人力资源服务业的新变化与新政策进行了相关报道。

（二）各地人力资源服务业相关社会组织的发展概况

本部分通过对在地方民政部登记的地方社会组织进行查询和分析,来反映各地与人力资源服务相关的社会组织的发展程度。拓展政府组织之外的另一观察各地对于人力资源服务业发展关注度的视角。

截至 2020 年 7 月底,各地民政部门登记的社会组织,与"人力资源服务"相关的共有 175 个,相较于 2019 年 7 月底增长了 14 个,其中 129 个为社团组织(主要是各地的人力资源服务行业协会),46 个为民非组织(主要是各地的人力资源服务中心)。

除了数量的增长、层级结构逐步完善之外,在新思想、新理念的影响下,人力资源服务业发展迅速,社会组织也发挥了相当大的作用。2019 年 12 月 3 日,由北京、上海、江苏、中国对外服务工作行业协会联合主办,苏州市人力资源服务行业协会具体承办的"2020 中国人力资源服务业创新大会"在苏州金鸡湖国际会议中心隆重举行。国家人社部人力资源流动管理司、江苏省人力资源和社会保障厅、苏州市人力资源和社会保障局等相关领导出席会议,来自全国各地 1200 余名人力资源服务企业家、高管及部分国家级人力资源产业园负责人参加会议。

从 2019 年 8 月到 2020 年 7 月底,各地人力资源服务社会组织也在各个领域发挥着积极作用。例如上海市人才服务行业协会助力中信银行共同举办"开放、无界、有温度"——金融助力人力资源产业发展论坛,上海人才服务行业协会秘书长朱庆阳秘书长在致辞中表示:人力资源服务业是当今社会经济发展新的增长点,与金融服务业一样服务着三百六十行,希望实现与金融服务业进一步跨界化合作。此外,自 2020 年 2 月 6 日以来,四川省人力资源服务行业协会先后向省人社厅、民政厅报送了《关于支持人力资源服务行业抗击疫情渡过难关的政策建议报告》《关于支持人力资源服务行业发展政策措施的建议》《经营性人力资源服务机构有关情况统计分析》《人力资源服务机构网络招聘情况》。及时反映了当前行业企业复工复产、开展线上招聘、网络求职及企业用工等情况,以及面临的业务下滑经营困难、企业运行资金压力增大、疫情防控物资紧缺、企业转型升级困难等问题;提出了在社保、税费、房租等方面给予减、免、缓,加大稳岗补贴、线上培训、政府购买服务等方面的支持力度的建议。

各地人力资源服务业的社会组织数量相较于2019年也有所增长,行业协会在人力资源服务业发展中扮演着越来越多元化的角色,尤其是在新冠肺炎疫情防控期间,各省人力资源服务机构及行业协会不仅切实关心关爱服务对象单位职工,通过向滞留疫情严重地区和受疫情影响无法及时返岗职工发布公告、在线沟通等方式,积极向大家宣讲疫情防控政策措施和科学防疫健康知识,及时掌握职工动态情况,提供有针对性的职业发展咨询、心理健康援助等服务,并且积极联系当地政府部门,主动汇报当前行业企业复工复产、开展线上招聘、网络求职及企业用工等情况,为当地人社部门提供智库服务。

总体来说,各省市对人力资源服务业的重视度稳中有升,以政策法规为制度保障,以人力资源服务产业园、公共性及经营性人力资源服务机构为依托,营造了良好的人力资源服务业发展环境。同时,各省市主流媒体、人力资源服务业相关账号的相关发布,也助推了产业的发展,增进了群众对于人力资源服务业的了解。与往年相比,各地政府更注重产业发展与当地未来发展规划相结合,更加凸显本地特色。人力资源服务产业园在经过一段时间的发展,开始凸显集聚效应,带动辐射了周边地区的相关产业发展。新冠肺炎疫情期间,公共性人力资源服务机构带动经营性人力资源服务机构,为特殊时期的人才服务、招聘、就业等工作提供大力支持。但需要我们关注的是,依旧有部分欠发达省份连续几年对人力资源服务业的关注较少,今后应当就人力资源服务业相对落后的省份如何建立与产业发达地区的合作机制进行研究,共同推进全国人力资源服务行业的发展繁荣。

第二章 各省区市人力资源服务业
发展水平评价与排名

【内容提要】

本章对以往的人力资源服务业发展水平评价指标体系进行了修订,在搜集各地有关数据资料基础上,依托新修订的指标体系对各省区市人力资源服务业发展水平进行了评价、排序与分类,并对相关数据结果进行纵向和横向的比较分析,最后提炼总结评价结果并提出相应的政策建议。分析结果认为:我国人力资源服务业整体发展环境持续优化,发展状态稳中向好;人力资源服务业在不同区域的发展水平仍存在显著差异,中西部地区人力资源服务业的发展空间依然广阔;区域人力资源服务业发展水平与经济发展间具有相互协同与良性互动作用;政府的政策扶持与宏观调控对人力资源服务业的发展至关重要;人力资源服务业将成为区域经济增长的新引擎。基于以上结果,本章最后针对性地提出了配套的政策建议,包括加大各级政府政策扶持力度,助力行业发展;建立创新发展的复合型人力资源服务业人才培养机制;利用大数据和"互联网+"技术,加强行业数据库建设;大力推进产业园区建设,扶持新机构;等等。

Chapter 2 Evaluation and Ranking of the Development Level of HR Service Industry in Each Province, District and City

【Abstract】

This chapter revises the Evaluation Index System of the development level of human resource service industry in the past, on the basis of collecting relevant data and materials from various places, relying on the newly revised index system, this paper evaluates, sorts and classifies the development level of human resources service industry in various provinces, districts and cities, and makes a vertical and horizontal comparative analysis of the relevant data results, finally, the evaluation results are summarized and corresponding policy recommendations are put forward. The results show that: the overall development environment of China's human resource service industry has been continuously optimized, and the development state is stable and good; there are still great differences in the regional development level of human resource service industry in China, and the industry development space in the central and western regions is still broad; the development level of regional human resource service industry and economic development have mutual synergy and positive interaction; government policy support and macro control is very important to the development of human resource service industry; Human Resource Service Industry will become the new engine of regional economic growth. Based on the above results, the chapter finally puts forward some supporting policy proposals, including increasing the level of government policy support, helping the development of the industry, establishing a mechanism for training talents with innovative and developing human resources services, strengthening the construction of industrial databases with big data and Internet plus technology, vigorously promoting the construction of industrial parks, and supporting new institutions.

一、新修订的人力资源服务业发展水平评价体系

（一）新修订的评价内容与指标

综合以往蓝皮书有关研究和已有的相关文献，本章进行了人力资源服务业发展水平评价指标体系的设计，在充分观照行业内部重要指标的基础上，对该行业与整体经济社会发展间的潜在关系进行了把握，以在更深的层

面展开实证测度。需要指出的是,服务业发展水平评价涉及多方面信息资源的获取,是一项系统工程,单一指标的评价不足以供研究分析之用,故而本章在遍历多种指标体系建构视角和维度的基础上,力求构建一套相对完整的评价体系,即它至少应当包含三个层级的指标。具体来看,评价内容应该有较大的覆盖面,包括条件指标、过程指标与结果指标;指标体系应当分层建构,包括直接绩效指标、间接绩效指标与发展绩效指标;指标体系中要突出能够反映人力资源服务业发展水平特点的指标,包括发展规模、发展速度、发展效果与发展潜力等方面。

　　根据人力资源服务业涵盖的范围,结合蓝皮书往年确立的人力资源服务业发展水平评价指标体系构建的原则,吸取竞争力评价理论中的有关内容,从两个方面为人力资源服务业发展水平评价体系选取指标,两大板块分别是人力资源服务业发展现状和人力资源服务业发展潜力。每个板块内部都包括了若干细分的维度和指标,具体如表 2-2-1 所示。

表 2-2-1　人力资源服务业发展水平评价指标说明

		指　标	说　明
发展现状	发展规模	人力资源服务业增加值比重	人力资源服务业增加值/GDP
		人均人力资源服务业增加值	人力资源服务业增加值/总人口
		人力资源服务业机构数量	行业机构总规模
		人力资源服务业从业人数	从业人员总规模
		人力资源服务业生产效率	人力资源服务业增加值/人力资源服务业从业人员数量
	发展速度	人力资源服务业增加值增速	当年人力资源服务业增加值/上年人力资源服务业产值-1
		人力资源服务业从业人员数量增速	当年人力资源服务业从业人员数量/上年人力资源服务业从业人员数量-1
	发展效益	人力资源服务业的产业园区建设情况	人力资源服务产业园区建设时间
		人力资源服务业产值	当年当地人力资源服务业产值

	指　标	说　明
发展潜力	人均国内生产总值	GDP/总人口
	城镇化率	城镇人口数量/总人口
	第二产业增加值比重	第二产业增加值/GDP
	居民人均消费性支出	无
	利用外资情况	当年实际利用外资总额
	城镇居民储蓄余额	无

2020 年度指标体系与 2019 年指标体系基本相同,仅在发展现状的二级指标中增加了一个发展效益的指标,并用人力资源服务业的产业园区建设情况和人力资源服务业产值两个三级指标来呈现人力资源服务业的发展状况,以体现对人力资源服务业评价的业绩结果导向。

人力资源服务业发展现状主要反映了一个地区现有人力资源服务业发展的总体状况,具体包括三个部分:发展规模、发展速度、发展效益。

人力资源服务业发展规模主要包括人力资源服务业增加值比重、人均人力资源服务业增加值、机构数量、从业人数情况和生产效率,这些都是对某一地区人力资源服务业静态发展水平的最直接说明。其中又以人力资源服务业增加值占 GDP 比重最为直接,这一指标能清楚地反映出人力资源服务业在当地整个国民经济中所占的比重;人均人力资源服务业增加值反映了该地区人均占有人力资源服务产品的情况;人力资源服务业机构数量则反映了该地区行业机构的规模和发展程度;人力资源服务业从业人数体现了该地区行业从业人员总规模,是行业蓬勃发展的一个有力参照;人力资源服务业生产效率反映了一个地区人力资源服务行业的生产效率,是对该地区人力资源服务业服务质量的一个直接体现。

人力资源服务业发展速度主要反映了一个地区人力资源服务业的增长情况,有的地区可能因占据先发优势和规模效益而在产业总量有关指标上占有优势,但受制于增长速度低下,后续依然会为后进高增长地区所超越,因此我们也应将人力资源服务业发展速度作为考察产业发展评估的重要方面,并将它看作对一个地区人力资源服务业动态发展水平的最直接说明。

具体的,发展速度下的两个指标均为增速指标,分别反映了人力资源服务业增加值和人力资源服务业就业人员数量的增长速度。

人力资源服务业发展效益主要反映该地区人力资源服务业转型升级的效果和其对国民经济的贡献,是本地人力资源服务业发展质量的一个集中体现,细分来看:人力资源服务业产业园区建设时间指各地官方文件中人力资源服务业产业园区建设的起步时间,反映了当地人力资源服务业产业园区建设的成熟情况;当年当地人力资源服务业产值反映了额定期限内行业生产的最终产品和提供劳务活动的总价值量。

人力资源服务业发展潜力指标主要反映了一个地区人力资源服务业未来可能的发展水平,这部分指标虽然与人力资源服务业本身不直接相关,但却能较好地说明该地区行业未来的发展潜力。人均 GDP 反映了一个地区的整体经济发展水平,相关经济理论指出区域产业结构和经济发展间有较高关联:随着一个地区国民经济的发展,其产业结构也在相应发生变化,从业人员和社会资源会逐步从第一、第二产业向第三产业转移。从当前国情出发,中国整体经济发展水平正从高速增长向中高速增长转变,从注重"增量"到注重"提质"转变,中国应该处于人口和资源大规模向第二产业转移、部分地区向第三产业转移的阶段,人力资源服务业作为第三产业下的分支,因此当一个地区人均 GDP 水平较高时,预示着其第三产业将会近来一个较大的发展空间,进一步的人力资源服务业也将从中受益,反之人力资源服务业的发展仍会受到低人口和资源转移的限制。城镇化率是一个反映地区居民结构的指标,城镇化率高说明人口更加集中在少数地区,更加集中的人口会促进包括人力资源服务业在内的现代服务业的发展;此外,城镇化率高意味着更多的农民离开乡土流入城镇,这部分农民流动带来的就业需求,会转变成对人力资源服务的需求。第二产业增加值占 GDP 的比重描述了一个地区产业结构的现状,根据产业迭代规律,当一个地区第二产业较为发达时,意味着这个地区会更早地开始产业升级,大量资源和要素将从第二产业流向第三产业,人力资源服务业将从这个过程中受益;反之,则说明该地区产业结构偏落后,服务业快速发展的阶段远未到来。居民人均消费性支出反映了一个地区的消费状况,根据生产—消费关系理论,消费旺盛的地区第三产业往往更为发达,居民的有效消费将会刺激包括人力资源服务业在内的现代服务业的发展。利用外资情况反映了一个地区的对外开放程度,总体来说人力资源服务业在国内依然属于朝阳产业,但在发达国家属于比较成熟的产业,向发达国家学习管理模式、制度规章等人力资源服务业发展经验可以帮助国内的人力资源服务企业快速成长,引入外资就是一条很重要的学习途径。城镇居民储蓄余额反映了一个地区的投资潜力,任何行业的长期发展都离不开投资的支持,人力资源服务业的发展也会从一个地区巨大的投资潜力中受益。

(二) 数据来源

考虑到数据的时效性和可获得性,本章进行人力资源服务业发展水平评价的数据均为 2019 年的数据,数据来源为国家统计年鉴、各地方的统计年鉴、有关公报、国家和地方人力资源和社会保障部门的官网、国家企业信用信息公示系统网站、相关网站。①

(三) 评价方法

对行业发展状况进行评价的方法较多,比较常见的有综合指数评价法、聚类分析法、因子分析法等。按照其属性可划分为:定性评价方法、分类评价方法、排序评价方法和操作型评价方法。

综合指数评价法是一种指标体系综合评价法②。该方法通过选取一定的定性指标以及定量指标,经过无量纲化处理,达到统一量化比较的目的,从而得出具体的综合评价指数。

表 2-2-1 所呈现的指标体系包含了诸多具体的指标,根据每个单项指标对全国各地进行排名都可以得到一个具体的排序,而综合评价需要通盘考虑所有这些指标对各省人力资源服务业发展水平进行评价和排序。本章

---

① 需要说明的是,国家统计局现有的行业分类中是没有人力资源服务业的,人力资源服务业的统计散布于不同行业类别中,例如商业服务业中包含了人力资源服务业的企业管理、咨询与调查及职业中介服务等;教育中包含了人力资源服务业的培训服务等。除少部分省份对于人力资源服务业进行了专项统计外,本书所主要采用的关于人力资源服务业的数据是从相关行业数据中筛选提取出来的,是一种近似的代替。

② 在这里主要采用的综合指数评价法,包括主成分分析法、因子分析法、集对分析法、层次分析法、功效系数法等。

采取降维的思想把多个指标转换成较少的几个互不相关的综合指标,从而使得研究更简单易操作。

二、各省区市人力资源服务业发展
水平排名变化与原因分析

针对上述指标体系,基于所搜集的 2019 年数据进行,对于各省区市的人力资源服务业发展水平进行了综合评判。具体操作过程如上节所述不再赘述,依据得分情况我们进行了排名与分类,具体情况见表 2-2-2。

表 2-2-2　各省区市发展水平评价情况及排序

地　区	综合得分	2019 年排名	分　类
广东省	1.662328094	1	A
上海市	1.173375704	2	A
江苏省	1.169643274	3	A
浙江省	0.909393365	4	A
北京市	0.758643309	5	A
福建省	0.595959893	6	A
山东省	0.471068065	7	B
重庆市	0.398391875	8	B
河南省	0.224008259	9	B
天津市	0.098210363	10	B
安徽省	0.040658698	11	B
湖北省	0.034496921	12	B
辽宁省	0.003787211	13	B
湖南省	-0.01747131	14	C
陕西省	-0.039377562	15	C
江西省	-0.074756951	16	C
河北省	-0.082967096	17	C
四川省	-0.100849188	18	C
内蒙古自治区	-0.265209144	19	C

续表

地　区	综合得分	2019 年排名	分　类
山西省	-0.321234724	20	C
宁夏回族自治区	-0.441239397	21	C
广西壮族自治区	-0.461242292	22	C
吉林省	-0.486193112	23	C
云南省	-0.50157494	24	D
贵州省	-0.571744966	25	D
海南省	-0.590283995	26	D
新疆维吾尔自治区	-0.595347319	27	D
青海省	-0.655308754	28	D
黑龙江省	-0.736774281	29	D
甘肃省	-0.784955302	30	D
西藏自治区	-0.813424698	31	D

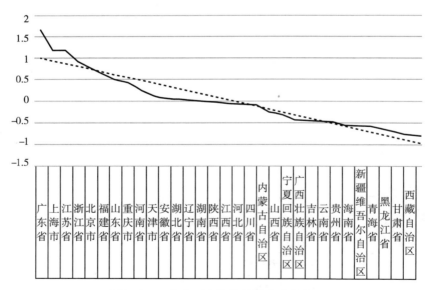

图 2-2-1　各省区市评价结果分布曲线图

表 2-2-2 显示了各省区市评价结果具体值,图 2-2-1 直观地显示了各省区市评价结果情况。广东省、上海市、江苏省、浙江省、北京市、福建省等6 个省市的评价均在 0.5 分以上,有 18 个省市在 0 分以下,分布呈现出了

明显的层次性差异。0 分以下说明其发展水平低于全国平均水平,并不说明其没有发展。从全国看,仍然呈现东高西低的特点。

本书依据评价得分阈值宽度把地区分为四类,其中得分 0.5 分及以上的为 A 类,0—0.5 分为 B 类,-0.5—0 为 C 类,-0.5 分以下为 D 类,表2-2-2 第四列显示了这一分类的结果。

广东省、上海市、江苏省、浙江省、北京市、福建省等 6 个省市属于 A 类地区;山东省、重庆市、河南省、天津市、安徽省、湖北省、辽宁省等 7 个省市属于 B 类地区;湖南省、陕西省、江西省、河北省、四川省、内蒙古自治区、山西省、宁夏回族自治区、广西壮族自治区、吉林省等 10 个省区属于 C 类地区;云南省、贵州省、海南省、新疆维吾尔自治区、青海省、黑龙江省、甘肃省、西藏自治区等 8 个省区属于 D 类地区。

为便于进一步分析,本书按国家地区划分标准分别统计了不同区位的省区市分类情况[1],得到表 2-2-3。

表 2-2-3　不同地区省区市类别情况统计表

地　　区	A	B	C	D
东部	6	3	1	1
中部	0	3	4	1
西部	0	1	5	6

表 2-2-3 所显示的分布情况可以更为直观地展示排序结果,东部地区的绝大部分省市都属于 A、B 两类,中部地区的省区基本集中于 B、C 两类,西部地区的绝大部分省区市都属于 C、D 两类。该表说明我国各地区的人力资源服务业发展水平也呈现出明显的东、中、西部水平差异,东部地区省市的人力资源服务业发展水平明显优于其他地区,这种水平优势不仅体现在人力资源服务业发展的现状上,而且体现在人力资源服务业发展的潜力

---

[1]　依据《中国卫生健康统计年鉴》东、中、西部地区的划分:东部地区包括北京、天津、河北、辽宁、上海、江苏、浙江、福建、山东、广东、海南 11 个省、直辖市;中部地区包括山西、吉林、黑龙江、安徽、江西、河南、湖北、湖南 8 个省;西部地区包括内蒙古、重庆、广西、四川、贵州、云南、西藏、陕西、甘肃、青海、宁夏、新疆 12 个省、自治区、直辖市。

上。相较之下,中部地区的省区大多处于中等的水平,而西部省区市的人力资源服务业发展水平就比较落后了,这种东中西部地区的人力资源服务业强弱格局与各地区在中国经济发展中的现实状况是相契合的。

此外,同上一年的分类结果相比,从划档角度看:A 类地区作为第一梯队,其数量和结构均产生了较大变化;B 类地区数量有小幅上升(主要是 A 类下跌至 B 类);C 类地区数量亦有小幅提升(有 A 类下跌至 C 类,也有 D 类上升至 C 类,尤其是上一年东中西各区域位于 D 类的均有代表地区进入 C 类),这也显示了一定程度上我国人力资源服务行业正在朝一个更具均衡性的方向发展;而 D 类地区在数量保持稳定的同时其内部结构发生了不小的变化(主要是有三个地区从 C 类跌入 D 类)。从区域角度看:三大经济板块行业发展状态较去年总体保持稳定。东部地区整体保持稳定,依旧显示了其在人力资源服务行业中稳健的引领作用;中部地区在保持稳定的同时各地区发展差异有所减少,但发展冲劲有所下降;西部地区依然处于相对落后的位置,且发展势头较去年相比有小幅回落。

表 2-2-4 显示了 2018—2019 年各省区市人力资源服务业发展水平排名的变化情况。

表 2-2-4　2018—2019 年各省区市人力资源服务业发展水平排名变化数据

地区	综合得分	2019 年排名	分类	2018 年排名	2019 年与 2018 年的排名变化①
广东省	1.662328094	1	A	2	1
上海市	1.173375704	2	A	1	−1
江苏省	1.169643274	3	A	3	0
浙江省	0.909393365	4	A	4	0
北京市	0.758643309	5	A	5	0
福建省	0.595959893	6	A	11	5
山东省	0.471068065	7	B	8	1
重庆市	0.398391875	8	B	10	2

①　此处的排名变化,是排序运算而非代数运算,意义上是 2019 年相对于 2018 年的排名变化(上升+,下降−)。如广东省 2019 年排名为 1,2018 年排名为 2,则 2019 年与 2018 年排名变化为 2−1=1,即上升 1 名。以此类推。

续表

地区	综合得分	2019 年排名	分类	2018 年排名	2019 年与 2018 年的排名变化①
河南省	0.224008259	9	B	9	0
天津市	0.098210363	10	B	6	−4
安徽省	0.040658698	11	B	12	1
湖北省	0.034496921	12	B	7	−5
辽宁省	0.003787211	13	B	14	1
湖南省	−0.01747131	14	C	16	2
陕西省	−0.039377562	15	C	19	4
江西省	−0.074756951	16	C	20	4
河北省	−0.082967096	17	C	15	−2
四川省	−0.100849188	18	C	13	−5
内蒙古自治区	−0.265209144	19	C	23	4
山西省	−0.321234724	20	C	18	−2
宁夏回族自治区	−0.441239397	21	C	29	8
广西壮族自治区	−0.461242292	22	C	27	5
吉林省	−0.486193112	23	C	17	−6
云南省	−0.50157494	24	D	21	−3
贵州省	−0.571744966	25	D	22	−3
海南省	−0.590283995	26	D	26	0
新疆维吾尔自治区	−0.595347319	27	D	28	1
青海省	−0.655308754	28	D	25	−3
黑龙江省	−0.736774281	29	D	24	−5
甘肃省	−0.784955302	30	D	30	0
西藏自治区	−0.813424698	31	D	31	0

一般情况下,由于受到数据统计口径等因素的影响,4 个位次以内的变化我们都可以将之视作是正常的排名波动,因此根据表 2-2-4 的结果,2018—2019 年,福建、湖北、四川、宁夏、广西、吉林、黑龙江均有较大的排名波动,波动地区数量较去年大幅增加,而其余省区市的排名大都保持相对稳

定。与 2018 年相比,人力资源服务业"第一梯队"总体稳定,但出现了小幅变动,主要体现在山东、湖北、天津滑出 A 类,而由进步迅速的福建取而代之。而广东、上海、江苏、浙江、北京均保持极小变动或不变,稳居人力资源服务业发展水平的"第一梯队",从侧面反映出评价指标的科学性和合理性,也在一定程度上凸显了人力资源服务业是依托于经济发展水平和市场发展环境的新兴产业,在某种程度上具有相对稳定性,短期内难以实现跨越式发展;但在短期区域内部的经济社会形势也能在一定程度上影响行业发展。除上述五省市外,在 2019 年的评价结果之中,福建省也跨入"第一梯队",这可能与福建省近年来良好的产业发展形势和省政府对于福建省人力资源服务业发展的政策支持力度日趋加大密切相关。《2020 年福建省政府工作报告》指出了过去一年省政府在着力提升本省产业素质,助推福建省新兴产业的加速成长方面作出的努力:完善服务业高质量发展机制,通过实施新兴产业倍增工程,战略性新兴产业增加值大幅上升;深入实施"数字福建"战略,数字经济规模持续扩大,数字产业化、产业数字化加快推进;实施促进平台经济、总部经济发展的政策措施,新业态新模式成为经济发展新亮点,规模以上服务业营业收入增长 15.4%,现代服务业茁壮成长;在此基础上推动现代服务业与制造业、农业融合发展,打造了一批科技资讯、信息服务、装备服务和人才服务等公共服务平台。同时在 2019 年,福建省提出了服务业宏观发展思路,明确以"现代服务业为重点,加快发展服务业集聚区"等作为本省服务业发展的主要目标,此外还明确了以放宽市场准入为首的八方面保障措施和以加强组织领导为首的七方面服务业发展组织措施,致力于为现代服务业的发展提供坚实的财政支持、开放的发展环境、顺畅的体制机制,以期促进全省服务业发展提速、比重提高、水平提升。具体的,在人力资源服务业层面,省人社厅在 2018 年底提出要着力推动人力资源服务业发展,从加快建设协同发展的产业体系出发,加快人力资源市场建设,推动各级政府将人力资源市场建设纳入国民经济和社会发展规划,体现了对行业发展的高度重视。2019 年末中共福建省委在深入贯彻党的十九届四中全会精神的基础上提出要"健全科研机构、项目、人才评价体系。完善科技人才、技能人才发现培养激励机制,建立人才服务体系,加大产业领军团队支持力度,打造柔性引才'福建模式'",为建立建设科学的人才评价体系和高水平人才队伍提供了基本遵循。除政府大力支持外,福建省人力资源服务业发展规模指标和发展潜力指标也整体增长迅速、如人均人力资源服务业增加值、人均国内生产总值等指标均将达到或已达到全国第五名左右的水准,市场环境日趋成熟,产业基础逐渐完善。

在2019年的评价结果之中,宁夏回族自治区和广西壮族自治区都呈现了良好的发展态势,排名均有大幅上升。宁夏排名大幅跃升的主要原因在于宁夏近年来经济运行总体平稳,发展态势持续向好,国民生产总值小幅提高,增速高于全国平均水平,第三产业增加值也有所上涨,产业结构调整、经济转型升级的速度加快。与此同时,宁夏回族自治区政府先后发布《宁夏回族自治区人力资源和社会保障事业发展"十三五"规划(修订本)》《宁夏回族自治区人才市场条例》《关于进一步优化人才发展环境助推高质量发展的十一条措施》等政策文件,提出要"促进人才合理流动,规范人才市场活动……从人才工作和使用机制、人才集聚平台、人才服务保障等三个方面提出十一条措施,以进一步优化人才发展环境,助推经济高质量发展",并召开了首批"宁夏杰出人才奖"表彰座谈会,启动"2019年百千万人才工程国家级人选和2019年享受自治区政府特殊津贴人员"两项重大人才工程推选工作,拨付1000万元支持建设首批20个"人才小高地",多措并举大力推进区域人才队伍建设,为贯彻"创新驱动、脱贫富民、人才强区"三大发展战略提供人才人力支持,这一系列努力有利于培育市场主体、推进业态创新、加快开放合作,进一步改善了人力资源服务业的发展环境。与宁夏类似,广西人力资源服务业水平也取得了较大的提升。近三年来,广西壮族自治区人力资源服务业实现了连续三年的快速增长:年末全区各类人力资源服务机构达684家,从业人员9109人。全年共为20.42万家次用人单位提供人力资源服务,帮助602.15万人次劳动者实现就业、择业和流动服务。与此同时,过去一年伴随着自治区对外开放步伐的不断加大,承办了一批中国—东盟高端人才项目路演对接会,成果丰硕,作为对接成果之一的"海创展"已推动36个人才项目落地广西;同时加强了与欧盟国家的科技人才合作,并出台首个港澳台人才引进专项计划。在加强区域人才人力合作的同时,自治区政府更加积极有为,过去一年加快实施人才强桂战略,调剂千名专项编制引进高层次人才,制定了配套的优惠住房政策和资金定向扶持政策助力知识产权等高技能人才的引进和培养。在产业规范化发展方面,自治区政府积极贯彻中央精神,对经营性人力资源服务机构开展年度报告公示工作,全区首个自治区级人力资源服务产业园也于年末在柳州开园,标志着地区人力资源服务业的发展迈上了一个新台阶。以上举措均为广西人力资源服务业带来了新的机遇。但不能否认,当前广西人力资源服务业发展水平与"第一梯队"和"第二梯队"仍有较大的差距,现有发展水平与跨越式发展目标仍不协调,发展的质量有限,这不仅与广西本区经济欠发达的客观实际有关,还受制于行业从业人员的素质偏低和高层次人才紧缺因素。

在排名下跌的省份之中,湖北和四川均下滑较大,湖北省下跌的原因较为明晰,2019 年湖北人力资源服务业从业人员数量增量为负,即出现了明显的负增长(全国第四)。从业人员数的较多流出造成了湖北省人力资源服务业增加值比重、人力资源服务业增加值增速等指标在全国范围内排名的相对下滑,也和湖北前几年行业的高速发展形成了明显的对比。作为人力资源服务业发展水平评价指标体系中发展规模和发展速度的三个重要指标值,这直接反映出一个地区人力资源服务业的发展和增长状态,在这些关键指标上的疲软表现,说明 2019 年湖北人力资源服务业的总体发展活力、速度不尽如人意。相应地,湖北人力资源服务业生产率也伴随着出现相对下滑,已滑落至全国中上位置。这些反映人力资源服务业发展现状的核心指标出现相对下滑,势必会影响湖北省的排位。这一波动状况的出现,也与近年来其他地区行业的强势崛起有关,特别是在京津冀、长三角、粤港澳一体化等区域集聚效应的影响下,全国各地的人才要素也在加速汇集上述地区,且中部崛起战略尚未显示出应有的辐射效力,致使湖北的人才流出状况较为严重。

四川省的排名下跌了 5 位。四川省排名下跌主要有以下两方面原因:一是在经过前两年的高速发展后,人力资源服务业发展速度指标增长趋于放缓。具体来看,四川省上年人力资源服务业增加值增速为 9.0%,较上年有明显下降,在全国范围内也属于中等;上年人力资源服务业从业人数增速为−21%(全国倒数第二),已经到了全国末位水平。二是反映人力资源服务业发展水平的发展规模与发展潜力的部分指标排名已相对落后,如反映发展规模的人力资源服务业生产率、人力资源服务业增值加比重、人均人力资源服务业增加值,以及反映发展潜力的人均国内生产总值、城镇化率等指标均处于全国中等或中等偏后的水平,发展后劲有所不足;加之地处西部开放程度相对较低,市场体系不完善,区域协同发展效果不明显,也让四川失去了部分的产业发展机会。在这里我们看到,一个产业的发展不能只关注发展的速度,产业发展的基础以及未来发展的潜力等均是产业水平的重要组成部分,短期内发展速度指标的快速提升确实能带来短期排名的上升,但若想真正取得长期的进步并跻身于全国前列,还应注重产业发展的健康性、长期性和持续性积累。

而同处东北地区的吉林和黑龙江跌幅也较大,一方面是因为近年来该区域整体经济形势不容乐观,区域产业转型升级滞后,增长乏力,使得诸如人力资源服务业相关的重要指标值如国民生产总值、第三产业增加值等增速放缓,而且在全国的排名相对落后;另一方面,吉林、黑龙江两省的人口自然增长率一直呈现负增长,人口净流出较为严重,一定程度上限制了其人力资源服务业的产业发展步伐。基于上述数据与分析可以看到,人力资源服务业的良性发展并不完全依靠人力资源服务业本身,其需要与产业发展基础、经济发展环境、市场成熟条件等因素综合作用、协调互动,想要保持一个人力资源服务业的良性健康发展,应注重人力资源服务业发展的健康性、长期性和持续性等影响因素的建设与积累,并且保持和推动多方联动。

三、评价总结与政策建议

人力资源服务业在中国属于朝阳产业,现代知识经济对人才的重视使得这一产业在国民经济中的地位迅速提升,并引起人们的广泛关注和重视。国家、政府和社会都希望这一行业能健康、快速发展,为整个国民经济的持续健康发展作出应有的贡献,因此,了解人力资源服务业在不同地区的发展水平就成为实现这一期许的前提。

(一) 结果总结

本章通过设计人力资源服务业发展水平评价指标体系,在搜集 2019 年全国 31 个省区市的相关数据基础上,依托这一指标体系对各地区人力资源服务业发展水平进行了排序、分类,并对相关的数据结果进行了阐释与说明。通过这一研究过程,并综合对比前些年的排名结果,我们可以总结出以下认识。

1. 我国人力资源服务业整体发展环境持续优化,发展状态稳中向好

在全国范围内,伴随着产业结构的转型升级,2019 年,我国各地区人力资源服务业机构数量进一步增长、行业规模进一步扩大、高端业态快速发展、人力资源服务业产业园区持续铺开、人力资源市场配置能力进一步提高,人力资源服务业总体发展水平稳中有进,发展环境不断改善,日益成为现代服务业和生产服务业的重要组成部分,成为实施创新驱动发展战略、就业优先战略和人才强国战略的关键举措,成为构建人力资源协同发展产业体系的重要力量,成为经济社会长效健康发展的有力推手。

2. 我国人力资源服务业区域发展水平仍存在显著差异

根据 2019 年人力资源服务业区域发展水平评价结果来看,我国人力资源服务业区域发展水平仍存在显著差异,且相对差距趋于稳定,中西部地区行业发展空间依然广阔。

与我国经济发展水平的区域性差异类似,我国东部、中部和西部地区的人力资源服务业发展水平差距依然明显,发展水平较高的地区仍然集聚在我国东部地区,而发展水平相对落后的地区则主要集中于我国的中西部地区。这种差异在未来一段时期内依旧会存在,甚至在短期内会出现差距回弹,但终会随着不断的发展而逐渐消除。总体来说,近年来区域间的发展差距正在逐步缩小,2016 年 C 类地区的总数有了明显增加,而 D 类地区总数有了明显的减少(尤其是西部省、自治区已有接近一半分布到 B、C 类),这一分布格局大体延续到了 2019 年,这也可以从一定程度上反映出西部省区市人力资源服务业发展水平在整体上的稳步提升。但是就 2019 年的数据来看,受国际经济大气候和区域经济小气候的影响,个别中西部省份下滑较大,和东部发达板块地区的差距有所扩大,如在 2018 年跻身"第一梯队"的湖北省 2019 年再次跌出 A 类。因此,在未来的发展规划中,要关注如何进一步推动中西部地区把握自身发展的"后发优势",如何总结吸取东部地区在行业发展中的经验教训,更好地发挥东部地区的行业辐射带动作用,实现行业的区域协同发展。

3. 应正确理解地区人力资源服务业发展与经济发展间的相互协同关系，重视两者间的良性互动

经济发展主要体现为经济水平和产业基础。经济水平是人力资源服务业发展的基础，而成熟的产业条件则是人力资源服务业发展的前置条件。具体来看，经济水平为人力资源服务业的发展提供了诸如资源、市场、基建等基础性条件，而产业积累则为人力资源服务业的发展提供了平台和依托。因此，人力资源服务业的发展在空间上并不是孤立的，需要地区整体经济建设和产业发展的支撑；在时间上并不是能够短期速成的，需要长期性的经验积累和要素沉淀。反过来讲，人力资源服务业的不断发展也会促进地区产业结构的优化调整，繁荣地区的就业，提升企业运行效益，促进地区整体经济发展。这启示地方政府要兼顾人力资源服务业发展的速度和效益，打好产业发展的基础，注重产业发展的长期性、健康性和持续性积累。

4. 政府的政策扶持与宏观调控对人力资源服务业的发展至关重要

在 2019 年的年度评估结果中可以看到，大部分省份的排名上升，都与政府的高度重视、政策的大力扶持密不可分。政府若大力完善相关产业政策、优化环境、增强监管、提升服务，如明确产业发展目标、具体的针对性政策和配套监管措施，推动人才队伍建设和地方标准化的实施，搭建供需平台，引进人才等一些具体措施，会对一个地区人力资源服务业的发展（尤其是发展速度指标）起到极大的促进作用。

5. 人力资源服务业将成为区域经济增长的新引擎

根据《中国统计年鉴》的数据显示，我国适龄劳动力人口占总人口比重逐年下降，已从 2012 年的 74.1% 降至 2018 年的 71.2%，与此同时，人口抚养比也从 2012 年的 34.88% 上升到 2018 年的 40.44%。在这一人口结构性变化大背景下，企业的人力成本势必不断增加，倒逼人力资源需求从数量向质量转变，招聘、培训等人力资源环节应发挥更加大的人才人力合理配置作用，对人力资源服务业的需求也会更加旺盛。因此，人力资源服务业的发展对地区产业结构的优化与调整意义重大，对于增加地区人口的就业数量、提升企业运行效率具有更积极的影响。特别是在当前我国多个区域经济一体化进程如火如荼的情况下，人力资源服务业将成为加强区域智慧联结、促进区域经济发展的新推手。

（二）政策建议

基于本章所构建的人力资源服务业发展水平评价指标体系以及以此为依托而计算出的近些年各地区人力资源服务业发展水平排名结果，吸取排名靠前地区人力资源服务业发展的先进经验与做法，在综合考虑产业发展与区域发展相结合的背景下，本章提出以下政策建议。

1. 加大各级政府政策扶持力度，助力人力资源服务业发展

各级政府政策的扶持力度是各地人力资源服务业发展的主要推动力。国家层面的政策推动各地产业发展的力量是巨大的、难以估量的。《国务院关于加快发展生产性服务业促进产业结构调整升级的指导意见》的颁布，迎来了全国人力资源服务业发展的契机。《人力资源社会保障部、国家发展改革委、财政部关于加快发展人力资源服务业的意见》和《人力资源社会保障部关于印发人力资源服务业发展行动计划的通知》为人力资源服务业发展进行了规制，从操作层面为行业发展指明道路。

在国家政策的引领下，各省市相继出台加快发展人力资源服务业的实施意见，极大地促进了当地人力资源服务业的发展。例如广东省人民政府办公厅 2018 年印发了《关于加快人力资源服务业发展的意见》，此后，广州颁布的《广州市促进人力资源服务机构创新发展办法》明确了人力资源服务机构的发展路径。《办法》指出：广州将实施人力资源服务机构创新发展"三个十"工程。每年评选出 10 家"广州市创新人力资源服务机构"、10 名"广州市人力资源服务业领军人才"和 10 个"广州市人力资源服务业创新项目"。对评选出的每家"广州市创新人力资源服务机构"给予 100 万元奖励，对评选出的每名"广州市人力资源服务业领军人才"给予 50 万元奖励，对评选出的每个"广州市人力资源服务业创新项目"给予 30 万元奖励，分别授予荣誉称号并颁发证书。这一系列措施使人力资源服务人员有了强烈的行业归属感和职业自豪感。广州还大力支持人力资源服务机构自主创新。对近三年内获得人力资源服务领域原始取得的发明专利授权，并在本领域运用、产生经济效益的人力资源服务机构，每项专利给予 20 万元奖励；人力资源服务机构被评为高新技术企业的，给予 20 万元奖励。政策扶持力度的加大促进了人力资源服务业的快速发展。2018 年广州成立的以包含"人力资源"命名的企业有 618 家，其中一家注册资金在 50000 万以上。

2019年有705家,注册资金在50000万以上的有3家。2019年广州市注册企业名包含"人力资源"或"人才"正常营业的公司有16753家,广东省人力资源服务业已成规模。各企业争相申请的行业专利信息,激发了发展潜能。因此,各级政府的支持是人力资源服务业的直接动力,而且支持要务实落地、提供科学的导向。

2. 建立人力资源服务业创新发展的复合型人才培养机制

当今社会人力资源的价值凸显,任何行业的发展都离不开专业人才,人力资源服务业的发展也不例外。基于人力资源服务业的高技术含量、高人力资本、高成长性和辐射带动作用强等特点,人力资源服务业的发展更需要创新发展的复合型人才。识人、选人、用人、育人、留人、送人都有其特定的人力资源管理专业的要求。同时,人力资源服务业的服务对象是各行各业,人力资源服务业要为各行各业提供岗位配备、激励人才的各种形式的人才管理服务。因而,人力资源服务业人才不仅要拥有人力资源管理专业的理论知识,还要掌握所服务的行业机构的用人模式,唯有此才能提供有的放矢的高品质的服务。小型人力资源服务业机构往往从事低层次的人才服务,中型人力资源服务业机构的主营业务往往依托某类行业,大型综合实力强的人力资源服务业机构才能提供更广、更深、更新层次的业务服务。各类人力资源服务业的发展都需要创新发展的复合型人才的支撑。

培养创新发展的复合型人力资源服务人才需要构建理论实践相结合的培训机制。首先,以培养人力资源服务人才为主的人力资源管理学科要做到理论和实践技能相融合的培养模式。构建人力资源管理专业的专家学者参与实务的机制,增强行业理论派的实践技能。构建产学研教学模式,增设实务类课程,培养学生的实践技能,推进创新发展的复合型人才培养机制。其次,加强行业的培训。加强行业的培训不仅要充分利用国家的人力资源管理的行政机关,做好行业服务标准的规制和解读,还要充分发挥行业协会在行业代表、行业自律、行业协调等方面的作用,以学术论坛、技能大赛等形式促进行业技术经验的交流。总之,要夯实人力资源服务业发展的基石,培养更多的创新发展的复合型人才,从而促进各地人力资源服务业的发展。

3. 利用大数据和"互联网+"技术,加强行业数据库建设

利用大数据和"互联网+"技术发展人力资源服务业是落实国家"互联

网+"发展战略的要求。发展人力资源服务业要推动人力资源服务和互联网的深度融合,积极运用大数据、云计算、移动互联网、人工智能等新技术,促进人力资源服务业创新发展、融合发展。加强人力资源服务信息化建设,构建人力资源信息库,实现数据互联互通,信息共享,是促进人力资源优化配置的基础,是人力资源服务业发展的基石。智能化人力资源服务正在兴起,一些互联网背景的人力资源服务公司,依托人才大数据库,做到智能化人岗匹配。然而,谙熟大数据和"互联网+"技术的现代人力资源服务业的机构并不多。大部分企业停留在人工技术操作层面。加强 IT 精英加盟人力资源服务行业是突破行业发展瓶颈的途径。

此外,人力资源服务业行业数据库统计不完善。目前我们关于人力资源服务业相关问题研究中,所面临的最大困难在于统计数据严重不足,仅有的一些统计数据还存在着各省间统计口径差异的问题。中央以及各地政府制定人力资源服务业发展政策,应基于对人力资源服务业发展水平的精准认识和把握,而目前人力资源服务业统计标准化数据的缺乏使得决策者在制定相关政策时,更多地依赖自己的主观经验和主观判断,这种对于人力资源服务业发展认识的模糊性直接降低了决策的科学性和准确性。因此,未来将人力资源服务业应该作为现代服务业中一个独立的门类,纳入国民经济统计的范畴,定期公布相关统计数据就显得尤为重要。一方面,可以为各级政府的人力资源服务业主管部门正确把握人力资源服务业发展水平、制定发展战略规划和优化政策提供依据,为人力资源服务机构制定自身的业务发展战略与规划提供依据。另一方面,也有利于相关研究者与研究机构参考相关数据信息构建更为科学合理的发展水平、竞争力评价体系和机制,提出政策建议。

4. 大力推进产业园区建设,扶持新机构可持续发展

国家要继续大力推进人力资源服务产业园建设。一个产业园区能搭建起一个行业集聚发展的实体平台,它有利于加快市场主体的培育,促使新机构的产生,促进行业规范有序发展,激发人力资源服务业市场有序竞争,从而激发服务创新、完善服务链条,提升服务的能力和水平。国家现有 20 个国家级人力资源服务业产业园,涉及 19 个省市,广东省和上海市人力资源服务业发展一直名列前茅,与两地人力资源服务业产业园区建设密不可分。

上海市拥有全国第一家国家级人力资源服务产业园,广东则拥有广州、深圳两个国家级人力资源服务产业园,这在全国都是独一无二的。两地产业园区的发展为其他各行业的发展提供了强有力的人才支撑,落实满足了经济社会发展产生的人力资源服务需求,促使当地人力资源服务业成为现代服务业发展的增长点。

要根据各地人力资源服务业发展水平,建立省级、县域级的产业园区,以适合当地经济社会发展对人才需求的需求,因地制宜地扶持人力资源服务业的发展。例如石家庄市建立了省级人力资源服务业产业园,对促进河北省尤其是石家庄的人力资源服务业起到极大推动作用。

推动品牌人力资源服务机构发展,扶持新机构可持续发展。人力资源服务业作为新兴产业,其机构实体层次多样,不乏实力雄厚、成立较早的机构,还有一些中小型新机构,这些新机构是人力资源服务业的有机组成部分,其可持续发展值得关注。据国家企业信用信息公示系统和企查查网站查询,我国以"人力资源"冠名的企业在 2019 年注册有 40628 家,其中在业/存续企业有 37690 家,有 2938 家企业存在吊销、迁出、停业等经营异常情况,占总注册企业的 7.23%,这表明新建机构在人力资源服务业存活很不容易。尽管中小型人力资源服务业运用成本低,但如果没有固定的客户源、稳定的效益收入,维持运营也很困难,导致一批"皮包公司"草草退出历史舞台。国家要扶持中小人力资源服务业的机构以满足各类企业对人力资源服务需求的不同层次要求。

机构的发展人才是关键。人力资源服务业更应践行人才是第一社会资源的理念,做好全国人力资源服务行业人才的配置,鼓励东部发达地区的人力资源服务业机构主体开拓中部、西部市场,打破专业人才流动的壁垒,促使东部人力资源服务业精英到中西部人力资源服务业市场创业,发掘促生中西部人力资源服务业市场潜力;结合西部大开发战略,弥补发展的不均衡,才能促进全国人力资源服务业快速发展。

第三章　人力资源服务业发展环境指数与各省区市水平排名

【内容提要】

中国人力资源服务业发展环境指数研究对指导中国人力资源服务业的健康发展具有十分重要的意义。如何制定出一套科学的中国人力资源服务业发展环境评价指标体系,是指数计算的关键所在。

本章基于实践和文献基础建构出一套新时代背景下的中国人力资源服务业发展环境指数的评价指标体系,并以此进行各省区市的发展环境水平排名,以促进全国各地优化人力资源服务业发展环境,推动中国人力资源服务业发展。在搜集 2019 年全国 31 个省区市的政治、经济、社会、技术、空间层面数据的基础上,对各省区市人力资源服务业发展环境水平进行了指数分析,并对相关的结果进行了阐释与说明。

相对于 2019 年中国人力资源服务业蓝皮书的研究而言,本年度的研究更具创新性。首先,环境发展指数更具全面性。指标数量从去年的 10 个到今年的 21 个,从社会经济层面扩展到了政治、经济、社会、技术、空间各个方面。其次,加强了与以往相关研究成果的联动。本章指标体系中的"政府重视度""社会、公众关注度"的数据来源于 2019 年中国人力资源服务业蓝皮书的第二部分第一章"人力资源服务业各省市重视度与发展度分析"的相关内容。最后,基于指数分析结果提出改进建议。本章还从顶层设计、经济转型、分类帮扶、推进新业态、区域联动五个方面出发,结合数据结果,为各省区市人力资源服务业环境的优化与改进提出了针对性的建议。

Chapter 3　Development Environment Index of Human Resource Service Industry and Ranking of Provinces, Districts and Cities

【Abstract】

The research on the development environment index of China's human resource service industry is of great significance to guide the healthy development of China's human resource service industry. How to formulate a set of scientific evaluation index system of China's human resource service industry development environment is the key to index calculation.

Based on practice and literature, this chapter constructs a set of evaluation index system of China's human resource service industry development environment index under the background of the new era, and ranks the development environment level of each province and city, so as to promote the optimization of the development environment of human resource service industry and promote the development of human resource service industry in China. On the basis of collecting the political, economic, social, technical and spatial data of 31 provinces, autonomous regions and cities in China in 2019, this paper makes an index analysis on the development environment level of human resource service industry in each province and city, and explains and explains the relevant results.

Compared with the research on the blue book of China's human resource service industry in 2019, this year's research is more innovative. First, the environmental development index is more comprehensive. The number of indicators has expanded from 10 last year to 21 this year, from the socio-economic level to politics, economy, society, technology and space. Secondly, it strengthens the linkage with previous related research results. The data of "government attention" and "social and public attention" in the index system of this chapter are from the relevant contents of Chapter I "Analysis on the importance and development degree of various provinces and cities of human resource service industry" in the second part of China's human resources blue book in 2019. Thirdly, based on the results of the index analysis, the improvement suggestions are put forward. This chapter also from the top-level design, economic transformation, classified assistance, promoting new formats, regional linkage five aspects, combined with the data results, put forward targeted suggestions for the optimization and improvement of human resources service industry environment in all provinces and cities.

一、研究背景与环境指数

（一）研究背景与研究意义

人力资源服务业发展环境指数，是指依据某一人力资源发展环境评价指标体系所计算出综合数量结果。

人力资源服务业作为一个朝阳产业，必然存在影响其发展的各种环境因素。只有人力资源服务业的发展环境捋顺了，其对社会经济发展的效能才能充分涌流。对中国人力资源服务业发展环境进行研究，表现形式是建构一套科学的评价指标体系，其本质是为了促进中国人力资源服务业的发展，具体表现在优化社会经济活动中人力资源的配置，促进社会经济民生发展。发展环境指数的评价指标体系的研究，来源于中国人力资源服务业的发展实践，却高于这种实践活动，是对现实实践活动的归纳概括。本章节致力于寻求影响中国人力资源服务产业发展环境的多维结构系统模型，构建中国人力资源服务业发展环境指数评价指标体系。理论研究的根本目的在于指导现实世界中的实践活动。统计数据表明，在目前中国经济发展持续下行的情况下，人力资源服务业持续走高，是当前与未来中国经济发展的新的增长点。因此，发展环境指数评价体系的确立对引导中国人力资源服务业的健康发展具有十分重要的现实意义。

（二）指数评价体系论述

本章利用 PEST 分析工具，将中国人力资源服务业发展环境评价指标体系划分为五个维度。

1. 政治环境指标

首先,政治因素对中国人力资源服务业的发展具有扶持性。政府可以通过税制改革扶持人力资源服务业发展。例如,国务院将人力资源服务业纳入"营改增"的税制改革范围。"营改增"将年收入在500万元以下的中小微型人力资源服务机构的营业税从5%直接降到3%,减轻了他们的财税负担。此外,人社部在《人力资源服务业发展行动计划》提出要加强人力资源服务产业园区的发展,并且在产业园的税收、土地用房等方面提供一些扶持的配套政策。从2010年起,人社部和相关省市陆续建成上海、重庆、中原、苏州、杭州、海峡、成都、烟台、长春、南昌、西安、北京、天津、广州、深圳、长沙、合肥、武汉、宁波等19家国家级人力资源服务产业园。截至2019年底,各国家级产业园已有入园企业超2700家,园区营业收入1950亿元,成为地方经济发展的一大亮点。

正是因为中央政府对人力资源服务产业园的发展设计各方面的补贴优惠等配套措施,激发了地方政府的兴趣。在中央政府和地方政府的通力配合下,人力资源服务产业园的健康快速发展就不足为奇,各个地区的人力资源服务业也因此走向快车道。

政府可以通过政策文件对人力资源服务业的发展提供支持。对各省、自治区、直辖市的政府工作报告进行探析,可以在一定程度上评估省级政府对人力资源服务业的重视度。2019年有5份政府工作报告中明确提及"人力资源服务",如海南省政府在"以优化营商环境为重点,推进政府自身建设"中提出"引进国内外高端人力资源服务机构,规划建设国际社区、学校、医院等适应国际人才需求的公共服务体系,为集聚国际人才提供一流服务";湖北省政府在"大力推进制造业高质量发展,加快新旧动能转换"中提出要"发展现代供应链、人力资源服务等生产性服务业,扶持研发设计、检验检测认证等高技术服务业加快成长";江西省政府在"强化创新支撑引领,加快产业结构优化升级"中提出"继续实施急需紧缺高层次人才引进等工程,设立人力资源服务产业基金,推进中国(南昌)人力资源服务产业园建设";陕西省政府在"突出制造业高质量发展,加快建设现代产业体系"中提出"围绕制造业集群构建区域服务体系,促进融资租赁、检验检测、法律咨询、信息技术、人力资源服务等生产性服务业发展壮大";天津市政府在"持续用力推进创新型城市建设"中提出"优化人才绿卡制度,加快中国天津人力资源服务产业园和人才公寓建设,进一步拓展保障服务,努力将天津建设成为人才高地"。其余报告中,人力资源则是在相关战略背景下间接体现,主要是两大背景性要素:第一,"创新发展"需要配合以"人才支撑",以人才驱动发展是多个省市的重要提法;第二,在发展高质量产业体系的背景下,各地政府提出要"努力构建实体经济、科技创新、现代金融、人力资源协同发展的产业体系",而人力资源是其中重要的构成要素。

其次,政治因素对中国人力资源服务业的发展具有监督性。在自由市场经济条件下,由于价格机制的作用和市场竞争的客观存在,中国人力资源服务机构在不同地区的利润率可能存在一定的差异。正是因为这种差异性的存在,可能会导致一部分人力资源服务企业为了追求高利润,采用不正当的竞争手段,甚至存在一些"黑中介"开展业务时不规范、定价不合理、骗取求职者钱财的现象。中国人力资源服务业作为新兴产业,正处于快速发展的关键时期,市场体制机制可能尚不健全,这时就更需要政府进行监督管理。人社部出台《人力资源服务业发展行动计划》,明确提出要加大对人力资源服务机构的事中事后监管,尤其加大对网络招聘平台的监管。河北省人社厅积极响应国家政策,通过开展整顿人力资源市场秩序等一系列专项行动,通过对人力资源服务业机构实施明察暗访等方式,严厉惩处"黑中介"违法经营等乱象,保证公平公正、风朗气清的人力资源市场环境。

最后,公共服务改革对人力资源服务业发展具有促进作用。一个产业从无到有、从小变大、从弱到强需要方方面面的综合因素。其中政府提供的公共服务是一项重要因素。任何一个企业在成立之前或者开展业务时都必须获得政府相关部门的行政审批,持证经营。例如食品行业在成立之初就需要消防系统、卫生系统、食药监局等部门的审批。以往这些层层审批流程繁琐复杂,耗费企业大量的时间和精力。随着政府"放管服"政策的推行,政府逐步减少了对市场主体过多的行政审批程序,极大地提高了跑手续的效率。此外,新《公司法》取消了注册资本的最低限额的规定,同时将注册资本实缴制度变成认缴制度的规定,放宽了准入门槛。因此,公共服务改革进一步简化了企业审批程序和准入门槛。中国人力资源服务业正处于快速发展时期,每年有数以万计的新增人力资源服务机构,因此,公共服务水平的提高对培育和发展中国人力资源服务业是有利的。

2. 经济环境指标

国家经济发展水平越高,人力资源服务业发展越快。人均国内生产总值是衡量一个国家或地区经济发展水平的关键指标①。经济学家库兹涅茨认为,当一个国家或者区域的经济发展水平变高时,农业在国家经济总量中所占的比例会降低,工业和服务业所占的比例会提高。人力资源服务业属于现代服务业的一个重要分支,因此,当一个国家经济发展水平越高,就会有更多的资金流向人力资源服务业。此外,人力资源服务业又是一个高度依赖人才和信息的行业,企业无论是吸引专业技术人才的加盟还是购置信息设备,都需要资金支持。国家经济持续稳定的发展,有利于人力资源服务业获得来自其他行业的融资。随着经济的发展,居民平均收入水平也随之提高。当居民收入提高之后,人们不再满足于基本的生活需求,对美好生活的向往与扩充知识和能力提升的需求变大,进而产生更多的人力资源服务需求。

融资环境影响人力资源服务业的发展。融资环境是指影响人力资源服务机构筹资活动的各种要素的集合。任何一个企业在发展过程中都会或多或少有融资的需求。对于人力资源服务机构来讲更是如此,中国人力资源服务业处于发展阶段,每年新增人力资源服务机构数以万计。这一部分新增机构大多属于小微创业型企业,有强烈的融资需求。融资环境宽松有利于小微型企业获得贷款,开展业务。此外,融资意味着多个产业之间的联动,例如,某些保险公司对银行业进行控股,在开展相关合作业务以实现保险业和金融业的双赢。适当放宽融资渠道可以促进国内其他行业的资金投资流向新兴人力资源服务行业,加快中国人力资源服务业的发展。适当提高中外合资企业中外方资本持股比例,也可以促进国外金融机构参与到中国人力资源服务业的培育发展过程。

市场开放程度影响人力资源服务业的发展。自改革开放以来,中国市

---

① 参见《中华人民共和国 2017 年国民经济和社会发展统计公报》,见 http://www.stats.gov.cn/tjsj/zxfb/201802/t20180228_1585631.html。

场开放程度不断加大,对外资的利用率也不断提高。外资进入中国市场不仅带来资金,还带来了先进的知识、技术和管理理念,加快了中国人力资源服务机构与国外机构之间的关联效应,形成理念、管理和信息等方面的互补。虽然短时期看,中国人力资源服务机构与国际先进人力资源服务机构是竞争关系,不利于中国人力资源服务业的发展,但是长期来看两者是合作共赢关系,在合作中提升业务能力和范围,实现双赢。例如,任仕达自 2006年进入中国之后,每年为中国的企业招募数千计的高级管理人才,这些人才促进了本土企业的发展。而任仕达本身作为外资企业,进入中国市场之后,必然会和中国本土的企业展开竞争。在竞争过程中,优胜劣汰,进而促进中国人力资源服务业的整体发展。

3. 社会环境指标

在网络高度发展的现代社会,社会公众在网络上对人力资源服务业的关注度能够在一定程度上反映各地公众对该行业的关注度。权威性的检索指数可以反映各地公众对于人力资源服务业关注度的变化趋势。

教育是人力资源开发的重要手段。人力资源对经济的发展具有重要的战略意义,教育是人力资源开发的主要途径。在中国,教育经费主要是指国家用于发展各级教育事业的费用。想要优化人力资源发展环境,就必须积极发展教育,增加教育的财政性投入,从而对人力资源进行有效的配置。

失业保险制度是保障民生的重要内容,具有保生活、防失业、促就业的功能作用。我国失业保险制度自从建立以来,在不断解决实际问题中主动应对时代的挑战,通过持续稳定变革来不断满足社会、经济发展的现实需要。设立失业保险的目的主要就是为了给失业人员一个保障,使失业后的人员在短时间内能够得到一定的补助,渡过艰难的时期。失业人员再就业过程中需要失业保险来加强对失业人员的培训补贴力度,建立完善的失业保险管理的理念,不断将资源管理的优势发挥出来,这样使失业人员能够尽快适应市场经济,保证失业人员可以找到自己的合适岗位。

城镇登记失业率的高低也对中国人力资源服务业的发展有着一定程度的影响。劳动失业人员指的是那些具有劳动能力,但是目前由于主观或者是客观原因没有就业并要求就业的一批人。人力资源服务业最基本的功能就是为求职人员提供就业咨询、培训、管理服务。城镇中的失业人员为人力资源服务提供源源不断的服务对象。在面对新旧产能剧烈变革的时期,城乡居民失业率存在上升的压力,人力资源服务业可以通过为失业人员提供就业招聘的相关信息、对他们进行再培训等方式促进待业人员的再次就业,从而实现对未就业人才的充分开发和利用。例如,20世纪90年代末期北京市属国有企业改制过程中,北京市工业系统开发中心对国有企业改制过程中的失业人员进行培训,提高他们的劳动能力,帮助他们再次就业,在这个过程中,也促进了国有人力资源服务机构的发展。

近年来,随着高等教育的普及和高校扩招规模的扩大,在为经济社会建设培养人才的同时,毕业生人数逐年增加,就业形势日趋严峻,就业问题突出。这一社会问题已引起社会各界的高度重视,给社会管理带来新挑战。然而,问题的背后常常暴露出社会各主体缺位或不到位等服务职能尚未充分发挥的原因,因此,完善公共就业服务对策,充分发挥服务职能,对于缓解就业压力、促进就业具有非常重要的意义。公共就业服务主要是通过建立信息交流平台和供需对接平台来促进人力资源合理有序流动。

4. 技术环境指标

大数据为人力资源工作添翼助力。进入大数据时代,对于人力资源管理者来说,是一个改变自身处境的绝佳良机。在大数据技术的支持下,人力资源的选、育、用、留都可以纳入到量化范畴,使人力资源管理更加高效、更加精准并更有话语权。借助计算机技术发展、利用大数据技术,可以在很多传统方法难以企及的领域大展身手,助力企业人才招聘更精准、员工培训与发展更有针对性、绩效考核管理更科学、人才决策更客观等。借助社交网络不断收集简历信息,结合社交网站,可以帮助我们搜寻到关于应聘者的更多信息,提高招聘准确度。同样,应聘者也可以通过多种渠道了解更加公开和透明的招聘信息,了解自己与工作岗位的符合程度,最终实现组织和应聘者的双赢。

创新能力尤其是自主创新能力已经成为地区获取竞争优势的关键因素,各省都在创新投入、创新管理、创新推动和创造科技环境等方面做了大量的工作。从某种意义上来讲,专利是国家或者地区科技资产的核心和最富价值的部分,专利的拥有量能反映该地区的创新能力,体现了科技人力资源。科技人力资源作为科技活动的原动力,对一个地区科技创新能力的发展至关重要。

专利发明不仅需要经济支撑,也需要具有高水平科研能力的人才和技术研发条件。北京和上海的高等院校和科研院所远多于其他省市,这些科研机构不仅贡献了大量的专利,也为技术研发提供了大量的高端人才。这应该是北京和上海的专利数量比较多的重要原因。同时也说明了一个问题:专利的发明不仅需要 RD 投入,也需要相关的研发人才和良好的技术研发环境和条件。

5. 空间环境指标

产业园在区位选择上往往选择在交通发达、基础设施完备的城区。因此,园区内人力资源服务机构能够更方便地接近市场,了解顾客的消费倾向,提供客户所需的服务产品。人力资源服务产业园发展模式有利于园区内的企业集中学习,加强专业化的分工与合作[1],实现优势互补,互通有无,加速企业的业态升级改造,提高整体业态创新能力。政府在大力扶持发展产业园的过程中,会配套土地、税收等优惠政策。其中,基础设施建设费用(包括电力系统的搭建、排污排水系统等)一部分由政府买单,另一部分由产业园内人力资源服务机构共同分担,进一步降低园区内企业的运营成本。此外,政府对园区内的企业进行统一管理,提供全方位的类似管家式的服务,园区内企业"抱团取暖"也降低了自身综合管理成本。产业园还有利于打造品牌效应,促进资本集聚。当人力资源服务业产业园成为当地的一张名片时,不仅会增加上下游慕名而来寻求合作的机会,也会引起当地社会资本的注意,促使更多社会资本流入[2]。

对于普通人来说,5G 可能只是更快的网络、更好的上网体验,但是对于国家、企业来说,5G 不仅是一次网络的升级,它将重构贸易关系、不同国家区域政府关系,带来技术革命、产业革命,关乎到未来时代发展的走向,对于人力资源行业也是如此。借助 5G 与相关技术,智慧城市、智慧产业、智慧服务的图卷正在拉开。人才这一重要资源随着 5G 的接入会有更广阔的发挥作用的空间,目前已经有企业出现 5G 下的智能人力资源服务的雏形。人才突破

---

① 　王凌:《人力资源服务业发展动力研究》,浙江大学出版社 2015 年版,第 153—155 页。

② 　参见梁琦:《产业集聚论》,商务印书馆 2014 年版,第 227 页。

原有的地域性限制,整合全国、全球人才资源成本显著降低,企业人才组织与配置将呈现多元化,内外部人才协同办公成为人力资源服务业的中坚力量。

基于文献梳理、受限于数据的可获得性,本章建立如下指标体系以对2019年中国各地区人力资源服务业发展环境进行评估。

表 2-3-1　人力资源服务业环境评估指标

一级指标	二级指标	数据来源
政治层面	政府关注度①	《中国人力资源服务业蓝皮书2019》、各省政府工作报告、地方政策出台情况
	数字政府服务能力	《2019数字政府服务能力评估结果》
	政府公共服务水平	《中国公共服务质量评价及空间格局差异研究》
经济层面	人均GDP	中国经济社会大数据研究平台
	实际利用外资	人大经济论坛
	自由企业数	各省2019年国民经济和社会发展统计公报
	第三产业增加值	中国经济社会大数据研究平台
	固定资产投资	各省政府工作报告以及统计年鉴
社会层面	社会、公众关注度	新浪微博人力资源服务相关用户
		人力资源服务相关微信公众号地域分布②
		百度指数③
		360指数④
	教育经费	中国经济社会大数据研究平台
	城镇登记失业率	中国经济社会大数据研究平台
	城镇失业保险	中国经济社会大数据研究平台
	接受就业指导人数	中国经济社会大数据研究平台

---

①　政府关注度=(地方2019政府工作报告明确提到"人力资源服务")＊5+(出台了与"人力资源服务"相关的地方性法规)＊2+出台的地方规范性文件数量。时间为2018年7月31日至2019年7月31日。

②　来自《中国人力资源服务业蓝皮书2019》,时间为2018年7月31日至2019年7月31日。

③　时间为2018年7月31日至2019年7月31日。

④　时间为2018年7月31日至2019年7月31日。

续表

一级指标	二级指标	数据来源
技术层面	大数据发展指数	《大数据蓝皮书：中国大数据发展报告 No.3》
	发明专利数	科学网——专利信息
	高技术产业企业数	中国经济社会大数据研究平台
空间层面	产业园区数	前瞻产业研究院
	5G 基站数	各省 5G 规划

二、各省区市人力资源服务业发展环境指数分析与排名

以上述评价指标体系选取的 21 个指标作为变量进行 KMO 检验和 Bartlett 检验，结果显示：Bartlett 球度检验统计量的观测值为 894.223，显著性概率 P 接近 0，指标变量间具有较强的相关性；同时，KMO 为 0.662，适合做主成分分析。根据特征值大于 1 的原则，从变量中提取 3 个公因子，可以解释原有变量总方差的 82.576%（见表 2-3-2），包含了原有变量的绝大部分信息，能够反映人力资源服务业环境水平。

表 2-3-2　总方差解释

组件	初始特征值			提取载荷平方和			旋转载荷平方和		
	总计	方差百分比	累积%	总计	方差百分比	累积%	总计	方差百分比	累积%
政府重视度	12.583	59.919	59.919	12.583	59.919	59.919	7.589	36.137	36.137
政府网站绩效评估	2.631	12.53	72.449	2.631	12.53	72.449	6.223	29.632	65.769
政府公共服务水平	1.095	5.212	77.662	1.095	5.212	77.662	1.887	8.988	74.757
人均GDP	1.03	4.905	82.567	1.03	4.905	82.567	1.64	7.81	82.567

续表

组件	初始特征值			提取载荷平方和			旋转载荷平方和		
	总计	方差百分比	累积%	总计	方差百分比	累积%	总计	方差百分比	累积%
实际利用外资	0.859	4.092	86.659						
自由企业数	0.808	3.85	90.509						
第三产业增加值	0.44	2.097	92.606						
固定资产投资	0.375	1.784	94.39						
新浪微博人力资源服务相关用户	0.28	1.334	95.724						
人力资源服务相关微信公众号地域分布	0.245	1.167	96.891						
百度指数	0.168	0.802	97.693						
360 指数	0.133	0.635	98.328						
教育经费	0.116	0.554	98.882						
城镇登记失业率	0.086	0.412	99.293						
城镇失业保险	0.059	0.279	99.572						
接受就业指导人数	0.029	0.136	99.708						
大数据发展指数	0.022	0.105	99.814						

组件	初始特征值			提取载荷平方和			旋转载荷平方和		
	总计	方差百分比	累积%	总计	方差百分比	累积%	总计	方差百分比	累积%
发明专利数	0.018	0.087	99.9						
高技术产业企业数	0.011	0.053	99.954						
产业园区数	0.009	0.043	99.997						
5G 基站数	0.001	0.003	100						

对原始数据进行标准化变换之后,以各指标的因子载荷系数为权重,采用回归法估计因子得分系数矩阵,计算各因子得分;并以旋转后的各因子对应的方差贡献率(36.137%、29.632%、8.988%、7.81%)为权数对各因子值进行加权,计算全国各省、自治区、直辖市服务业发展环境的指数,并按照得分 0.5 分及以上的为 A 类,0—0.5 的为 B 类,-0.5—0 的为 C 类,-0.5 及以下的为 D 类进行等级划分得分表(见表 2-3-3)。

表 2-3-3　2019 年全国各省区市人力资源服务业发展指数及排名表

地　区	综合得分	排　名	等　级
广东省	1.935160531	1	A
江苏省	1.308593348	2	A
北京市	0.80027152	3	A
浙江省	0.739723466	4	A
山东省	0.667820373	5	A
上海市	0.549850115	6	A
河南省	0.211293376	7	B
四川省	0.125970506	8	B
湖北省	0.018413416	9	B
河北省	0.005035662	10	B
湖南省	-0.007772133	11	C

续表

地 区	综合得分	排 名	等 级
安徽省	-0.00833188	12	C
重庆市	-0.051208014	13	C
福建省	-0.063717963	14	C
辽宁省	-0.125709957	15	C
天津市	-0.13706686	16	C
陕西省	-0.1887594	17	C
江西省	-0.207791408	18	C
云南省	-0.2311189	19	C
新疆	-0.249022505	20	C
贵州省	-0.299956482	21	C
广西	-0.301509738	22	C
山西省	-0.315934673	23	C
内蒙古	-0.378751147	24	C
黑龙江	-0.427707892	25	C
甘肃省	-0.451052652	26	C
吉林省	-0.463396914	27	C
海南省	-0.534758808	28	D
宁夏	-0.582395152	29	D
青海省	-0.639613152	30	D
西藏	-0.696575306	31	D

表 2-3-4　不同地区省份分等级情况

地区	A	B	C	D
东部	6	1	3	1(海南)
中部	0	2	6	0
西部	0	1	8	3

表 2-3-4 所蕴含的信息符合一般人的直觉,显示东部地区①的绝大部

---

① 西部地区包括的省级行政区共 12 个,分别是四川、重庆、贵州、云南、西藏、陕西、甘肃、青海、宁夏、新疆、广西、内蒙古;中部地区有 8 个省级行政区,分别是山西、吉林、黑龙江、安徽、江西、河南、湖北、湖南;东部地区包括 11 个省级行政区,分别是北京、天津、河北、辽宁、上海、江苏、浙江、福建、山东、广东和海南。

分省份都属于 A 类人力资源服务业发展区,西部地区的大部分省份属于 C、D 类人力资源服务业发展区,而中部地区以 B、C 类为主。该表显示,东部地区省份的人力资源服务业发展环境优于其他地区,这种状况的良好不仅仅体现在人力资源服务业的发展环境上,还体现在人力资源服务业发展潜力上。中部地区的很多省份处于中等的发展环境之中,西部地区发展环境更是薄弱。这种东中西的强弱格局与不同地区在中国经济社会地图中的地位是相契合的。

环境指数分析的结果显示了一个地区人力资源服务业发展的状况与该地区的经济地位和产业发达程度密切相关。政策支持、公共服务优质、经济发达、对外开放、产业层级较高、技术先进的地区人力资源服务业发展环境良好、发展潜力巨大;反之,人力资源服务业发展水平就处于落后地位。

表 2-3-5　与 2019 蓝皮书相关研究结果对比

地　区	综合得分	2020 蓝皮书排名	2019 蓝皮书排名	变　动
广东省	1.935160531	1	7	+6
江苏省	1.308593348	2	2	0
北京市	0.80027152	3	4	+1
浙江省	0.739723466	4	8	+4
山东省	0.667820373	5	5	0
上海市	0.549850115	6	1	−5
河南省	0.211293376	7	21	+14
四川省	0.125970506	8	20	+12
湖北省	0.018413416	9	17	+8
河北省	0.005035662	10	13	+3
湖南省	−0.007772133	11	10	+1
安徽省	−0.00833188	12	23	+11
重庆市	−0.051208014	13	11	−2
福建省	−0.063717963	14	6	−8
辽宁省	−0.125709957	15	9	−6
天津市	−0.13706686	16	3	−13
陕西省	−0.1887594	17	14	−3

续表

地　区	综合得分	2020 蓝皮书排名	2019 蓝皮书排名	变　动
江西省	−0.207791408	18	19	+1
云南省	−0.2311189	19	27	+8
新疆	−0.249022505	20	22	+2
贵州省	−0.299956482	21	26	+5
广西	−0.301509738	22	28	+6
山西省	−0.315934673	23	24	+1
内蒙古	−0.378751147	24	12	−12
黑龙江	−0.427707892	25	18	−7
甘肃省	−0.451052652	26	30	+4
吉林省	−0.463396914	27	15	−12
海南省	−0.534758808	28	29	+1
宁夏	−0.582395152	29	16	−13
青海省	−0.639613152	30	25	−5
西藏	−0.696575306	31	31	0

首先,可以肯定的是,之所以大部分地区的发展环境在两个年度显现出不同的排名并有部分波动较大是因为本章指标体系的改进以及数据统计口径的影响。2020 年人力资源服务业蓝皮书(数据时间是 2018—2019 年)与 2019 年(数据时间是 2017—2018 年)相比,对于发展环境评估的指标多了 11 个。这 11 个指标体系并不仅仅是数量上的增加,更在于政治层面和空间层面、技术层面等因素的进一步考虑。如果依旧只是经济因素与社会因素的考虑,那么很多地区的排名变化在一年前后可能并不会那么大。所以,从一定意义上来讲,这种变化一定程度上是政治、技术、空间等带来的,来源于更综合和更全面的评估,体现了“五位一体”评估体系的综合性和先进性。另一方面,这种变化还有一定程度是该地区经济社会发展的结果。不管这种变化是如何产生的,是因为政治因素还是经济社会因素,从这次以及往年的数据的绝对排名和相对比较中,各个省份人力资源服务业发展环境可以有一个大致的呈现。

三、发展水平差异原因分析与改进建议

（一）地区人力资源服务业发展环境指数变化分析

根据表 2-3-5 的结果,广东(东部)、河南(中部)、四川(西部)、湖北(中部)、安徽(中部)、云南(西部)、广西(西部)等呈现出发展人力资源服务业的极大潜力;福建(东部)、辽宁(东部)、天津(东部)、内蒙古(西部)、黑龙江(中部)、吉林(中部)、宁夏(西部)等呈现出了动力不足的问题。

2019 年广东省施行了《广东省人才发展条例》。《广东省人才发展条例》从广东的实际出发,针对人才发展工作中存在的问题,在人才引进与流动、人才评价与激励、人才服务与保障等方面创新了机制,提出了一系列具体措施。[①] 既具有广东特色,又具有针对性和可操作性,促进了开放、有效的人才制度体系。同时,2019 年广东积极应对国内外风险挑战明显上升的复杂局面,坚持稳字当头,及时采取措施顶住了经济下行压力,促进经济运行保持在了合理区间。广东还深化推进先进制造业与现代服务业深度融合发展,现代服务业增加值占服务业比重提高到 63.4%。各项都在抓,各项都有长足的发展,广东的人力资源服务业发展环境极具潜力,广东的人力资源服务业发展势头大好。

河南省 2019 年全年全省生产总值 54259.20 亿元,比上年增长 7.0%。其中,第三产业增加值增长 7.4%。三次产业结构为 8.5∶43.5∶48.0,第三产业增加值占生产总值的比重比上年提高 0.7 个百分点。与之对应的是2019 年河南全力推进人力资源和社会保障事业高质量发展,各项工作取得显著成绩——多项举措并举稳定就业,就业工作连续两年受到国务院督查激励;成功举办第二届中国·河南招才引智创新发展大会,5.09 万名各类人才达成岗位意向,河南招才品牌更加靓丽;在全省推广应用农民工工资支付监管系统等。河南是人口大省同时也是人力资源大省,伴随积极融入"一带一路"建设,河南比以往任何时候都更加需要人才、渴求人才,未来人

---

① 琳琳:《〈广东省人才发展条例〉出台推动形成更加积极开放有效的人才制度体系》,《人民之声》2018 年第 12 期。

力资源服务业助力在河南发展的征程中,"中原更加出彩的道路上将有更多机遇"①。

四川省,与发展环境评估所表现出的潜力呼应的是全省整个产业继续保持较快发展势头,规模迅速扩大,两年实现翻番,溢出效益不断显现,具备接续健康发展的良好基础。至 2019 年底,四川省共有人力资源服务机构 1420 家,同比增长 20%;从业人员 3.22 万人,同比增长 26%;年营业收入 388.48 亿元,同比增长 44.5%;年服务 2441 万人次,同比增长 47%;服务用人单位 142 万余家,同比增长 12%;猎头推荐中高端人才 9.02 万,同比增长 316%;促进 520.7 万人实现就业和流动。人力资源产业在服务就业创业、服务人才开发、服务高质量发展、服务脱贫攻坚等方面发挥着十分重要的作用。

湖北省政府 2018 年发布《关于进一步加快服务业发展的若干意见》,在清楚认识到自身发展短板的同时,描绘出了未来五年内服务业发展的宏伟蓝图——2022 年全省服务业增加值比 2015 年翻一番,致力于为现代服务业的发展提供坚实的财政支持、开放的发展环境、顺畅的体制机制。除政策支持之外,湖北省人力资源服务业发展环境指标也整体增长迅速,如人均国内生产总值、国家发明专利、国家级产业园数量等指标均已经达到全国前列的水准,市场环境、技术环境日趋成熟,产业基础逐渐完善。

2019 年长三角一体化发展战略扎实开局,安徽正式成为长三角重要组成部分,并被赋予打造具有重要影响力的科技创新策源地、新兴产业聚集地和绿色发展样板区的战略使命。安徽行动计划全面展开,区域经济协调发展,经济新动力加快成长,高质量发展迈出新步伐,科技创新策源地建设取得新进展。安徽经济转型升级与高质量发展需要业务创新和大量各类高层次人才,相应的人力资源服务中的派遣、外包、人才寻访等新业务得以快速发展。随着人力资源服务协作交流进一步加强,安徽的人力资源市场化配置和服务实体经济发展的成效将会越来越显著。

云南产业结构调整取得历史性突破,第三产业占生产总值的比重达

①　《"以人力资源换取产业资源",河南人力资源服务业大有可为》,见 https://baijiahao. baidu.com/s？id=1648470902454721758&wfr=spider&for=pc。

52.6%，成为经济增长的主要动力，形成投资、消费"双拉动"新格局。与之对应，近年来云南省人力资源服务业实现了连续高速增长。2019 年，云南省人力资源和社会保障厅、省财政厅、省市场监督管理局印发了《云南省贯彻〈人力资源市场暂行条例〉促进人力资源服务业发展的实施意见》，要求各地认真贯彻实施。《实施意见》对云南省贯彻《人力资源市场暂行条例》，加强市场建设，促进人力资源服务行业发展，规范人力资源市场秩序的总体设计和安排部署，提出了 14 项政策举措。其中，对入选国家级或省级人力资源服务产业园的，省级财政分别给予 1000 万元和 200 万元的一次性开园补贴。围绕促进人力资源服务业加快发展，实施"骨干企业培育计划"，培育一批人力资源服务骨干企业，通过考核认定后给予 50 万元一次性奖励；实施"领军人才培养计划"，着力提高从业人员专业化、职业化水平。①

广西省全面建成小康社会取得新的重大进展，地区生产总值、居民人均可支配收入比 2010 年翻一番，提前一年实现两个翻番目标。高技术制造业和电子信息产业投资不断增长，转型升级步伐加快。获批建设中国（广西）自由贸易试验区、西部陆海新通道、中国—东盟信息港，防城港国际医学开放试验区建设获得中央支持，广西开放优势和战略地位更加凸显。广西将进一步加强与越南开展跨境劳务合作试点工作，加快推进跨境劳务边民务工服务管理中心建设和越南籍务工人员人脸识别系统建设，实行跨境劳务多部门联合监控和管理，争取跨境劳务合作试点工作取得新的阶段性成效。2019 年，根据广西人才网联系统的数据显示，求职人才数为 518016 人，与上年度相比增长 20.40%。其中 2019 年第三季度求职人才数达到近九年各季度求职人才数的最高值。2019 年广西人才网联系统总体人才供求比为 0.81，同比上升 0.41，结构性矛盾仍比较明显，各种类别的职位竞争程度差异较大。

但不能否认的是，这些具有良好发展潜力的地区大部分属于中西部地区，人力资源服务业发展环境虽然有了很大的改善，但还是居于中或者下层水平，与前进梯队仍有较大的差距，现有发展环境无法支撑跨越式的发展，

---

① 参见《云南省出台〈实施意见〉促进人力资源服务业发展》，见 http://yn.people.com.cn/n2/2019/1225/c378439-33660818.html。

这不仅与经济欠发达的客观实际有关,还受制于行业从业人员的素质偏低和高层次人才紧缺。有进就有退,一个产业的良性发展并不完全依靠产业本身,其需要与产业发展基础、经济发展环境、市场成熟条件等因素综合作用、协调互动。想要保持一个产业的良性健康发展,应注重产业发展的健康性、长期性和持续性积累,并且保持和推动多方联动。当前国内外环境变数明显增多,面临不少风险挑战;转型升级、动能转换任务繁重,结构调整任重道远;人口人才集聚能力亟待加强,深化改革、扩大开放仍需加大力度。从统计数据上看,一些省份目前面临诸多问题,对通货紧缩的到来适应不良、作为老工业基地的生产过剩、人力资源服务业发展起步较晚、基础较薄弱、高端业态少等。对于这些省份,人力资源服务业"动力变革"应本着量力而行、抢抓机遇、合理选择、逆境生存的原则。①

（二）改进人力资源服务业发展环境的建议

对人力资源发展环境潜力的研究可以从优化社会经济活动、人力资源的配置、促进社会经济民生发展等角度来归纳中国人力资源服务业的发展实践,不仅具有理论意义,也具有现实意义。中国幅员辽阔,发展不平衡始终存在,这种差异既包含了社会文化的差异,也包含了经济发展水平的不一致,人力资源服务业也不例外。了解这种地域差异是了解这个行业整体发展态势的重要组成部分,它对政府制定统筹发展的经济产业政策以及私人部门的投资决策有着巨大的参考价值。

1. 加强顶层设计,优化产业政策

中国人力资源服务业发展的政治环境表现之一是扶持政策陆续出台,政策红利不断涌现。国家近年来对人力资源服务扶持力度不断提高,相关政策陆续出台。《关于加快发展人力资源服务业的意见》首次对该行业作出全面部署:到2020年,将使我国人力资源服务业从业人员达到50万人,产业规模超过2万亿元,培育形成20家左右在全国具有示范引领作用的龙头企业和行业领军企业;建立健全专业化、信息化、产业化、国际化的人力资

---

① 李诗然、蔡美菊:《新时代安徽人力资源服务业的"动力变革"机制》,《合肥师范学院学报》2019年第5期。

源服务体系。这为人力资源服务业注入新的政策红利,为其可持续发展带来了新机遇。政治环境表现之二是限制违规业务发展,倒逼行业优化升级——2014年3月1日实施的《劳务派遣暂行规定》,明确要求用工单位只能在临时性、辅助性或替代性的工作岗位上使用被派遣劳动者,且使用的被派遣劳动者数量不得超过其用工总量的10%。劳务派遣作为灵活用工的一种形式,一直广受争议,主要集中在企业为降低用工成本,过多、过滥使用该形式,甚至将正式用工变成劳务派遣,以规避劳动关系所带来的雇主责任,"同岗不同薪,同工不同酬"问题凸显。暂行规定出台的目的在于促使劳务派遣回归其作为劳动用工补充形式的定位,斩断企业硬性用工需求派遣化的转换路径,切实落实和维护劳动者的合法权益。政治环境表现之三是进一步规范行业发展。结合当前行政审批制度改革的要求,从重市场准入监管的"事前监管"转向"事前、事中、事后"监管并重。当前,《中华人民共和国就业促进法》《人才市场管理规定》和《就业服务与就业管理规定》等法律法规,对人力资源服务机构的设立审批、业务范围、监管等作出了详细规定,总体看,这属于事前监管。

但不容忽视的是,当前在人力资源服务业发展的过程之中,仍存在着一定程度上的政府管理错位、监管不足等问题,这些问题制约着人力资源服务业的可持续发展。因此,各地区政府应创新管理模式,加强政策支持,不断实现政策的完善化、精准化,保持政策的延续性和平稳性,因地制宜地保证政策实施落地,避免各省间政策条文的相互模仿。首先,政府应积极转变职能。积极做好本地区人力资源服务业引导者与推进者的角色工作。充分发挥市场的主体作用,改善人力资源服务业发展的市场环境,鼓励和引导各类人力资源服务机构参与市场中的有序竞争,不断提升人力资源服务机构的竞争力以及相关从业者的素质水平。其次,政府应重视顶层设计。科学制定人力资源服务业的发展规划,构建和完善支持人力资源服务业发展的政策体系,在因地制宜的基础上明确人力资源服务业的发展目标、具体的扶持政策以及配套的监管措施。最后,政府应不断提升服务质量。根据"放管服"改革要求,提升和创新监管服务能力,如进一步深化行政审批改革、推进诚信体系建设、推进行业标准化实施、加强行业队伍建设等,不断提升公共服务的供给能力和供给效率。

目前中国人力资源服务业发展处于快速发展阶段,不同地区间产业发展水平差异较大,从全国范围内看应该针对不同地区的人力资源服务业制定相应的产业政策,促进其在全国范围内均衡、健康发展。在未来,要加快《人力资源市场条例》出台的步伐,加强对人力资源服务机构日常经营行为的检查和监督,通过诚信体系建设、品牌建设等引导企业诚信经营、规范发展,推动人力资源服务业的有序发展。

2. 促进经济转型升级,变革动力机制

从全国范围内来看,促进人力资源服务业发展水平与优化人力资源服务业发展环境有紧密联系,而优化人力资源服务业发展环境的根本途径在于发展经济、促进经济社会转型升级。

人力资源服务业作为优化劳动力配置、提高企业效率、促进经济转型升级的支撑性产业,与劳动力市场状况密切相关。劳动力供给结构的变化将从两个方面对人力资源服务业的发展产生影响。一方面,劳动年龄人口的下降将使得劳动力的供给数量由过去的无限供给向有限供给和结构性短缺转变,这增加了企业的雇佣难度和雇佣成本,近年来的工资上升也印证了这一点;另一方面,随着劳动者素质的提高,对人力资源管理水平提出了更高要求,高素质劳动者对人力资源服务的需求更具个性,更加关注个人发展和工作环境因素。目前我国劳动力市场的供需结构、工资水平等正在经历一系列重要变革,对人力资源服务业的发展产生了重要影响。[①] 近年来,东部沿海地区劳动力成本日益上升,产业竞争力开始有所减弱,因此,部分产业从东部向中西部地区转移,以劳动密集型为主的制造业已经形成了由东部长三角、珠三角地区向中西部转移的态势。

变革动力、调节矛盾是人力资源服务业发展的应有之义。新时代我国社会主要矛盾已经转化为人民日益增长的美好生活需要和不平衡不充分的发展之间的矛盾,城乡居民生活需求日益广泛,消费结构与层次日益提高。为了满足人民日益增长的美好生活需要,必须调整经济结构,实现经济高质量发展。解决好人民群众最关心、最直接、最现实的利益诉求,是新时代转

① 参见田永坡:《劳动力市场和产业环境变革下的我国人力资源服务业发展对策》,《理论导刊》2016 年第 6 期。

向高质量发展的基本目标。谋求经济高质量发展,必须以供给侧结构性改革为主线,推动经济发展质量变革、效率变革、动力变革。动力变革决定着经济发展方式的选择,是激发经济增长新动能、推进经济转型升级的必由之路,是推动质量变革、效率变革的前提条件,因而是新时代经济高质量发展的关键。显然,动力变革处于非常突出的地位。人力资源是发展的第一资源,人力资源服务业是动力变革无法绕开的重点领域。党的十九大报告强调,"着力加快建设实体经济、科技创新、现代金融、人力资源协同发展的产业体系",将人力资源服务业视为供给侧结构性改革的主要对象。同时又强调,"在中高端消费、创新引领、绿色低碳、共享经济、现代供应链、人力资本服务等领域培育新增长点、形成新动能",将人力资源服务业视为希望所在。

人力资源服务行业作为一个整体存在明显的抗周期属性,同时它的细分行业也存在着周期性机遇。从微观上来讲,基于对经济不景气态势延续的预期,企业在用人方面更加审慎,对正式雇员的聘用将有所下降。具体到人力资源服务业,其猎头产品势必受到冲击。在这样的大背景下,企业在人才战略上将作出权衡。与此同时,灵活用工市场却也面临着机遇:企业的正式编制缩减的同时,临时劳动力需求却在增加,以实现其日常运营乃至市场低迷时的逆势扩张。从宏观上来讲,应该深入推进供给侧结构性改革,促进形成强大国内市场,坚持"巩固、增强、提升、畅通"八字方针,持续推进产业结构调整,着力畅通供需循环;应该支持实体经济降成本、减负,加快发展流通,促进商业消费等。

3. 分类帮扶,着力防范化解规模失业风险

人口结构变化、流速加快,人力资源服务业目标服务群体持续壮大是我国现状。随着我国经济的发展,人口结构发生了显著变化,城镇居民比重逐年攀升,已由新中国成立初期的不足10%,持续上涨到2019年的60.6%,且增长趋势尚无改变迹象,我国仍然处在快速的城市化通道中。伴随城镇化,我国人口素质也在不断提升。从受教育状况来看,2019年各级各类学历教育在校生2.82亿人,比上年增加660.62万人,增长2.40%;专任教师1732.03万人,比上年增加59.18万人,增长3.54%。人口持续由农村转移到城市,劳动力素质也在不断提升,人力资源服务行业所服务的群体在不断

壮大,充足的"人选"供给为行业的长期增长提供了潜在空间和动力。

另外,第三产业就业人口增加,人才流动速度加快。从我国就业人口的产业比例变化来看,第三产业就业占比已经超越第一、二产业,2019 年达到47.4%,占据就业人口半壁江山的同时,上涨动能未见衰退迹象,有望占据更大就业份额。第三产业有着"轻资产"、人才密集、人员流动速度大的特点,更好匹配人力资源服务业所要进行业务的基本特征。换言之,第三产业就业占比的不断提升,将给该行业同时带来更多的岗位需求以及对口劳动力供给,人力资源服务业的业务空间也将随之扩展。

国民择业观念改变,灵活、开放就业模式逐渐得到认可。随着市场经济的改革,人们意识到"铁饭碗"也是会被打破的,择业观念也在悄然发生着变化,更多的人开始关注于职业生涯的规划和终身学习,追求自身价值的实现以及工作、生活的和谐,职业所带来的经历、薪资、发展空间等更加现实的问题愈发引起人们重视,职业更换速度也在不断加快,分配定终身的状况已经不复存在。刚毕业的大学生缺少必要的实践经验,通过灵活用工方式,可以获得大公司实践、学习的机会,甚至存在正式留用的可能。灵活、流动、开放的就业方式开始被越来越多的人接受、认可。伴随新生代的壮大,社会整体择业观念仍在转变过程中,目前已在西方发达国家趋于成熟的灵活用工形式,在我国必将得到更大程度认可,获得更广阔的市场空间。

当然,就业形势并不是一味乐观的。因为疫情的影响,2019 年向好的就业形势在 2020 年可能并不如人意。在如此的社会环境下,就业优先政策要全面强化。将保居民就业摆在突出位置,根据就业形势变化调整政策力度,稳定就业总量,改善就业结构,提升就业质量。加大援企稳岗力度,因地因企因人分类帮扶,着力防范化解规模失业风险。更好发挥大众创业万众创新对保居民就业的支撑作用,探索相关支持政策鼓励高校毕业生创新创业。引导灵活就业、新就业形态健康发展。强化对高校毕业生、农民工、退役军人等重点群体帮扶,实施部分职业资格"先上岗、再考证"阶段性措施,用好职业技能提升行动专账资金,加强对就业困难人员特别是贫困劳动力的就业援助,确保零就业家庭动态清零。此外,在教育、扶贫、养老、医疗等方面政府都应该更加有为。

4. 搭建创新创业平台, 推进新技术新业态

进入 21 世纪以来, 技术进步的速度大大提升, 其对经济社会发展的影响也越来越大。从技术变化趋势来讲, 云计算、大数据等信息技术将成为未来影响人类发展的一个重要技术变革。在人力资源服务业领域, 技术变革也在颠覆传统的商业模式。以招聘业为例, 由于移动终端、大数据的运用, 已经催生出了微信招聘、视频招聘、社区招聘等多种模式。大数据技术的应用, 使得智联招聘、诺姆斯达、北京外企人力资源服务公司等企业数据库动辄就达到上千万人的规模。

伴随着网络化、移动化、智能化、大数据、云计算等技术的推陈出新, 人力资源服务市场的复杂性、模糊性和多变性特征愈益明显, 传统人力资源服务"全时雇佣"模式已经被打破, 新时代人力资源服务业呈现出产品交互、业态多元、订单精准、操作智能的新局面。政府应该通过研发成本税前扣除等政策, 鼓励企业进行技术研发和应用, 推动整个行业的技术进步和管理创新, 从要素驱动转变为创新驱动。

推进契合人力资源服务业发展需要的新技术, 尤其是公正性透明化技术、精准性规范化技术、共享性交互化技术、多样性规模化技术、快速性智能化技术、动态性即时化技术等, 促使人力资源服务业最大程度地向数字经济、共享经济、社群经济等新业态渗透。应该搭建适合中小企业和民营企业创新创业的发展平台。借鉴当前"双创"载体和平台建设的经验, 以中小企业和民营企业为主要服务对象, 搭建人力资源服务产品和基础创新的共性平台, 通过税收、财政和科技政策, 鼓励人力资源服务企业进行产品创新, 为人力资源服务领域的创新创业活动提供有力支撑。

值得一提的是, 2020 年政府工作报告中提出, 加强新型基础设施建设, 发展新一代信息网络, "拓展 5G 应用"位列其中。这是 5G 连续第二年被写入政府工作报告之中。自 2019 年正式商用以来, 中国 5G 部署不断提速。2020 年政府工作报告强调拓展 5G 应用, 意味着在建网的同时, 加快应用成为 5G 商用的另一重点任务。5G 领衔新基建, 作为最根本的通信基础设施, 能够为大数据中心、人工智能、工业互联网等其他基础设施提供重要的网络支撑。这些技术之间的互相补充, 能够促进数字科技快速赋能给各行各业, 是数字经济的重要载体。

5. 落实落细重大战略,形成区域联动

我国人力资源服务业区域发展水平地区间差异显著,东部地区发展环境明显优于中西部地区。这并不意味着各地区人力资源服务业的发展必然相互割裂,反而体现出协同联动、合作共赢的新机遇。我国东部地区具有经济、科技、人才等多重优势,是我国现代人力资源服务业的发源地,更是现代人力资源服务业的领头羊。中西部地区虽然目前发展水平处于弱势,但具有较大的发展空间和后发优势。因此,各地区人力资源服务业在发展中优势互补,彼此学习借鉴,形成联动效应。充分调动东部地区对中西部地区人力资源产业发展的带动和拉动作用,形成对中西部地区的产业拉动和资源输入的影响效应,通过政策优惠等方式进一步推动其开拓中西部市场,以产业发展的先进经验带动中西部地区的产业结构转型升级。与此同时,中西部地区尚处于跨越发展阶段,在大多数领域并不具备领跑的能力,可以采取跟跑策略。但是跟跑绝不意味着保守,因为它始终贴近行业前沿、快速跟进创新业态,通过模仿创新、再创新和集成创新等手段,形成自己的生存模式和竞争优势,充分把握自身的"后发优势",积极主动地学习东部地区的先进经验,尽可能地规避东部地区在产业发展过程中的"弯路""岔路",降低发展成本。

除此之外,人力资源服务业发展水平较高地区应发挥好辐射带动作用,这样才能实现人力资源服务业的有效整合,实现行业的发展壮大。为实现这种联动效应,应从以下三个方面着手:一是充分发挥城市内部的产业集聚效应。如依托人力资源服务业产业园,推进人力资源服务业企业间的合作共赢。二是充分发挥区域间的沟通合作。人力资源服务业发展不能单纯依靠城市自身,要具有"1+1>2"的合作思维,在更高层面实现产业区域发展的总体布局,如京津冀、环渤海、长三角、粤港澳大湾区等,合理规划布局,形成集聚优势,提升溢出效应。三是完善东中西部各地区间人力资源服务业沟通与协调机制,加强相互间的资源要素共享,充分发挥行业协会在地区间合作交流中的作用。

第四章　人力资源服务行业十大事件

【内容提要】

　　人力资源服务业大事件的评选旨在记录和呈现中国人力资源服务业发展历程的历史延续性,突出中国人力资源服务业每一年度在政、产、学、研方面取得的突破性进展与成绩,评选的过程也在一定程度上提高了全社会对中国人力资源服务业的关注和重视。

　　《中国人力资源服务业蓝皮书 2020》记载的大事件,较好地覆盖了人力资源服务业发展的各个方面,它们或进一步完善了中国人力资源服务业的法律法规框架、夯实了政策平台,或有利于中国人力资源服务业的国际化纵深发展,或总结了中国人力资源服务业所取得的伟大成就,或描述了中国人力资源服务业发展的蓝图,总而言之,都对人力资源服务业过去、现在以及将来的发展起到了反映、总结与促进作用。

　　与 2019 年蓝皮书相比,本章既有延续又有创新:"延续"体现在评选方法、流程和标准上,遵循事件搜集与征集、公开评选和专家评审的程序,评选出在先进性、开拓性、推动性、典型性和影响性五个方面表现突出的事件;但由于新冠肺炎疫情的原因,此次十大事件的评选,全程采用线上评选的方式,未能延续以往线上线下结合的评选方式。"创新"体现在事件分类、述评框架和述评内容上,在评选中首次将事件四类,即政策、著作、行业、会议四个类别;因评选内容的更新,本章述评的内容是全新的。此次评选出的十大事件中,政策事件 3 件:人力资源社会保障部印发《关于进一步规范人力资源市场秩序的意见》,《产业结构调整指导目录(2019 年本)》鼓励类新增"人力资源和人力资本服务业",中共中央办公厅、国务院办公厅印发《关于促进劳动力和人才社会性流动体制机制改革的意见》;著作事件 3 件:人力资源社会保障部发布《2019 年度全国人力资源服务业发展统计分析报告》，人民出版社出版由北京大学组织编写的《中国人力资源服务业蓝皮书2019》，中国人事科学研究院发布了《中国人力资源发展报告（2019）》；行业事件 1 件：人力资源社会保障部主办的"职等你来 就业同行—— 百日千万网络招聘专项行动"正式启动；会议事件 3 件：中国人力资源服务业博雅论坛在北京大学隆重举行，2019 年中国人力资源服务业十大事件、中国人力资源服务机构十大创新案例发布研讨会在京举行，首届全球人力资源·人力资本服务业大会在济南召开。此外，创新方面还体现在本章首次以评选标准，即先进性、开拓性、推动性、典型性和影响性为框架对十大事件进行述评。

Chapter 4　Top Ten Events of Human Resource Service Industry

【Abstract】

The aim of selection and appraisal of The Top Ten Events of human resource service industry is to record and demonstrate the historical constancy of the development of human resource service industry in China, highlighting the annual major breakthrough and accomplishments on the four aspects of policy, industry, academic, and research. In the meanwhile, the process of election and appraisal would have increased the concern and emphasis of the society at large to the human resource service industry in China.

The top events in the *2020 Blue Paper for human resource service industry in China* have covered almost all the aspects of the development of China's human resource service industry in 2020, whether further improve the legal framework and consolidate the policy platform for human resource service industry in China, or make contribution to the international development in depth and width, or summarize the great achievements the industry has attained, or describe the blueprint of the industry development in the future. In conclusion, any of them has reflected, summarized or facilitated the industry development in the past, present and future.

Compared to the 2019 Blue Paper, this chapter is both successive and innovative. The successive side is reflected in the appraisal method, procedure and criteria, following the procedure of events collecting, public appraisal and then experts review, to select the events which are outstanding in the five attributes of being advanced, enterprising, impelling, typical and influential. However, on account of COVID-19, the whole procedure was conducted online, instead of previous combination of online and offline. The innovative side is reflected in the events classification, framework of review and comment, and thereby the content of review and comment. It is the first time to classify the event into four categories, namely policy, publication, industry and conference. The content is virtually completely updated because of the totally new Ten Events, which are shown as below. 3 policy events: Opinions of the Ministry of Human Resources and Social Security on Further Regulating the Order of the Human resources Market; Catalogue for Guiding Industrial Restructuring(2019) adds 'Industry of Human Resource and Human Capital Service' to the encouraging category; Opinions of the General Office of the CPC Central Committee and the General Office of the State Council on Promoting the System and Mechanism Reform for Social Mobility of Labor Force and Talented People; 3 publication events: 2019 Statistical Report on the Development of Human Resource Service Industry; 2019 Blue Paper for Human Resource Service Industry in China; and Annual Report on the Development of China's Human Resources (2019); 1 industry event: Job for you—Special Action of One Hundred days and Ten Million Jobs Online Recruitment; 3 conference events: Peking University Boya Forum on China's Human Resource Service Industry; 2019 Conference on the Ten Top Events and Ten Top Innovative Cases of China's Human Resource Service Industry; Inaugural Conference on Global Human Resource & Human Capital Service Industry. In addition, this chapter innovates in that it is the first time to use the appraisal criteria as framework to review and comment on the ten events.

本章延续以往蓝皮书相关章节,继续记载中国人力资源服务业的发展历程,旨在让公众深入了解 2019—2020 年期间中国人力资源服务业在政策、会议、著作和行业这四个方面所取得的突破性进展。

一、行业大事件评选概述

2019 年 8 月至 2020 年 7 月期间,中国人力资源服务行业持续快速发展,新模式、新业态不断涌现。

为了圈点中国人力资源服务业在这一年度所取得的突破性进展,进一步厘清并记录中国人力资源服务业的发展历程,我们对发生在 2019 年 8 月至 2020 年 7 月期间的与人力资源服务业相关的事件进行了搜集和征集。为了保持本书的延续性,事件的筛选基本延续了往年《中国人力资源服务业蓝皮书》中大事件评选的指导思想、选拔的目的和意义、评选原则与标准,同时结合时代要求和阶段性特征,在指导思想、评选方式等方面进行了一定的开拓和创新。此外,因为新冠肺炎疫情的缘故,此次评选全程采用了网络评选的方式,将搜集、征集进而筛选出的大事件在问卷星制作成电子问卷,转发给全国及地方的各专业机构、协会、学会,邀请行业专家及从业人员进行评选,最后由专家委员会进行研究评定,从而最终确定出本年度人力资源服务业十大事件。

(一) 指导思想

全面贯彻党的十九大精神和习近平新时代中国特色社会主义思想,以邓小平理论、"三个代表"重要思想、科学发展观为指导,贯彻习近平总书记系列重要讲话精神和治国理政新理念、新思想、新战略,围绕贯彻实施就业优先战略和人才强国战略,充分发挥市场在人力资源配置中的决定性作用、更好地发挥政府作用,以产业引导、政策扶持和环境营造为重点,健全管理制度,完善服务体系,提高服务质量,推动人力资源服务业快速发展,为实现充分就业和优化配置人力资源、促进经济社会发展,提供优质高效的人力资源服务保障。

（二）评选目的与意义

人力资源是推动经济社会发展的第一资源,人力资源服务业是生产性服务业和现代服务业的重要组成部分,对推动经济发展、促进就业创业和优化人才配置具有重要作用。近年来,我国的人力资源服务业快速发展,新模式、新业态不断涌现,服务产品日益丰富,服务能力进一步提升。"十一五"以来,党和国家高度重视人力资源特别是人力资源服务业,党的十九大明确提出,要加快建设实体经济、科技创新、现代金融、人力资源协同发展的产业体系,在人力资本服务等领域培育新增长点、形成新动能。《国家中长期人才发展规划纲要(2010—2020 年)》《关于加快发展服务业的若干意见》《人力资源和社会保障事业发展"十三五"规划纲要》《人力资源服务业发展行动计划》等文件对发展人力资源服务业提出了明确要求,要大力发展人力资源服务业,坚持"市场主导,政府推动""融合创新,集聚发展""促进交流,开放合作"的基本原则,到 2020 年,基本建立专业化、信息化、产业化、国际化的人力资源服务业体系,实现公共服务有效保障、经营性服务逐步壮大,服务就业创业与人力资源开发配置能力显著提高,人力资源服务业对经济增长贡献率稳步提升。

经过多年的努力,我国的人力资源服务业发展取得了长足的进步,实现了良好的社会效益、经济效益和人才效益。根据人力资源和社会保障部《2019 年度人力资源服务业发展统计报告》,截至 2019 年底,"2019 年全行业营业总收入 19553 亿元,同比增长 10.26%","全国各类人力资源服务机构共服务各类人员 100056 万人次,同比增长 8.82%。在全国各类人力资源服务机构登记求职和要求提供流动服务的人员达 51129 万人次,同比增长 2.43%。2019 年,全国各类人力资源服务机构共帮助 25501 万人次实现就业和流动,同比增长 11.82%。2019 年,全国各类人力资源服务机构共为 4211 万家次用人单位提供了人力资源服务,同比增长 14.78%"。行业的蓬勃发展态势使得人力资源服务行业越发引起了社会的关注。

因此,《中国人力资源服务业蓝皮书 2020》编委会延续传统,组织开展了 2019—2020 年促进人力资源服务业发展的十大事件评选活动(以下简称"十大事件"),重点描述和刻画中国人力资源服务业在过去一年的快速发展,以期让更多的人了解和认识中国人力资源服务业的发展动态,进一步提高全社会对人力资源服务业的关注,从而为我国人力资源服务业未来的高速发展打造良好的内外部环境。

（三）评选原则与标准

本次评选活动遵循"严格筛选、科学公正、公平合理、公开透明"的原则,在人力资源服务业蓝皮书编委会和相关顾问的指导下进行,整个评选活动严格按照预定的流程进行规范操作。此次大事件评选的标准如下:

1. 先进性:反映出行业发展的新趋势,能带动全行业朝向世界先进水平发展;

2. 开拓性:在行业的发展历程中具有里程碑式的意义;

3. 推动性:对行业的未来发展与变革起到了推动性的作用;

4. 典型性:与行业发展直接、高度相关,在行业发展中发挥了表率作用;

5. 影响性:具有广泛的社会影响力,以及积极的社会反响。

（四）评选方式与程序

因为新冠肺炎疫情的原因,与往年略有差异,本年度大事件的评选是在事件筛选的基础之上,全程采用线上评选的方式。为了保证专业性,此次线上网络投票评选采用了定向邀请的方式,参与的单位有:人力资源和社会保障部相关司局、地方人力资源和社会保障厅/局、北京大学人力资源开发与管理研究中心、中国人力资源研究会测评专业委员会、各地人力资源服务行业协会等。网络评选的同时,邀请了部分专家进行补充和推荐。经历事件采集与分类、网络评选、研究评定三个阶段,最终选出了本年度中国人力资源服务业十大事件。

第一阶段,事件采集与分类。我们一方面通过学术搜索、新闻检索、政府网站、行业网站、期刊报纸等渠道对人力资源服务业的相关事件进行广泛的、粗放的、持续的搜集与整理,然后按照前述原则与标准对搜集到的所有事件进行初步的筛选;另一方面邀请了与人力资源服务业直接相关的政府机构、行业协会、企业以及从业人员等组织或个人对行业事件进行推荐与补充,充分听取意见与建议。在此阶段,编委会初步确定了 2019 年 8 月至

2020 年 7 月的人力资源服务业重大事件共 86 个,建立起备选事件库。备选事件库中的事件分为四类,分别是政策类 32 件、著作类 24 件、行业类 9 件、会议类 21 件。为了确保最终上榜事件与备选事件比例不低于 1∶3,编委会按照先进性、开拓性、推动性、典型性、影响性的标准又对初选事件进行了更加细化、更加深化的排名与筛选,从而筛选出 35 件事件进入第二阶段的评选,其中政策类 19 件、著作类 8 件、行业类 2 件、会议类 6 件,事件名称及内容详见表 2-4-1。

表 2-4-1　备选事件库中的事件及其相关说明

事件类别	事件名称	事件介绍	备注
政策类	人力资源社会保障部印发《关于进一步规范人力资源市场秩序的意见》	进一步规范人力资源市场活动,维护公平竞争、规范有序的人力资源市场秩序,更好发挥市场在人力资源配置的作用,为促进就业创业营造良好的市场环境	
政策类	人力资源社会保障部印发《国家级人力资源服务产业园管理办法(试行)》	《办法》既是加强人力资源服务产业园建设统筹规划的迫切需要,更是有效完善政策体系和管理机制的实际举措。《办法》共 5 章 22 条,对国家级人力资源服务产业园的概念界定、园区作用、基本原则等内容予以了明确,并对申报设立、运营管理、评估考核等方面进行了规定	
政策类	人力资源社会保障部关于建立全国统一的社会保险公共服务平台的指导意见	为加快落实党的十九大关于建立全国统一的社会保险公共服务平台的决策部署,提升社会保险公共服务均等化和便捷化水平,提出该指导意见,以解决社会保险公共服务平台管理分散、信息系统繁杂、服务标准不统一、业务协同困难、风险防控体系不健全等问题	
政策类	国家产业目录鼓励类新增"人力资源和人力资本服务业"	人力资源和人力资本服务业正式被国家发改委列入鼓励类第 46 项,明确了其产业地位,在产业结构调整目录中,人力资源和人力资本服务业包括 7 个方面	

事件类别	事件名称	事件介绍	备注
政策类	中华人民共和国人力资源社会保障部关于发布劳动合同示范文本的说明	公布《劳动合同(通用)》和《劳动合同(劳务派遣)》示范文本,供用人单位和劳动者签订劳动合同时参考,更好地为用人单位和劳动者签订劳动合同提供指导服务	
政策类	人力资源社会保障部关于修改部分规章的决定	对《人才市场管理规定》作出修改,对《中外合资人才中介机构管理暂行规定》作出修改,对《中外合资中外合作职业介绍机构设立管理暂行规定》作出修改	
政策类	中华人民共和国国务院关于进一步做好稳就业工作的意见	与人力资源服务业相关内容:开发更多就业岗位;促进劳动者多渠道就业创业;大规模开展职业技能培训;做实就业创业服务	
政策类	人力资源社会保障部第40次部务会审议通过,并商商务部、市场监管总局同意《人力资源社会保障部关于修改部分规章的决定》	按照内外资一致的原则,取消了人力资源服务业外资准入限制	
政策类	中共中央办公厅 国务院办公厅印发《关于促进劳动力和人才社会性流动体制机制改革的意见》	第三部分提出要畅通有序流动渠道,激发社会性流动活力,包括以户籍制度和公共服务牵引区域流动,以用人制度改革促进单位流动,以档案服务改革畅通职业转换	
政策类	人力资源社会保障部经商国家发展改革委、商务部、市场监管总局,对《人才市场管理规定》《中外合资人才中介机构管理暂行规定》《中外合资中外合作职业介绍机构设立管理暂行规定》三件部门规章进行了专项修订	按照内外资一致的原则,取消了人力资源服务业外资准入限制	

事件类别	事件名称	事件介绍	备注
政策类	人力资源社会保障部办公厅关于做好新型冠状病毒感染的肺炎疫情防控期间人力资源市场管理有关工作的通知	为深入贯彻习近平总书记关于做好疫情防控工作重要指示精神,落实党中央、国务院决策部署,有效减少人员聚集,保障劳动者生命安全和身体健康,切实做好疫情防控期间人力资源市场管理工作,促进就业和人力资源有序流动配置	
政策类	人力资源社会保障部办公厅关于切实做好新冠肺炎疫情防控期间人力资源服务有关工作的通知	要求各地人力资源服务机构依法科学有力有序地做好人力资源服务有关工作,为打赢疫情防控人民战争提供坚实人力资源服务支撑	
政策类	人力资源社会保障部办公厅市场监管总局办公厅 统计局办公室关于发布智能制造工程技术人员等职业信息的通知	遴选确定了智能制造工程技术人员等 16 个新职业信息,对于引领产业发展、促进就业创业、加强职业教育培训、增强对新职业从业人员的社会认同度等,都具有重要意义	
政策类	人力资源社会保障部办公厅关于订立电子劳动合同有关问题的函(人社厅函〔2020〕33 号)	规定用人单位与劳动者协商一致,可以采用电子形式订立书面劳动合同。这一举措便民利企、节省成本、提高效率,有利于优化用工管理	
政策类	中共中央 国务院关于构建更加完善的要素市场化配置体制机制的意见	畅通劳动力和人才社会性流动渠道。引导劳动力要素合理畅通有序流动。深化户籍制度改革;畅通劳动力和人才社会性流动渠道,健全统一规范的人力资源市场体系,加快建立协调衔接的劳动力、人才流动政策体系和交流合作机制;完善技术技能评价制度;加大人才引进力度	
政策类	2019 年国务院所属部门人力资源服务机构名录发布	公布了人力资源和社会保障部全国人才流动中心等 56 家已按要求完成年度报告公示工作的国务院所属部门人力资源服务机构的名录	

事件类别	事件名称	事件介绍	备注
政策类	人力资源社会保障部办公厅关于开展 2020 年人力资源服务机构助力脱贫攻坚行动的通知	坚持精准扶贫精准脱贫基本方略,充分发挥人力资源服务机构的职能优势和专业优势,积极应对疫情带来的影响和挑战,聚焦贫困地区特别是"三区三州"等深度贫困地区人力资源市场建设,创新方式,精准施策,着力提升劳务协作组织化程度和就业质量,为确保如期高质量完成脱贫攻坚目标任务提供坚实有力的人力资源服务支撑	
政策类	人社部部署实施"2020 年西部和东北地区人力资源市场建设援助计划"项目	援助计划包括 16 个项目,分别支持西部和东北地区 15 个省(区、市)和新疆生产建设兵团开展助力脱贫攻坚促摘帽行动,举办就业重点群体专场招聘,强化人力资源市场管理和从业人员素质提升,加强人力资源市场供求信息监测,促进与东部省份人力资源市场建设对口交流和劳务输出	
政策类	人力资源社会保障部、市场监管总局、国家统计局联合发布 16 个新职业	相关部门将加快技能类新职业的职业技能标准开发,引导相关产业发展,开展职业技能培训,提升从业人员的素质和技能,打造数量充足、素质优良的从业人员队伍,为促进经济社会发展提供人才支撑	
著作类	恒州博智发布《2019—2025 全球与中国综合人力资源服务市场现状及未来发展趋势》	该报告研究全球及中国市场综合人力资源服务现状及未来发展趋势,侧重分析全球及中国市场的主要企业,同时对比北美、欧洲、亚太、南美及中国等地区的现在及未来趋势	
著作类	观研天下发布《2019 年中国人力资源服务行业分析报告——市场深度调研与发展趋势研究》	预计 2015—2019 年中国人力资源服务业年均复合增长率约为 17%,2019 年全行业市场规模将达到约 3157 亿人民币	

事件类别	事件名称	事件介绍	备注
著作类	中国人事科学研究院发布《中国人力资源发展报告（2019）》	对 2018 年以来我国人力资源基本状况及人才工作、公共部门人事制度改革、就业创业、收入分配、社会保障、劳动关系、人力资源服务业等方面的情况进行了系统梳理,总结了本领域的新举措、新特点和新趋势	
著作类	HRoot 发布《2019 大中华区人力资源服务机构品牌 100 强榜单与白皮书》	旨在帮助中国人力资源行业专业人士更清晰地捕捉与洞察中国人力资源服务市场的发展动态。具体包含"100 强品牌榜单排名""乘风破浪稳行致远——2018—2019 年大中华区人力资源服务业市场述评""人力资源服务机构品牌 100 强案例"等内容	
著作类	HRflag 发布《2020 中国人力资源服务业创新年鉴》	首次对年度人力资源服务业创新项目创新特性及机构介绍进行全面整合与编撰,将当下人力资源服务行业创新产品、解决方案"一网打尽",为人力资源行业创新发展提供了重要参考	
著作类	智研咨询集团发布《2020—2026 中国人力资源服务机构行业市场前景规划及市场盈利预测报告》	包含中国重点地区人力资源服务行业发展潜力分析,中国人力资源服务行业领先企业经营状况分析,中国人力资源服务行业投资机会与建议等内容	
著作类	人民出版社出版由北京大学组织编写的《中国人力资源服务业蓝皮书 2019》	这是继 2007 年发布首部白皮书以来的第 13 部著作。2019 版增加了两个新亮点:纵观 11 年中国人力资源服务业的发展,做了纵向多领域的评价;以及对 31 个省市人力资源服务业的投资发展环境做了首次性的评估,从而为中央与地方政府、社会组织及企业,提供了全面、全新的参考	2020 年 6 月 16 日补充增加进入电子问卷

事件类别	事件名称	事件介绍	备注
著作类	人社部发布 2019 年度全国人力资源服务业发展统计分析报告	报告显示,人力资源服务业作为为劳动者就业和职业发展、为用人单位管理和开发人力资源提供相关服务的专门行业,是蓬勃发展的朝阳产业,有着巨大发展潜力	
行业类	"职等你来 就业同行——百日千万网络招聘专项行动"由人社部主办正式启动	通过搭建全国统一、多方联动的网络招聘平台,集中开展线上招聘活动,提高劳动力市场供需匹配效率,为劳动者和用人单位提供高效便捷服务。此次行动为期百日,持续至 6 月底,提供超过千万个就业岗位,为近年来规模最大、覆盖范围最广的网络招聘活动	
行业类	履行社会责任 发挥行业优势——全国人力资源服务机构积极助力复工复产	全国人力资源服务机构在做好疫情防控的同时,靶向施策,主动作为,积极推进加强重点单位用工服务、强化线上求职招聘、拓展线上培训、加强人力资源管理服务咨询等多项举措,助力复工复产	
会议类	2019 中国天津人力资源服务创新发展峰会召开	中智天津人力资源服务有限公司等 6 家政企单位现场签署战略合作意向,建立了战略合作关系。汇集政府机构决策者、企业家、《财富》世界 500 强企业的人力资源高管、行业思想领袖等作为演讲嘉宾	
会议类	2019 中国(宁波)人力资源服务创新创业大赛决赛举行	本届大赛以"创新引领·科技赋能·人力资源新发展"为主题。较之往届,本届大赛呈现四个亮点:一是参赛地区更广泛;二是互动机制更完善;三是专家评审更科学;四是项目与资本融合更深入	
会议类	中国人力资源服务业博雅论坛在北京大学隆重举行	2019 年中国人力资源服务业博雅论坛是在党的十九届四中全会闭幕不久举办的新时代背景下发挥智力优势、把握时代脉搏、凝聚学理与实践共识,针对人力资源服务行业发展现状进行的系统性的总结与思考	

续表

事件类别	事件名称	事件介绍	备注
会议类	2020 中国人力资源服务业创新大会在苏州举行	大会围绕着"新技术带我们去哪儿"为主题，就人力资源服务业如何创新、推动产业发展、实现行业变革和更好地为企业赋能进行了深入的研究和探讨，为新时代人力资源服务业高质量、可持续发展注入了新的活力	
会议类	2019 年中国人力资源服务业十大事件、中国人力资源服务机构十大创新案例发布研讨会在京举行	为深化"放管服"改革，贯彻落实人社部《人力资源服务业发展行动计划》，推动人力资源服务企业创新发展，《中国人力资源社会保障》杂志、中国对外服务工作行业协会、北京人力资源服务行业协会自 2019 年 12 月中旬联合开展了 2019 年中国人力资源服务业十大事件，中国人力资源服务机构十大创新案例征集、点赞和发布活动	
会议类	首届全球人力资源·人力资本服务业大会在济南召开	本次大会以"新产业、新技术、新金融、新动能"为主题，来自国家部委及省市有关部门负责人，全国各省市人力资源服务业园、有关高校、科研机构的专家学者等 500 多人济济一堂，交流思想、集聚智慧，共议人力资本服务产业未来发展	

　　第二阶段，网络评选。本阶段的主要目标是通过网络投票的形式，对 35 个大事件进行进一步的筛选。编委会依据第一阶段的结果在问卷星上制作了问卷，在相关协会、企业的网站以及北京大学人力资源开发与管理研究中心网站发布；此外，还向参与第一阶段事件推荐的各单位通过微信公众号、专业微信群进行了广泛集中投放，包括中国对外服务协会、上海对外服务协会、各地人力资源服务行业协会以及中国人力资源研究会测评专业委员会等。网络投票开始于 2020 年 5 月 29 日，该通道保持持续开放，同时在问卷的最后一项邀请参与投票的人员补充他们认为更重要的事件进入备选事件库，旨在防止出现遗漏重大事件的情况。在此阶段，我们还通过电话的

方式与行业权威专家进行了一对一的沟通,请他们补充、推荐事件。网络投票最终回收有效选票 171 张,按照得票率高低进行排序,结果如表 2-4-2 所示。

表 2-4-2　35 个候选事件得票比例汇总表

排序	事件名称	总得票率
1	人力资源社会保障部发布 2019 年度全国人力资源服务业发展统计分析报告	85.71%
2	人民出版社出版由北京大学组织编写的《中国人力资源服务业蓝皮书 2019》	85.71%
3	《产业结构调整指导目录(2019 年本)》鼓励类新增"人力资源和人力资本服务业"	73.17%
4	人力资源社会保障部主办的"职等你来　就业同行——百日千万网络招聘专项行动"正式启动	71.43%
5	中国人力资源服务业博雅论坛在北京大学隆重举行	71.43%
6	中国人事科学研究院发布《2019 中国人力资源发展报告》	59.76%
7	首届全球人力资源·人力资本服务业大会在济南召开	56.71%
8	人力资源社会保障部印发《关于进一步规范人力资源市场秩序的意见》	49.39%
9	中共中央办公厅 国务院办公厅印发《关于促进劳动力和人才社会性流动体制机制改革的意见》	40.85%
10	2019 年中国人力资源服务业十大事件、中国人力资源服务机构十大创新案例发布研讨会在京举行	34.64%
11	人力资源社会保障部制定印发《国家级人力资源服务产业园管理办法(试行)》	32.32%
12	中共中央 国务院关于构建更加完善的要素市场化配置体制机制的意见	30.49%
13	履行社会责任 发挥行业优势——全国人力资源服务机构积极助力复工复产	27.52%
14	观研天下发布《2019 年中国人力资源服务行业分析报告——市场深度调研与发展趋势研究》	25.61%
15	中华人民共和国国务院关于进一步做好稳就业工作的意见	21.95%
15	人力资源社会保障部经商国家发展改革委、商务部、市场监管总局,对《人才市场管理规定》《中外合资人才中介机构管理暂行规定》《中外合资中外合作职业介绍机构设立管理暂行规定》三件部门规章进行了专项修订,按照内外资一致的原则,取消了人力资源服务业外资准入限制	21.95%

排序	事件名称	总得票率
17	人力资源社会保障部办公厅关于开展 2020 年人力资源服务机构助力脱贫攻坚行动的通知	15.24%
17	人力资源社会保障部办公厅关于做好新型冠状病毒感染的肺炎疫情防控期间人力资源市场管理有关工作的通知	15.24%
17	HRflag 发布《2020 中国人力资源服务业创新年鉴》	15.24%
20	人力资源社会保障部关于建立全国统一的社会保险公共服务平台的指导意见	14.63%
20	恒州博智发布《2019—2025 全球与中国综合人力资源服务市场现状及未来发展趋势》	14.63%
22	人力资源社会保障部、市场监管总局、国家统计局联合发布 16 个新职业	13.41%
23	2019 年国务院所属部门人力资源服务机构名录发布	12.8%
24	中华人民共和国人力资源社会保障部关于发布劳动合同示范文本的说明	12.2%
25	人社部部署实施 2020 年西部和东北地区人力资源市场建设援助计划	10.37%
26	人力资源社会保障部办公厅关于订立电子劳动合同有关问题的函人社厅函〔2020〕33 号	9.76%
26	HRoot 发布《2019 大中华区人力资源服务机构品牌 100 强榜单与白皮书》	9.76%
28	2020 中国人力资源服务业创新大会在苏州举行	9.15%
29	人力资源社会保障部办公厅关于切实做好新冠肺炎疫情防控期间人力资源服务有关工作的通知	8.54%
29	智研咨询集团发布《2020—2026 中国人力资源服务机构行业市场前景规划及市场盈利预测报告》	8.54%
31	人力资源社会保障部办公厅 市场监管总局办公厅 统计局办公室关于发布智能制造工程技术人员等职业信息的通知	7.93%
32	人力资源社会保障部第 40 次部务会审议通过,并商商务部、市场监管总局同意《人力资源社会保障部关于修改部分规章的决定》	6.1%
33	2019 中国(宁波)人力资源服务创新创业大赛决赛举行(补充江西的人力资源服务业博士后论坛内容)	5.49%
34	人力资源社会保障部关于修改部分规章的决定	4.27%
35	2019 中国天津人力资源服务创新发展峰会召开	3.66%

第三阶段,研究评定。本阶段的主要目标是对第二阶段的投票结果进行研究评定,在尊重公开投票结果的基础之上,咨询人力资源服务业领域的资深专家的意见与建议,最终推选出 3 件政策类、3 件著作报告类、1 件行业类、3 件会议类事件,作为 2019—2020 年度中国人力资源服务业十大事件,表 2-4-3 总结归纳了十大事件的名称、入选理由以及影响力指数。

表 2-4-3　中国人力资源服务业 2019—2020 年度十大事件

事件类型	事件名称	入选理由	影响力指数
政策类	人力资源社会保障部印发《关于进一步规范人力资源市场秩序的意见》	制定出台该意见是人力资源市场秩序专项政治工作的一项重点任务和重要举措	★★★★★
	《产业结构调整指导目录(2019 年本)》鼓励类新增"人力资源和人力资本服务业"	加快人力资源服务业产业化进程	★★★★★
	中共中央办公厅 国务院办公厅印发《关于促进劳动力和人才社会性流动体制机制改革的意见》	对人力资源服务业的发展提出了新的目标和挑战	★★★★☆
著作报告类	人力资源社会保障部发布《2019 年度全国人力资源服务业发展统计分析报告》	是人力资源服务业的权威报告,显示出人力资源服务业是蓬勃发展的朝阳产业,有着巨大发展潜力	★★★★★
	人民出版社出版由北京大学组织编写的《中国人力资源服务业蓝皮书 2019》	客观、深入、系统、完整地反映了我国人力资源服务业的发展现状、重点、亮点、问题和最新进展	★★★★★
	中国人事科学研究院发布《中国人力资源发展报告(2019)》	对我国人力资源服务业及其相关行业进行了较为权威的分析,具有一定的宏观指导性	★★★★☆
行业类	人力资源社会保障部主办的"职等你来　就业同行——百日千万网络招聘专项行动"正式启动	有效调动了人力资源服务机构履行社会责任的积极性,为应对疫情冲击、推动企业复工复产、全力助力稳就业、促进经济社会发展提供了精准有力的人力资源服务支撑	★★★★★

事件类型	事件名称	入选理由	影响力指数
会议类	中国人力资源服务业博雅论坛在北京大学隆重举行	为贯彻落实党的十九届四中全会精神,北京大学联合中国对外服务工作行业协会首次以"人力资源服务业"为主要内容举办的论坛,是新时期背景下发挥智力优势、把握时代脉搏、凝聚学理与实践共识、针对人力资源服务行业发展现状而进行的系统性的总结与思考	★★★★★
	首届全球人力资源·人力资本服务业大会在济南召开	在人力资源和人力资本服务业首次写入国家产业目录之后的首次以"人力资源·人力资本"为主题的大会	★★★★★
	2019年中国人力资源服务业十大事件、中国人力资源服务机构十大创新案例发布研讨会在京举行	中国劳动保障报社、《中国人力资源社会保障》杂志、中国劳动学会首次在人力资源服务业内主动举办的大规模活动	★★★★★

二、十大事件述评

本部分以大事件评选过程中秉持的先进性、开拓性、推动性、典型性、影响性为标准,对四类、十大事件分别进行述评,每个类别下以事件发生的时间先后为序。

(一)政策类事件

1.2019 年 8 月 17 日,人力资源社会保障部印发《关于进一步规范人力资源市场秩序的意见》

事件提要:

2019 年 8 月 17 日,人力资源社会保障部印发《关于进一步规范人力资源市场秩序的意见》(人社部发〔2019〕87 号),以下简称《意见》。

《意见》出台的背景在于随着"放管服"改革深入推进,人力资源市场准入门槛降低,市场主体有所增加,仅 2018 年一年就新增人力资源服务市场主体 5500 多家,人力资源市场活力不断激发,市场活动形式日益丰富,市场服务能力不断提升,市场环境不断优化,人力资源流动配置效率不断提高。截至 2018 年底,全国共有各类人力资源服务机构 3.57 万家,从业人员 64.14 万人,实现营业总收入 1.77 万亿元。全年各类人力资源服务机构共为 3669 万家次用人单位提供了专业服务,帮助 2.28 亿人次实现就业择业和流动,人力资源市场在优化人力资源流动配置、促进就业创业方面发挥了重要作用。与此同时,有些地方也出现了扰乱人力资源市场秩序的违法违规行为。例如,利用网络招聘平台发布虚假信息以招聘或介绍工作为名从事传销活动,利用职业中介和劳务派遣活动谋取不正当利益甚至出现诈骗行为等。

《意见》指出,"为进一步规范人力资源市场活动,严厉打击违法违规行为,维护公平竞争、规范有序的人力资源市场秩序,切实保障劳动者和用人单位合法权益,更好发挥市场在人力资源配置中的作用,为促进就业创业营造良好市场环境,现就进一步规范人力资源市场秩序提出以下意见",共涉及四个方面的内容。

(1)加强日常监督管理。包括依法规范人力资源市场活动、加强市场准入管理、完善年度报告公示制度、强化招聘活动管理、规范劳务派遣服务、注重防范和化解市场秩序失范风险六个方面。

(2)加大劳动保障监察执法力度。包括扎实开展清理整顿人力资源市场秩序专项执法行动、加大重点领域劳动保障监察执法力度两个方面。

(3)健全信用激励约束机制。包括深入推进人力资源服务机构诚信体系建设、构建守信激励和失信惩戒机制两个方面。

(4)提升公共服务水平。包括不断提高公共就业服务水平、加强对企业劳动用工的指导服务两个方面。

事件述评:

从先进性来看,《意见》的出台是在人力资源服务业迅速发展的背景下,人力资源社会保障部开展的人力资源市场秩序专项整治工作的一项重点任务和重要举措,坚持目标导向和问题导向,在《人力资源市场暂行条例》贯彻落实的基础之上,进一步规范人力资源市场活动,促进人力资源市场健康发展。严厉打击人力资源市场领域发生的违法违规行为,维护公平竞争、规范有序的人力资源市场秩序,切实保障劳动者和用人单位合法权益,更好发挥市场在人力资源配置中的作用,为促进就业创业营造良好市场环境,激发人力资源创新创造创业活力,引领人力资源服务业朝向更加标准规范、更加有序的方向发展,提高人力资源服务业的专业化和国际化水平,加快与国际接轨的速度。

从开拓性来看,《意见》中提出要依法规范网络招聘活动,符合现实和行业发展的需求,因为随着人力资源流动性的日益增加以及信息网络技术与人力资源服务的融合发展,网络招聘逐渐成为人力资源招聘的重要方式,尤其是在 2020 年的新冠肺炎疫情期间,网络招聘更是发挥了主要作用。然而,在网络招聘活动中存在网络招聘平台发布招聘信息不实从而误导求职者,甚至被不法分子利用以发布虚假招聘信息从而诱骗求职者从事非法活动等突出问题,从而对网络招聘活动的规范和长远发展提出了挑战。《意见》的出台针对这一突出问题,要求各级人力资源社会保障部门要会同有关部门指导和督促网络招聘平台建立完善信息发布审查制度,依法履行信息发布审核义务。要加强对招聘单位的资质认证和信息发布人员的实名认证,规范信息发布流程,确保发布的信息真实、合法、有效。要指导和督促网络招聘平台建立完善投诉处理机制,发现招聘单位或入驻平台的企业发布虚假信息或含有歧视性内容信息、夸大宣传、不具备相关资质以及有其他违法违规行为的,应当暂停或终止为其提供服务,并立即向相关监督管理部门报告,从而为网络招聘的规范、高速、高质的发展提供了坚实的基础。

从推动性来看,《意见》的出台是为了更好地贯彻《人力资源市场暂行条例》的规定,落实国务院关于加强"先照后证"改革后事中事后监管的意见等有关要求,从加强日常监督管理、加大劳动保障监察执法力度、健全信用激励约束机制、提升公共服务水平等四个方面,对规范人力资源市场秩序提出 12 条具体举措,主要内容聚焦于:坚持依法管理,要求各地切实抓好《人力资源市场暂行条例》的贯彻实施工作,规范相关行为;坚持目标导向,旨在构建职责法定、信用约束、协同监管、社会共治的人力资源市场管理格局;坚持问题导向,针对存在的突出问题,加大监察执法力度;坚持底线思维,强化预防预警,防范化解人力资源市场秩序失范风险。这些举措有利于构建、维护公平竞争、规范有序的市场秩序,引导和促进人力资源服务机构不断提升守法经营、诚信服务水平,持续提高人民群众对人力资源诚信服务的满意度和获得感,进一步挖掘人力资源服务业的改革潜力,释放人力资源市场的活力。

从典型性来看,《意见》的出台是为了进一步规范人力资源市场活动,更好地发挥市场在人力资源配置中的作用,促进构建统一开放的人才市场体系,完善人才供求、价格和竞争机制,促进人力资源合理流动、有效配置,最大限度地激发和释放人力资源的创新创造创业活力。《意见》从日常监督管理、劳动保障监察执法、信用激励约束机制、提升公共服务水平四个方面对规范人力资源市场提出了要求,凸显出人力资源服务业的法治精神,人力资源市场从管理转向治理,为人力资源市场和人力资源服务业的未来发展明确了界限、指明了方向与目标、确定了建设重点,对人力资源市场的平稳有序运行起到有效的规范作用,为最大限度地发挥人力资源市场机制作用提供了有力的制度保障。

从影响性来看,《意见》的出台具有广泛的社会影响力,引起了积极的社会反响。《意见》发布以后迅速成为社会热点,在搜索引擎上以"人力资源社会保障部印发《关于进一步规范人力资源市场秩序的意见》"为关键词进行搜索,获得约 1430 条结果;《中国人力资源社会保障》杂志、中国对外服务工作行业协会、北京人力资源服务行业协会自 2019 年 12 月口旬联合开展了 2019 年中国人力资源服务业十大事件、中国人力资源服务机构十大创新案例征集、点赞和发布活动,最终选出中国人力资源服务业十大事件与中国人力资源服务机构十大创新案例,《意见》的出台入选十大事仵。

2. 2019 年 10 月 30 日,《产业结构调整指导目录(2019 年本)》鼓励类新增"人力资源和人力资本服务业"

事件提要:

2019 年 10 月 30 日,发展改革委公布《产业结构调整指导目录(2019 年本)》,自 2020 年 1 月 1 日起施行。该目录从 2018 年 9 月开始修订,修订重点是:一是推动制造业高质量发展。把制造业高质量发展放到更加突出的位置,加快传统产业改造提升,大力培育发展新兴产业。二是促进形成强大国内市场。三是大力破除无效供给。四是提升科学性、规范化水平。在修订过程中,发展改革委广泛征求了各地、有关部门、行业协会的意见,通过调研、座谈等方式听取了基层政府部门、企业的意见建议,并于 2019 年 4 月上旬到 5 月上旬通过网络公开征求了社会公众意见。修订期间,共收到各方面意见建议 2500 多条,经逐条认真研究梳理,大部分都予以采纳吸收。《目录(2019 年本)》成稿后,发展改革委还委托第三方机构进行了政策评估。

在修订工作中,发展改革委通过广泛征求意见、深入调查研究、充分评估论证等方式,凝聚相关各方共识、解决现实突出问题,力求修订后的《目录》反映最新发展成果、引领产业发展方向。《目录(2019 年本)》共涉及行业 48 个,条目 1477 条,其中鼓励类 821 条、限制类 215 条、淘汰类 441 条。与上一版相比,从行业看,鼓励类新增"人力资源与人力资本服务业"等 4 个行业,第 46 项——"人力资源与人力资本服务业"包括 7 个方面:(1)人力资源与人力资本信息化建设;(2)人力资源服务与人力资本服务产业园和平台建设;(3)人力资源招聘、就业和创业指导,人力资源和社会保障事务代理,人力资源培训、劳务派遣、人力资源测评、人力资源管理咨询、人力资源服务外包、高级人才寻访、人力资源信息软件服务等人力资源服务业;(4)人力资本价值评估、评测和交易,人力资本价值统计、分析和应用,人力资本形成过程中的投资活动;(5)人力资本金融创新平台建设;(6)人力资源与人力资本市场及配套服务设施建设;(7)农村劳动力转移就业服务平台建设。

事件述评:

从先进性来看,《目录(2019 年本)》鼓励类新增"人力资源和人力资本服务业"意味着人力资源和人力资本服务业类项目可按照有关规定审批、核准或备案,它是落实党的十九大精神的重要举措,结束了物质资本独步天下的时代,回归"以人为本",促进经济和社会发展进入以"身价"为重要标志的"信用"时代,意味着"人力资源和人力资本服务业"符合新一轮科技革命和产业变革持续深化的趋势,符合产业目录修订的导向与重点,有利于推动我国的高质量发展,有利于促进形成强大国内市场,促进我国产业迈向全球价值链中高端;还意味着国家从政策层面对人力资源服务业作用与地位的认可与鼓励。这一政策为转型升级、供给侧改革、新旧动能转换和高质量发展找到了新的突破点,有利于"事业、产业、企业、术业、创业"共进,围绕人力资源和人力资本形成新动能,进一步提升人力资源服务业的产业化水平,为人力资源服务业在未来的发展带来了大量的机遇,将吸引更多的人才、资金与技术涌入本行业,推动全行业朝向世界先进水平发展。

从开拓性来看,《目录(2019 年本)》鼓励类新增"人力资源和人力资本服务业",肯定和明确了人力资源服务业的产业地位。一方面反映出人力资源服务行业的蓬勃发展趋势,实现了良好的社会效益、经济效益和人才效益,符合国家的新发展理念;另一方面也充分体现了国家对人力资源服务行业的高度重视,反映出新时代国家创新驱动战略的实施、"互联网+"时代的来临以及"一带一路"、京津冀协同发展等重大战略的实施对人力资源服务业的发展提出了前所未有的新需求,标志着人力资源和人力资本服务业的发展从此将驶入快车道,迎来新一轮跨越式发展,回应时代发展的新要求。

从推动性来看,《目录(2019 年本)》鼓励类新增"人力资源和人力资本服务业"顺应了新形势、新变化,规定了人力资源和人力资本服务业发展的内涵和侧重点,有利于提高人力资源和人力资本服务业的效率和品质,推动服务领域补短板,为其未来的发展与变革提供了方向与思路,推动行业迅速发展与变革。同时,《目录(2019 年本)》的实施有利于加强和改善宏观调控,引导社会投资方向,促进产业结构调整和优化升级,从而为人力资源和人力资本服务业的发展提供更加优越的外部环境。

从典型性来看,《目录(2019 年本)》鼓励类新增"人力资源和人力资本服务业"意味着国家将大力培育发展这一新兴产业,从国家政策层面确定了行业的产业地位,明确了人力资源服务业的内容,指明了行业发展的方向,与人力资源和人力资本服务业直接、高度相关,可以预见这一政策将带来全国公共服务人力资源服务机构和经营性人力资源服务机构的大幅增长以及竞争的加剧,有利于加快建设人力资源协同发展的产业体系,在人力资源、人力资本服务等领域培育新增长点、形成新动能,实现产业优化升级,推动人力资源服务业高质量发展。

从影响性来看,《目录(2019 年本)》鼓励类新增"人力资源和人力资本服务业"引起了社会广泛关注,引发积极的社会反响。在搜索引擎上以"新增'人力资源和人力资本服务业'"为关键词进行搜索,获得约 690 条结果。HRoot 在 2019 年 12 月末对 2019 年人力资源服务行业大事件盘点中,首先提到这一事件,指出新版目录将"人力资源服务业"改为"人力资源和人力资本服务业",并从原来"商业服务业"中独立出来。2020 年 1 月 11 日,首届全球人力资源·人力资本服务业大会在济南举行,大会以贯彻落实党的十九大报告关于在"人力资本服务领域培育新增长点、形成新动能"精神为指导,以把握人力资源和人力资本服务业首次写入国家产业目录为契机,以推动源发于中国济南的新兴服务业态发展为愿景,以"新产业、新技术、新金融、新动能"为主题。在会议中,中国劳动和社会保障科学研究院就业创业研究室主任张丽宾重点解读了国家《产业结构调整指导目录(2019 年本)》第 46 类,分享了新产业目录中关于人力资本服务业最焦点内容以及人力资源·人力资本服务业写入新目录的背景及意义。2020 年 4 月,根据 2019 年 10 月国家发展和改革委员会修订发布的《目录(2019 年本)》,"人力资源和人力资本服务业"被纳入鼓励类的产业范畴,为推动人力资源管理与人力资本评价领域协同研究,构建标准体系,更好地参与人力资源管理的国内与国际标准化工作,中国贸促会商业行业委员会批准设立了中国贸促会商业行业委员会人力资源管理与人力资本评价标准化技术委员会。

3. 2019 年 12 月 25 日,中共中央办公厅、国务院办公厅印发《关于促进劳动力和人才社会性流动体制机制改革的意见》

事件提要:

2019 年 12 月,中共中央办公厅、国务院办公厅印发了《关于促进劳动力和人才社会性流动体制机制改革的意见》(以下简称《意见》),并发出通知,要求各地区各部门结合实际认真贯彻落实。《意见》的总体要求是:"以习近平新时代中国特色社会主义思想为指导,全面贯彻党的十九大和十九届二中、三中、四中全会精神,坚持和加强党的全面领导,坚持以人民为中心的发展思想,立足基本国情,把握发展规律,注重市场引领、政府引导,注重改革发力、服务助力,搭建横向流动桥梁、纵向发展阶梯,激发全社会创新创业创造活力,构建合理、公正、畅通、有序的社会性流动格局,引导个人发展融入国家富强、民族复兴进程,促进经济持续健康发展、社会公平正义、国家长治久安"。《意见》第一部分内容是"推动经济高质量发展,筑牢社会性流动基础",具体包括"实施就业优先政策创造流动机会""推动区域协调发展促进流动均衡""推进创新创业创造激发流动动力";第二部分内容是"畅通有序流动渠道,激发社会性流动活力",具体包括"以户籍制度和公共服务牵引区域流动""以用人制度改革促进单位流动""以档案服务改革畅通职业转换";第三部分内容是"完善评价激励机制,拓展社会性流动空间",具体包括"拓展基层人员发展空间""加大对基层一线人员奖励激励力度""拓宽技术技能人才上升通道";第四部分内容是"健全兜底保障机制,阻断贫困代际传递",具体包括"推进精准扶贫促进贫困群体向上流动""推进教育优先发展保障起点公平""推进公平就业保障困难人员发展机会""强化社会救助提高困难群众流动能力"。

事件述评:

从先进性来看,《意见》虽然不是以"人力资源服务业"为主题与关键词,但该《意见》直接涉及人力资源服务业的主要内容,《意见》中指出要"坚持把稳定和扩大就业作为经济社会发展的优先目标,将就业优先政策置于宏观政策层面","引导城乡各类要素双向流动、平等交换、合理配置","高质量建设一批创业培训(实训)基地、创业孵化基地和农村创新创业园","完善城区常住人口 500 万以上的超大特大城市积分落户政策,精简积分项目,确保社会保险缴纳年限和居住年限分数占主要比例","流动人员人事档案可存放在公共就业服务机构、公共人才服务机构等档案管理服务机构,存档人员身份不因档案管理服务机构的不同发生改变。与单位解除劳动关系的大中专毕业生,可凭与原单位解除劳动关系证明、新单位接收证明转递档案","加快档案管理服务信息化建设,推进档案信息全国联通,逐步实现档案转递线上申请、异地通办","研究制定各类民生档案服务促进劳动力和人才社会性流动的具体举措","建设统一开放、竞争有序的人力资源市场,保障城乡劳动者享有平等的就业权利,依法纠正身份、性别等就业歧视现象","强化公共就业服务,构建多元化供给体系、多渠道供给机制,逐步实现就业扶持政策常住人口全覆盖"。这些内容都直接或间接涉及产业目录中"人力资源与人力资本服务业"的 7 个方面的业务,对人力资源服务业的发展提出了新的目标和挑战,有利于人力资源服务业创新变革,从而更有力地支撑人才强国战略。

从开拓性来看,《意见》的提出首次构建了促进劳动力和人才社会性流动的政策体系框架,也为人力资源服务业持续研究,逐步破解稳妥促进劳动力、人才合理有序流动这一项长期而艰巨的课题提供了体系框架,进而实现服务助力,搭建横向流动桥梁、纵向发展阶梯,激发全社会创新创业创造活力,构建合理、公正、畅通、有序的社会性流动格局,释放和增强社会发展活力,创造更多个人职业发展和价值实现的机会。

从推动性来看,《意见》指出要整体推动构建合理、公正、畅通、有序的社会性流动格局,着力提高构建质量和水平。在推动经济高质量发展、筑牢社会性流动基础,畅通有序流动渠道、激发社会性流动活力,完善评价激励机制、拓展社会性流动空间的政策措施之外,又提出健全兜底保障机制,阻断贫困代际传递的政策措施,要求推进公平就业保障困难人员发展机会,建设统一开放、竞争有序的人力资源市场,从而推动了人力资源服务业的发展重心在一定程度上向贫困地区和特殊贫困群体转移,充分发挥人力资源服务机构的职能优势,促进经济持续健康发展,保证社会公平正义和国家长治久安。

从典型性来看,如前所述,《意见》虽然在标题上没有与人力资源服务业直接相关,但其要求和内容与人力资源服务业的发展直接、高度相关,有利于进一步解决人力资源市场体系的统一性问题、市场要素的流动性问题、市场运行的规范性问题、市场主体的公平性问题,有利于进一步培育和规范人力资源市场,充分发挥政府的引导作用和人力资源服务机构的服务助力作用。《意见》对人力资源服务业的发展提出了新的要求和挑战,同时也带来了发展和延伸的机遇,拓宽了行业发展的思路和方向,有利于人力资源服务业进一步助力国家富强、民族复兴进程。

从影响性来看,《意见》的提出带来了广泛的社会影响,引起了积极的社会反响。在搜索引擎上以"新增《关于促进劳动力和人才社会性流动体制机制改革的意见》"为关键词进行搜索,获得约 48300 条结果。2019 年 12 月 25 日,人力资源社会保障部有关负责人就《关于促进劳动力和人才社会性流动体制机制改革的意见》答记者问,专门对《意见》进行了解读。2020 年 1 月 8 日,《关于促进劳动力和人才社会性流动体制机制改革的意见》单行本由人民出版社出版。此外,《意见》印发后,各地区各部门结合实际制定了相关的政策措施贯彻落实。

（二）著作报告类事件

4. 2019 年 11 月 8 日，中国人事科学研究院发布了《中国人力资源发展报告（2019）》

事件提要：

2019 年 11 月 8 日，中国人才研究会 2019 年年会暨新时代西部大开发人才发展峰会在重庆举行。在会议现场，中国人事科学研究院发布了《中国人力资源发展报告（2019）》，对 2018 年以来我国人力资源基本状况及人才工作、公共部门人事制度改革、就业创业、收入分配、社会保障、劳动关系、人力资源服务业等方面的情况进行了系统梳理，总结了本领域的新举措、新特点和新趋势。此前，即 2019 年 10 月 1 日，社会科学文献出版社出版了《中国人力资源发展报告（2019）》一书。

事件述评：

从先进性来看，《中国人力资源发展报告（2019）》以 2018 年下半年至 2019 年上半年为主要研究时段，有些重要制度安排和举措追溯到十九大以来的新情况，凝结了来自人力资源研究领域 20 多位专家学者的最新研究成果，展现了一年来中国人力资源发展的总体情况，分析了今后一段时期人力资源发展面临的挑战与任务。全书由总报告和六组专题报告组成，总报告对 2018 年下半年以来我国人力资源基本状况以及人才工作进展、公共部门人事制度改革、就业创业、收入分配、社会保障、劳动关系、人力资源服务业等方面的情况进行了系统梳理，对当前和今后一段时间人力资源发展的形势任务进行了分析研判。六个专题之一为人力资源服务业篇，从基本情况、面临问题和未来展望着手，梳理总结了人力资源服务业的新举措、新特点和新趋势。《中国人力资源发展报告（2019）》展现了 2018 年下半年到 2019 年上半年我国人力资源的基本面貌，在全面梳理、系统分析、调研总结的基础上，提出了人力资源开发面临的新挑战和新任务，为人力资源服务业的未来发展提供了科学、合理的建议和指引，激发行业的创新与变革，提升社会各界对人力资源服务业的了解与关注，促进行业内外的交流与学习。

从开拓性来看，《中国人力资源发展报告（2019）》专篇分析了人力资源服务业的状况，关注了我国人力资源服务市场发展现状、人力资源培训服务发展趋势以及人力资源服务企业经营状况。此外，在人力资源状况篇、人才工作篇、就业创业与劳动关系篇、社会保障篇中也对部分人力资源服务业的重要内容进行了剖析，从而帮助人力资源服务业从业机构和人员从更加宏观的角度来思考人力资源服务业发展的现状、探索人力资源服务业的未来，从国家经济社会发展、人力资源和社会保障事业发展的高度来找准行业的重点和痛点，寻找行业发展的新机遇。

从推动性来看，《中国人力资源发展报告（2019）》具有一定的宏观指导性和权威性，以近年来相关统计数据为依据，总结了我国人力资源发展状况，分析了人力资源基本状况、人才工作的基本状况、公务员管理改革进展、就业基本状况、社会保险发展状况、人力资源服务业市场发展状况等内容，对人力资源培训服务发展趋势进行了分析，提出了对策，还对 2018 年人力资源服务企业经营状况进行了调查分析，从总分和细分的角度对人力资源服务企业经营状况进行了总结并提出了建议与思考。该报告为人力资源服务业的机构与从业人员了解我国人力资源发展现状和未来提供了较为专业的信息，有助于他们根据相关信息推断产业发展趋势、找准市场空间，打造核心业务产品；对于社会公众来说，报告为他们提供了全面和系统的信息，有助于更加深入地了解人力资源以及人力资源服务业，为其更加关注、支持和加入人力资源服务业提供了可能性。

从典型性来看，《中国人力资源发展报告（2019）》坚持科学精神，服务发展大局，通过翔实数据、扎实调研、理性分析，全面系统地反映了我国人力资源的发展现状，也深入地预测了未来可能的发展趋势，有利于从更加宏观的角度思考和分析人力资源服务业的发展现状，并对其前景作出合理科学的预测，为政府决策和相关主体把握我国人力资源发展动态提供了有价值的基础文献与思想成果。

从影响性来看，《中国人力资源发展报告（2019）》具有较为广泛的影响力，引起了较为广泛的关注。在搜索引擎上以《中国人力资源发展报告（2019）》为关键词进行搜索，获得约 728 条结果；该书主编余兴安是全国政协委员，中国人事科学研究院院长，兼任国际行政科学学会副主席、中国人才研究会常务副会长、中国行政管理学会副会长等，长期从事行政管理体制改革、人事制度改革与人才资源开发等方面的研究，副主编李志为中国人事科学研究院副院长、研究员，中国人才研究会常务理事，长期从事就业创业、人才发展、人事管理、公共政策评价等方面的研究;专题报告撰写人李学明、田永坡、葛婧、林彤等均为人力资源领域理论或实务专家。该书出版后,即上架国内各大书店,在京东、亚马逊等网站均有销售,此外,亚马逊海外版、日本东方书店网上商城也在售。

5. 2020 年 4 月,人民出版社出版由北京大学组织编写的《中国人力资源服务业蓝皮书 2019》

事件提要:

近年来,我国人力资源服务业兴盛发展,但与我国经济社会发展对人力资源服务业的要求和世界先进水平相比,仍有一定的差距,因此,对我国人力资源服务业进行系统研究,了解其发展现状、探究其发展过程中存在的问题、探索其未来的发展趋势,并采取有效措施,推动人力资源服务业发展,具有重大战略意义。2020 年 4 月,为全面贯彻中国共产党第十九次全国人民代表大会精神,助力实施人才强国战略,进一步推动人力资源服务业的持续快速健康发展,在人力资源和社会保障部人力资源市场司的大力支持与指导下,北京大学人力资源开发与管理研究中心秉承蓝(白)皮书客观反映、系统提示、积极推动、方向探索的宗旨,继续推出《中国人力资源服务业蓝皮书 2019》(以下简称"蓝皮书 2019")。该书通过对 2018—2019 年度中国人力资源服务业的发展状况进行深入调查与系统梳理,运用理论归纳、事实描述、数据展现、案例解读等方式,全面展现了全国以及各省市人力资源服务业的发展状况、特色亮点和新进展,研究与探索新时代背景下中国人力资源服务业的创新与发展新模式。与往年相比,《中国人力资源服务业蓝皮书 2019》对结构进行了创新性的调整,并对内容进行了较大的更新、补充和丰富。

蓝皮书分为两个部分:第一部分为年度报告篇,共分为三章。第一章主要展示和分析了 2018 年 8 月至 2019 年 7 月我国人力资源服务业有重大影响的法律法规政策及其新变化。第二章从整体与技术层面,分层次从不同视角探讨了人力资源服务业的发展现状和趋势,并系统梳理了 2018—2019 年人力资源服务业的政策亮点和业务亮点。第三章以广西锦绣前程人力资源服务公司和江苏省人力资源服务业发展为案例,观察总结相关经验。第二部分为专题报告篇,共分为五章。第一章进行了人力资源服务业各省市重视度与发展度评价。第二章论述了全国各地人力资源服务业发展水平的评价指标体系及其结果。第三章的内容是全新的,主要论述了人力资源服务业发展的环境问题。第四章评选了人力资源服务业十大事件,对十大事件进行了基本情况介绍及其特色、亮点、意义、作用等方面的评述。第五章是中国人力资源服务业十一年中的发展与变化,综合了自 2008 年发布白皮书以来十一年的资料,突破了原有章节中主要以当年数据为基础的撰写方式,力图从整体上把握人力资源服务业的发展脉络,找寻人力资源服务业的发展规律并探寻未来发展方向。

事件述评:

从先进性来看,"蓝皮书 2019"持续关注并解读、分析了中国人力资源服务业整体变化的特点与发展趋势。包括十一年来中国人力资源服务业相关法律法规的变化趋势与特点,人力资源服务业机构、业态与人员的变化趋势与特点,中国各地人力资源服务业发展水平的变化趋势与特点,中国人力资源服务业十大事件的变化趋势与特点,中国人力资源服务业研究成果的变化趋势与特点等。"蓝皮书 2019"持续关注我国人力资源服务业发展的新亮点和新机遇,关注各地人力资源服务业发展的量化评价模型,关注人力资源服务业发展环境问题等。"蓝皮书 2019"充分、全面、深入地反映出人力资源服务业的发展趋势,有助于带动行业向世界先进水平发展。

从开拓性来看,"蓝皮书 2019"基于大数据对中国各省区市的人力资源服务业发展水平与情况,进行了横向与纵向的比较与评价,是对中国人力资源服务业发展的深度研究与创新研究。第二部分第三章构建了人力资源服务业发展环境的评价指标体系,并运用客观统计数据,对各地人力资源服务业的发展环境进行了排序与分析;将 2017 年各地发展环境的评价结果与2012 年的评价结果进行对比,分析了党的十八大以来中国各地人力资源服务业发展环境的变化情况;并将 2017 年人力资源服务业发展环境评价与人力资源服务业发展水平评价进行了比较,根据排名差异的大小揭示了发展环境与发展水平之间的关系。这一研究弥补了中国人力资源服务业发展环境评价指标的研究空白,通过对影响人力资源服务业发展环境的研究,发现影响其发展内在机理和关键因素,设计一套科学的评价指标体系,将这一套评价指标体系应用于中国人力资源服务业将促进行业的规范化、科学化的发展。第二部分第五章综合了自 2008 年发布白皮书以来十一年的资料,跟踪研究了中国人力资源服务业十一年中的发展与变化,从而从整体上把握了人力资源服务业的发展脉络,找寻人力资源服务业的发展规律并探寻未来发展方向。

从推动性来看,"蓝皮书 2019"第一部分展示和分析了 2018 年 8 月至 2019 年 7 月影响我国人力资源服务业发展的重要法律法规政策及其新变化,对政策背景进行了阐释,对法律法规政策进行了解读;分层次、从不同视角探讨了人力资源服务业的发展现状和趋势,系统梳理了 2019 年人力资源服务业的亮点;总结了广西锦绣前程人力资源股份有限公司和江苏省人力资源服务发展的案例。第二部分更新了人力资源服务业的相关数据,通过数据比较对各省人力资源服务业发展情况进行了重点描述;论述了全国各地人力资源服务业发展水平的评价指标体系及其结果;论述了中国人力资源服务业发展的环境问题;评选人力资源服务业十大事件;梳理了中国人力资源服务业十一年中的发展与变化,并基于横向比较提出了若干政策建议,基于 2014—2018 年度中国人力资源服务业蓝皮书的研究数据与相关成果,进行了中国人力资源服务业整体发展情况与趋势的揭示和展示。对于社会各界人士、政府、学界、行业与人力资源服务的具体机构而言,"蓝皮书 2019"对中国人力资源服务业的系统、全面、深度的研究有利于深入了解行业发展现状、探究发展瓶颈、探索未来趋势,有利于从战略上推动人力资源服务业的快速发展、变革与创新。

从典型性来看,"蓝皮书 2019"围绕人力资源服务业的发展现状、变迁路径与未来趋势,全面综合地描述了人力资源服务业的关键内容,采用了对比分析、量化实证、案例分析等科学的研究方法,并根据研究结果提出了相应的对策与建议,兼具科学性、权威性与操作性,既有助于相关机构与从业人员从宏观上把握我国人力资源服务业的发展现状、特点与趋势,了解其与经济社会发展对行业要求的水平以及世界先进水平之间的差距,也有助于相关机构与从业人员了解人力资源服务业面临的机遇与挑战,并根据对策建议采取相应的有效措施推动人力资源服务业的新一轮跨越式发展。

从影响性来看,"蓝皮书 2019"的出版与发布具有广泛的社会影响力,引起了积极的社会反响。在搜索引擎上以"中国人力资源服务业蓝皮书

2019"为关键词进行搜索,获得约818000条结果;蓝皮书的编写过程中,吸收了来自于国家人力资源社会保障部人力资源市场司孙建立司长等领导提出的一系列指导性意见,来自于南京大学商学院名誉院长赵曙明教授的支持与相关指导,以及北京人力资源服务协会张宇泉书记,上海市对外服务有限公司原总经理顾家栋、原党委副书记人力资源部经理邱健等专家学者提出的宝贵建议,充分发挥了智力密集优势,把握了时代发展脉搏,凝聚了学界理念共识,对于进一步引领我国各地政府与社会努力改善环境,加大对于人力资源服务业的关注、支持与发展,促进我国经济社会创新发展潜能的释放与实现国家创新发展战略与人才强国战略,均具有重要与深远的意义。

6. 2020年5月19日,人力资源社会保障部发布《2019年度全国人力资源服务业发展统计分析报告》

事件提要:

2020年5月19日,人力资源社会保障部人力资源流动管理司发布了《2019年度全国人力资源服务业发展统计分析报告》(以下简称"统计分析报告"),"统计分析报告"统计分析了截至2019年底,全国人力资源服务机构建设情况以及人力资源服务业各业态发展情况。

事件述评:

从先进性来看,"统计分析报告"揭示出人力资源服务业发展的几大特点,即机构数量稳步增长、行业规模持续扩大、市场供求对接旺盛、服务业态全面发展以及集聚发展效应日益凸显。体现了人力资源市场供需两旺的良好发展态势,证明人力资源服务业作为劳动者就业和职业发展、为用人单位管理和开发人力资源提供相关服务的专门行业,是蓬勃发展的朝阳产业,有着巨大发展潜力,行业发展呈现出良好势头。"统计分析报告"既反映出人力资源服务业蓬勃发展的现状,又反映出本行业由高速增长向高质量发展转型的新趋势,有助于人力资源服务业迎接随着全球经济结构广泛深刻调整、我国深化改革开放和加快转变经济发展方式而带来的新一轮的行业快速发展机遇。

从开拓性来看,"统计分析报告"是2018年《人力资源市场暂行条例》颁布实施以后首次对人力资源服务业发展进行的官方、权威的统计分析。2019年,各类人力资源服务机构数量稳步增长,且新增机构中90%以上为民营机构,清晰显示出《人力资源市场暂行条例》对人力资源服务业的推动和促进,进一步放宽了人力资源市场准入,鼓励社会力量参与,制定出台相关扶持政策,增强了行业内生发展动力。此外,在总体经济发展趋势和行业规模技术增大等因素的影响之后,行业营收增速虽有所降低,但仍保持在较高增长水平,尤其是中西部地区行业发展势头良好,增速超过东部,从而反映出我国人力资源丰富,人力资源服务需求空间大,行业持续发展的潜力大、后劲足。

从推动性来看,"统计分析报告"显示出人力资源服务业巨大发展潜力的同时,也显示出我国人力资源服务业发展中存在的不平衡不充分的问题,主要体现在:一是区域发展不均衡。人力资源服务业发展从东部、中部和西部东北,呈现依次下降的阶梯式状态。二是行业结构亟待调整优化。劳务派遣、现场招聘会等传统服务业态和服务手段依然占据主体,提供中高端专业化、精细化服务业务还较为欠缺。三是开放发展不充分。我国人力资源服务业综合服务能力和整体实力不高,缺乏国际知名的本土品牌,引入外资的数量和质量不足。这有助于人力资源服务业针对存在的问题和不足,全面提升行业发展科学化规范化管理服务水平,推动行业集聚发展,培育行业知名企业,拓宽行业开放格局,加快国际化发展步伐,将人力资源服务业的发展从高速发展转到高质量发展的道路上来,为经济社会持续健康发展提供优质高效的人力资源服务支撑。

从典型性来看,"统计分析报告"是官方发布的以人力资源服务业为主要内容的报告,具有权威性,且与行业发展直接、高度相关。报告既反映出行业发展的现状、特点,例如机构数量增长、行业规模扩大、市场对接需求旺盛、人力资源服务产业园成为行业集聚发展和地方经济发展的一大亮点等,也反映出行业发展的巨大潜力,例如行业营收增速仍保持在较高增长水平,人力资源服务机构有效提升了劳动者与岗位匹配效率,传统服务业态与新兴业态同比均有显著增长。此外,还反映出人力资源服务业对促进就业、人才流动配置和经济社会发展的重要作用,是促进就业的重要渠道,是优化人力资源流动配置的重要力量,是促进产业转型升级和经济社会发展的重要支撑。

从影响性来看,"统计分析报告"的发布具有广泛的社会影响力,引起了积极的社会反响。在搜索引擎上以"2019 年度全国人力资源服务业发展统计分析报告"为关键词进行搜索,获得约 3130000 条结果;2020 年 5 月 19 日,人社部人力资源流动管理司负责人就人力资源服务业发展情况答记者问;人民网、法制日报等国内主流媒体均对本事件进行了报道。

（三）行业类事件

7. 2020 年 3 月 20 日,由国家人力资源社会保障部主办的"职等你来　就业同行——百日千万网络招聘专项行动"正式启动

事件提要:

为贯彻落实党中央、国务院关于应对新冠肺炎疫情影响强化稳就业举措的决策部署,3 月 20 日,人社部会同有关方面启动实施主题为"职等你来　就业同行"的百日千万网络招聘专项行动(以下简称"网络招聘专项行动"),通过搭建全国统一、多方联动的网络招聘平台,集中开展线上招聘活动,提高劳动力市场供需匹配效率,为劳动者和用人单位提供高效便捷服务。此次行动为期百日,持续至 6 月底,提供超过千万个就业岗位,为近年来规模最大、覆盖范围最广的网络招聘活动。此次行动主招聘会场设在中国公共招聘网(http://job.mohrss.gov.cn)、中国国家人才网(http://newjobs.com.cn),并开设就业导引地图,链接各省招聘分会场和相关社会参与方。

事件述评:

从先进性来看,自 2020 年初,新冠肺炎疫情发生以来,全国各地人力资源服务机构积极开展网络专场招聘、精准对接企业复工复产需求、促进灵活就业、线上培训、人力资源管理咨询、人力资源市场信息监测等相关服务活动。"网络招聘专项行动"聚焦疫情防控工作和经济社会发展需求,打造了供需充分对接、信息便捷可靠、全国统一、多方联动的优质招聘平台,形成了政府引导、机构助力、社会各方广泛参与的多赢局面。在开展招聘活动的同时,专项行动同步推出职业指导"云课堂"、线上职业技能培训课程、在线政策宣传等服务,为劳动者提供综合性、一站式就业服务。专项行动一方面有助于提高劳动力市场供需匹配效率,为劳动者和用人单位提供高效便捷服务,另一方面充分发挥了人力资源服务机构的专业优势,有效持续推进精准落实疫情防控、复工复产以及稳岗就业等各项工作。

从开拓性来看,"网络招聘专项行动"开启了"云招聘"新模式,高效对接"高校生、农民工、下岗失业人员、其他有就业转岗需求人员"及"中央企业及地方国有企业、私企、外企外贸进出口类的社招与校招"的求职、就业需求,具有"操作灵活、信息互通、数据安全"等特点。在"国企专场、校园专场、贸易进出口专场以及湖北专场"招聘会上,预计将推出 1 万余个岗位、促成 10 万余人就业,并将实现"在线招聘、在线宣讲会、在线考试、在线面试、人才测评、电子签约"等全流程线上招聘服务。"网络招聘专项行动"是近年来规模最大、覆盖范围最广的网络招聘活动,也是贯彻落实国务院办公厅《关于应对新冠肺炎疫情影响强化稳就业举措的实施意见》的一项有力政策措施,有助于加快恢复和稳定就业,在人力资源服务业的发展中具有里程碑式的意义。

从推动性来看,"网络招聘专项行动"开启了"云招聘""云课堂"等新模式,组织方能够通过建立大数据平台,清晰地了解行业内企业需求的情况以及不同年龄、不同阶段求职者对于求职的需求。通过大数据,系统能够将用人单位的岗位描述和求职信息科学分析筛选匹配,更好地解决了两端信息不对称的问题,提高了求职招聘的精准度和成功率。"云课堂"模式为劳动者提供线上职业技能培训课程,进行在线政策宣传,形成在线就业服务体系。可见,专项行动在很大程度上改变了传统意义上的人力资源服务环节,推动了人力资源服务业形成新业态。同时,这一模式也对人力资源服务机构提出了新的要求和挑战,例如对于一些实际操作性较强的专业及其求职者而言,目前的线上面试尚不能完全满足其需求,从而促使行业机构努力强化优化基础设施建设,提升管理服务信息化水平,不断探索人力资源服务新途径、新模式,实现服务方式再创新。

从典型性来看,"网络招聘专项行动"搭建了全国统一、多方联动的网络招聘平台,集中开展了线上招聘活动,各级公共就业人才服务机构协同开展行动。人民网、央视频、中国国际技术智力合作有限公司、智联招聘、58同城、BOSS 直聘、猎聘、抖音、支付宝、美团馒头招聘等合作单位,也结合自身特点,开展面向不同行业、不同区域和不同群体的针对性就业服务。行动还通过人力资源服务产业园等平台调动各地经营性人力资源服务机构的积极性。根据统计,截至 2020 年 4 月 9 日,共有 1.9 万家人力资源服务机构投入疫情防控工作,组织3.6万场(次)网络招聘会,服务求职者4362万人,服务企业218万家,提供就业岗位4230万个,其中直接服务疫情防控重点单位8.4万家,为疫情防控重点单位提供就业岗位205万个。"网络招聘专项行动"充分地整合了人力资源服务机构的优质专业资源,有效调动了人力资源服务机构履行社会责任的积极性,为应对疫情冲击、推动企业复工复产、全力助力稳就业、促进经济社会发展提供了精准有力的人力资源服务支撑。

从影响性来看,"网络招聘专项行动"引起了社会的广泛关注,赢得多方支持与好评。在搜索引擎上以"职等你来　就业同行"为关键词进行搜索,获得约3140000条结果;专项行动持续百日,提供超过千万个就业岗位,仅在行动启动当天,已有95万家企业提供570多万个岗位,截至2020年4月9日,共有124万家用人单位发布岗位1162万个;行动期间,主招聘会组织了专场招聘160余场,全国31个省份设立分招聘会场,结合本地产业发展和地方特色,开展招聘活动;行动专门设立了群体招聘专区、重点区域专区和特色行业专区,聚焦疫情防控工作和经济社会发展需求,打造了供需充分对接的服务平台;在行动中,各地采用了劳动者喜闻乐见的短视频、动漫、直播等方式,开发上线具有本地特色的职业指导"云课堂"和线上培训课程,为劳动者提升技能提供了便捷支持,产生了良好的经济、社会效应。

(四) 会议类事件

8.2019年11月19日,中国人力资源服务业博雅论坛在北京大学隆重举行

事件提要:

党的十九届四中全会《中共中央关于坚持和完善中国特色社会主义制度、推进国家治理体系和治理能力现代化若干重大问题的决定》明确指出,健全有利于更充分更高质量就业的促进机制,创造更多就业岗位,健全公共就业服务和终身职业技能培训制度,建立促进创业带动就业。为贯彻落实全会精神,11月19日下午,北京大学联合中国对外服务工作行业协会,在北京大学百周年纪念讲堂李莹厅共同举办2019年中国人力资源服务业博雅论坛(以下简称"2019博雅论坛")。国家人力资源和社会保障部人力资

源流动管理司司长孙建立,北京大学社会科学部副部长王周谊,北京大学人力资源开发与研究中心主任萧鸣政教授,中国对外服务工作行业协会副会长、中智公司总经理王晓梅,中国民营经济研究会执行秘书长格局商学总设计、创始院长邢志清等来自政界、企业界、学界与媒体界的领导、学者与同仁等近 200 名嘉宾出席论坛。论坛由中国对外服务工作行业协会秘书长张艳珍主持。

在开幕致辞阶段,张艳珍秘书长、孙建立司长、王周谊部长、王晓梅总经理先后进行了开幕致辞。张艳珍秘书长代表协会对前来参加论坛的各位领导、专家学者、企业界代表表示欢迎。孙建立司长回顾了近年来人社部在促进人力资源服务行业发展上做的大量工作,对当前人力资源服务市场现状进行了简要介绍。他认为,当今新形势下国家对人力资源服务产业高度重视,这为人力资源服务行业的发展提供了重要的机遇,国家还明确提出将推动高质量发展作为我国人力资源服务行业的主要目标,为外服事业的改革与发展指明了方向。王周谊部长受副校长王博委托,代表北京大学对此次论坛给予了高度评价,对参与本次论坛的各界人士致以真诚的感谢和欢迎。王晓梅总经理指出在新的形势和市场环境面前,人力资源服务行业尤其需要加强学习、重视学习,真正做到主动学习、终身学习,才能够适应不断出现的新情况、新问题,实现人力资源服务行业从规模化增长到内涵式发展的跨越。本次与北京大学的合作正是行业倡导学习之风、推动能力建设的重要一步。

在主旨演讲阶段,萧鸣政教授首先发言,演讲主题为"新时代人力资源服务行业的价值创造与战略发展";邢志清以"企业家的修为与格局"为题发表了第二阶段的主旨演讲。会议期间,来自全国各地人力资源服务机构的领导、与会代表就中国人力资源服务业的发展与战略问题进行了交流。①

事件述评:

"2019 博雅论坛"是在党的十九届四中全会闭幕后不久、为贯彻落实全会精神而举办的,发挥智力优势、把握时代脉搏、凝聚学理与实践共识、针对

————————

① 参见北京大学新闻网,https://news.pku.edu.cn/xwzh/07541db4b73a4b798e4c8d8d4-0d6703a.htm,2019/11/20。

人力资源服务行业发展现状而进行的系统性的总结与思考。会议有利于引领全行业以《决定》精神为指导,进一步推动经济发展、促进就业创业和优化人才配置,提升人力资源服务业对经济增长贡献率,为我国经济社会发展提供更加优质高效的人力资源服务保障,对于进一步引领我国各界努力改善人力资源市场环境,加大对人力资源服务业的关注支持与发展,促进我国经济社会中企业家精神潜能的释放与实现国家经济高质量发展与人才强国战略,具有重要而深远的意义。

从开拓性来看,"2019 博雅论坛"是北京大学联合中国对外服务工作行业协会首次以"人力资源服务业"为主要内容的论坛,既显示出北京大学悠远厚重的"博雅"精神,也显示出人力资源服务行业重视理论、崇尚学习的与趋势,是行业倡导学习之风、推动能力建设的重要一步,在行业发展中具有里程碑式的意义。"2019 博雅论坛"体现出政界、企业界、学术界和媒体界对人力资源和人力资源服务业高度的共同关注,体现出人力资源服务业在现代经济社会以及国际竞争中的重要性,也体现出人力资源服务业各从业机构和从业人员对北京大学在人力资源服务业发展和相关研究上所作出的努力和成果的认可与尊重,有利于带动人力资源服务业加强学习、重视学习、主动学习、终身学习,适应不断变化的形势和市场环境,应对新情况、解决新问题,实现人力资源服务业从规模化增长到内涵式发展的跨越,带动全行业朝向世界先进水平发展。

从推动性来看,在主旨演讲阶段,萧鸣政教授的演讲主题为"新时代人力资源服务行业的价值创造与战略发展",讲述了人力资源服务业在新时代中的价值创造空间、战略定位建议,以及北京大学政府管理学院关于人力资源服务业发展问题研究与人才培养的相关情况。萧鸣政教授指出人力资源服务业的发展,要以《决定》精神为指导,健全有利于更充分更高质量就业的促进机制,在提高人力资源服务实践中,坚持就业是民生之本,为创造更多就业岗位、提供公共就业服务和终身职业技能培训,营造公平就业制度环境。中国民营经济研究会执行秘书长格局商学总设计、创始院长邢志清以"企业家的修为与格局"为题发表了第二阶段的主旨演讲。他基于多年的教育培训行业沉淀以及对该行业系统性的创新思考,结合《论语·子张问仁》讲述了修为的意涵及其对企业家的重要意义,分享了自己在商业伦理与商业管理方面的感悟思考。此外，来自全国各地人力资源服务机构的领导、与会代表就中国人力资源服务业的发展与战略问题进行了深入的交流。"2019博雅论坛"充分整合了学术科研资源，为行业转型和升级提供了新的思路和方法，有助于推动人力资源服务业服务机构深入思考和把握新时代人力资源服务业发展的新特征、新要求和新定位，探索新兴业态、开发服务产品、拓展服务内容、创新服务方式，进一步全面提升人力资源服务业全行业的水平。

从典型性来看，"2019博雅论坛"是在党的十九届四中全会闭幕不久举办的发挥智力优势、把握时代脉搏、凝聚学理与实践共识、直接针对人力资源服务行业发展现状而进行的系统性的总结与思考。论坛充分把握了国家经济社会发展对人力资源服务业提出重大挑战以及带来的重大机遇，汇聚了各界智慧与力量，及时科学地总结先进经验、探寻重大问题的解决方案，对国家人力资源服务业政策的完善、人力资源服务业发展战略的优化、人力资源服务业机制创新等方面内容进行了理论和实践上的深入研究，论坛中展示了北京大学多年来对于中国各省区市人力资源服务业发展水平进行评价，评选十大人力资源服务机构与人才培养的成果，深度与系统展示了人力资源服务业方面的科研成果。对于进一步引领我国各界努力改善人力资源市场环境，加大对人力资源服务业的关注支持与发展，促进我国经济社会中企业家精神潜能的释放与实现国家经济高质量发展与人才强国战略，具有重要而深远的意义，有利于加快和促进人力资源服务业行业转型升级，为国家发展战略提供坚实的、高质量的人力资源保障。

从影响性来看，"2019博雅论坛"的召开具有广泛的社会影响力以及积极的社会反响。在搜索引擎上以"中国人力资源服务业博雅论坛"为关键词进行搜索，获得约1290000条结果；论坛由北京大学与中国对外服务协会联合在北大百年讲堂举办，举办层次高，多家主流媒体对论坛进行了报道。

9. 2020年1月4日，2019年中国人力资源服务业十大事件、中国人力资源服务机构十大创新案例发布研讨会（以下简称"发布研讨会'）在北京举行

事件提要：

为深化"放管服"改革，贯彻落实人社部《人力资源服务业发展行动计

划》,推动人力资源服务企业创新发展,2020 年 1 月 4 日,《中国人力资源社会保障》理事会在北京召开发布研讨会,现场发布 2019 年中国人力资源服务业十大事件、中国人力资源服务机构十大创新案例。此次评选活动由中国劳动学会、中国劳动保障报社担任指导单位,《中国人力资源社会保障》理事会、中国对外服务工作行业协会、北京人力资源服务行业协会主办,由中国人民大学劳动人事学院、首都经济贸易大学劳动经济学院、中国人力资源开发与管理教学研究会联合发布,南京市人力资源产业协会、宁波人力资源服务行业协会、广州人力资源服务协会、合肥市人力资源服务协会等人力资源协会和单位协办。在发布会现场,还举办了首届中国(南京)国际人力资源信息化创新创业大赛启动仪式。

主办方自 2019 年 12 月中旬联合开展了 2019 年中国人力资源服务业十大事件、中国人力资源服务机构十大创新案例征集、点赞和发布活动。活动期间,主办方收到大事件申报 45 件、创新案例申报 127 个。主办方综合政策、学术、行业、产业各方面因素,初步筛选出 18 件人力资源服务业大事件和 30 个优秀案例,在此基础上通过专家评审、网络公开投票等环节,最终选出中国人力资源服务业十大事件与中国人力资源服务机构十大创新案例。为保证发布活动的权威性、公正性,主办方邀请中国人民大学劳动人事学院、首都经济贸易大学劳动经济学院、中国人力资源开发与管理教学研究会作为联合发布单位,组成由专家学者、业内人士构成的专业评审团。评审团研究制定了严格的评选标准与规则,对参评机构品牌知名度、美誉度、案例创新性、社会贡献度等进行了多维度的考核与评定。

研讨会发布的中国人力资源服务业十大事件分别是:人社部印发《关于充分发挥市场作用促进人才顺畅有序流动的意见》、人社部进一步开展人力资源服务机构助力脱贫攻坚行动、2019 年西部和东北地区人力资源市场建设援助计划项目启动、人社部发布《关于进一步规范人力资源市场秩序的意见》、人社部制定《国家级人力资源服务产业园管理办法(试行)》、新建四家国家级人力资源服务产业园、中国(江西)人力资源服务创新发展论坛举办、2019 幸福企业论坛在京举办、"2019 国际人力资源技术大会"举办、中智人才银行项目问世。会议发布的中国人力资源服务机构十大创新案例包括:FESCO"工惠通"软件、诚通离退休人员服务解决方案、斗米一站式基层岗位招聘服务平台、成功集团人力资源外包服务走出国门、点米"2号人事部"软件、博尔捷数字化人力资源服务产业园运营平台建设、天勤伟业劳动人事争议预防调解大数据平台、职多多农村富余劳动力就业服务平台、中智"e家"软件等。

事件述评:

从先进性来看,十大事件、十大创新案例的评选与发布以贯彻落实人社部《人力资源服务业发展行动计划》、深化"放管服"改革、推动人力资源服务企业创新发展为目标,搭建企业与人力资源服务业的交流学习平台,助力企业与人力资源服务业的有效融合与高度协同发展。评选出来的十大事件、十大案例是对相关机构与从业人员的认可,有助于形成行业标杆,有助于服务机构与从业人员以此为新起点,持续整合优质资源,不断改善自身服务水平、创新业态模式,吸引和引领更多人力资源服务机构转型升级、业务重构,打造共生、共赢的行业生态圈;有助于深入实施人力资源服务业高质量发展行动,促进骨干企业成长,培育有核心产品、成长性好、竞争力强、具有示范引领作用的行业知名企业,在行业内产生催化作用,形成新动能;有助于营造行业发展良好环境,拓宽行业开放格局,加快国际化发展步伐。

从开拓性来看,本次评选发布活动是中国劳动保障报社、《中国人力资源社会保障》杂志首次在人力资源行业内主动举办的大规模活动,评选遵循了严格细致的标准与规则,主要包括:大事件具有广泛且积极的社会影响力,对推动经济发展、促进就业创业和优化人才配置具有重要作用;具有行业代表性,推动人力资源服务业高质量发展,引领行业向国际先进水平迈进。创新案例与国家战略深度融合,具有创新性、应用价值及标杆影响力;所选案例对行业发展具有辐射力、对当地经济发展具有带动性;等等。此次评选发布活动有助于构建、充实和完善人力资源服务业从业机构的评价指标体系,提高行业标准化、规范化和专业化水平;有助于提升各地媒体和社会组织对人力资源服务业的关注度,使行业内外了解人力资源服务业在服务机构、服务业态方面的新特点、新变化,把握人力资源服务业现状及未来发展趋势。

从推动性来看,"发布研讨会"评选出的十大事件中,包括5件改策类事件、3件会议类事件、2件行业类事件,会议对每一项事件的亮点都进行了归纳与总结："人社部印发《关于充分发挥市场作用促进人才顺畅有序流动的意见》"的亮点是"让创造力竞相迸发","人社部进一步开展人力资源服务机构助力脱贫攻坚行动"的亮点是"贫困地区人力资源市场建设再出实招","2019 年西部和东北地区人力资源市场建设援助计划项目启动"的亮点是"加快人力资源协同发展","人社部发布《关于进一步规范人力资源市场秩序的意见》"的亮点是"人力资源配置更合理","人社部制定《国家级人力资源服务产业园管理办法（试行）》"的亮点是"促进产业集聚健康发展","新建四家国家级人力资源服务产业园"的亮点是"服务就业创业辐射经济发展","中国（江西）人力资源服务创新发展论坛举办"的亮点是"助力中部人力资源服务业创新发展","2019 幸福企业论坛在京举办"的亮点是"打造新时代的幸福职场","2019 国际人力资源技术大会"举办的亮点是"提升技术驱动力 展示服务新成果","中智人才银行项目问世"的亮点是"聚焦协同发展 打造人才高地"。十大创新案例涵括了人力资源服务业的工会服务产品,也包括基层岗位就业服务、人力资源外包服务等各个细分行业,会议为十大创新案例分别分配了一位点评嘉宾专门对该案例的内容、价值和创新等方面进行了点评。"发布研讨会"凝聚了学界理念共识,发挥了智力密集优势,把握了时代发展脉络,既展现了 2019 年我国人力资源服务业发展的全貌,又突出了其中的重点和亮点,有助于促进行业自身的高水平发展,引导政府与社会加大对于人力资源服务业的关注与支持。

　　从典型性来看,"发布研讨会"聚焦 2019 年中国人力资源服务业的新发展、新特色、新亮点,十大事件、十大案例从宏观、中观、微观全方位地展现了中国人力资源服务业发展的外部环境变迁、内部创新与变革的景况,展示出新时代中国人力资源服务业发展的路径与发展前景,有利于促进《人力资源服务业发展行动计划》骨干企业培育计划、领军人才培养计划、产业园区建设计划和"互联网+"人力资源服务业行动、诚信主题创建行动、"一带一路"人力资源服务行动等主要内容的贯彻落实,确保各项任务顺利完成,有利于行业内外了解行业发展情况,掌握行业发展动态与趋势,为促进行业的交流与学习提供了高质量平台,有效地带动人力资源服务业全行业进行研究与探索,进一步提升服务能力,激发行业产品与服务的创新与实践。

　　从影响性来看,"发布研讨会"具有广泛的社会影响力,引起了积极的社会反响。在搜索引擎上以"2019 年中国人力资源服务业十大事件、中国人力资源服务机构十大创新案例发布研讨会"为关键词进行搜索,获得约869000 条结果;美通社、搜狐网站、中国日报中文网等主流媒体对该事件进行了报道。

10. 2020 年 1 月 11 日,首届全球人力资源·人力资本服务业大会在济南召开

事件提要:

2020 年 1 月 11 日,首届全球人力资源·人力资本服务业大会(以下简称"服务业大会")11 日在山东济南举行,大会以贯彻落实党的十九大报告关于在"人力资本服务领域培育新增长点、形成新动能"精神为指导,以把握人力资源和人力资本服务业首次写入国家《服务业结构调整指导目录(2019 年本)》为契机,以推动源发于中国济南的新兴服务业态发展为愿景,以"新产业、新技术、新金融、新动能"为主题,来自海内外人力资源、科研机构及经济领域知名专家学者等 500 余人参会,共议人力资本服务产业未来发展。大会设有开幕式、主会场和三个平行主题会场。开幕式启动了首批人才银行授牌仪式、人力资本服务业合作项目签约仪式以及全国人力资本产业公共服务平台联盟区块链系统发布仪式。

主会场上,中国劳动和社会保障科学研究院就业创业研究室主任张丽宾重点解读了国家《产业结构调整指导目录(2019 年本)》第 46 类,分享了新产业目录关于人力资本服务业最前沿的理论研究成果和应用成果以及新产业目录中关于人力资本服务业最焦点内容。全国人力资本产业公共服务平台张明星以及恒丰银行济南分行副行长韩伟杰分享了济南人力资本服务业实践报告。山东省标准化研究院标准信息中心主任杨沣江分享了人力资本服务业国外标准化、国内标准化现状,详细解读了人力资本服务标准研制情况以及未来在人力资本服务领域的工作计划。全国人力资本产业公共服务平台吕耀春正式发布人力资本"身价通宝"行动计划,拟推出一个受信额度为 1000 万元的"金通宝"以及十个授信额度为 100 万元的"银通宝",用于在全国人力资本产业公共服务平台消费,同时面向全国推出 1 万家服务商亿元赋能计划以及 500 万用户亿元赋能计划。全国人力资本产业公共服务平台韩俊杰发布人力资本服务业研究课题"征集令",此次课题征集采用

课题认领和自拟课题的形式,采用评审和投票的方法并有各种奖励,旨在通过社会力量和民间智慧丰富人力资本产业理论,推动人力资本产业化。

此外,大会围绕"人力资本服务业统计和双业共进""人力资本服务产业化发展的路径以及未来我国人力资本服务业的服务范畴与服务形式""人力资本价值提升资金以及区块链在人才金融中的应用"为话题举行三场平行分论坛,全方位解读和探讨人力资本服务业未来发展及其应用。在以"人力资本服务业统计和双业共进研讨会"为主题的分会场,中国人民大学统计学院院长、中国人民大学竞争力与评价研究中心主任赵彦云,福建农林大学管理学院人力资源管理学教授、人力资源管理方向学术带头人李中斌,山东青年政治学院创新创业中心主任李洪深等嘉宾就"人力资源和人力资本服务业统计研究""基于大数据分析的人力资本价值评鉴系统构建与应用""人力资本与高校创新创业教育"等话题进行了主题分享。王兆成、李中斌、李洪深、李亚光、隋志勇等嘉宾围绕《产业结构调整指导目录(2019 年本)》中人力资本部分给未来发展带来了哪些机遇展开主题研讨,大家纷纷为人力资源、人力资本服务双业发展建言献策。在"人力资本服务产业化发展路径以及未来我国人力资本服务业的服务范畴与服务形式研究"分会场,中央组织部人才工作局原巡视员、副局长李志刚莅临指导,国家人力资源和社会保障部中国人事科学院原副院长吴德贵,中国劳动和社会保障科学研究院就业创业研究室主任张丽宾,北京林业大学硕士研究生导师、香港华夏国际教育学院院长路军,陕西师范大学教育实验经济研究所所长史耀疆教授等重要嘉宾进行了主题分享和发言。史耀疆、徐建军、蒋北麒、丁雪峰、沈永、刘涵、何健、姜燕芬等嘉宾围绕《产业结构调整指导目录(2019 年本)》中人力资本部分给未来发展带来了哪些机遇展开主题研讨。济南高新区党工委委员、管委会副主任张维国做总结发言并致闭幕词。在"人力资本价值提升资金以及区块链在人才金融中的应用研讨会"分会场,众多区块链领域专家学者纷纷建言。中国(上海)自贸区研究院金融研究室主任刘斌、中国计算机学会区块链专业委员会委员高承实、工信部区块链系统测试专家梁然、山东安可区块链产业发展研究院秘书长杨程、全国人力资本产业公共服务平台张明星等嘉宾进行了主题分享和解读。全国人力资本产业公共服务平台曾庆祥重点介绍了有关平台的"济南经验",中国(湖北)自由贸易试验区襄阳片区、青岛、淄博、德州等众多城市代表机构合作交流。济南市基金业协会、济南科技创业投资集团有限公司等众多金融机构参与了研讨会。①

事件述评：

从先进性来看，"服务业大会"充分肯定了济南对于人力资源和人力资本服务业发展所作出的贡献：济南首创了"人才有价"评估系统，按照"四CAI"(才、彩、采、财)标准，通过大数据算法和区块链技术，评估出人才的综合身价、金融价值和岗位价值。"人才有价"评估系统与银行、保险、基金等机构联动，构筑起"银行授信、保险担保、政府补偿、基金支持、配套参与"的多维金融创新协同机制。"济南以'知识产权可作价、成果转化能估价、人才团队有身价'为突破口，探索全国首个以个人信用为基础、创新人才金融的'济南经验'，创立了理论推动和产业推动、市场驱动和公共驱动的'双轨运行'机制。"②济南创建了第一个人力资源和人力资本产业园，构建了"生态赋能、金融创新、双招双引和业态创新"体系；创建了"全国人力资本产业公共服务平台"，构建了"金融+服务+科技"融合发展的产业生态。济南在人力资本服务业基础上独创的金融创新模式，已被列入人民银行等国家六部委金融科技应用试点项目，人才评估定价系统写入中国(山东)自由贸易试验区规划。"服务业大会"集聚了国内人力资源和人力资源服务业的专家学者和从业人员，在充分分享济南已有的改革创新成果的基础之上，群策群力，集思广益，探索更加科学、务实、高效的人力资源和人力资本服务业产业发展模式和路径，催生并培育落地更多的产业成果和创新服务，提升人力资源和人力资本服务业对经济增长的贡献率，形成结构优化、服务优质、布局合理、融合共享的人力资源、人力资本服务业发展新格局，实现从单纯的人力资源服务业到人力资源与人力资本服务业的转变升级，大幅提升人力资源服务市场化水平和国际竞争力。

从开拓性来看，"服务业大会"是以"人力资源和人力资本服务业"首次

---

① 《首届全球人力资本服务业大会在济南成功举办》，2020年1月11日，见 http://sd.ifeng.com/a/20200111/7986878_0.shtml。

② 《凤凰网山东综合：首届全球人力资本服务业大会在济南成功举办》，2020年1月11日，见 http://sd.ifeng.com/a/20200111/7986878_0.shtml。

写入国家《服务业结构调整指导目录（2019 年本）》为契机而召开的首届以"人力资源·人力资本服务业"为主题的大会，会议演讲嘉宾分享了全球人力资源、人力资本发展趋势、全球人力资本最前沿的理论研究成果和应用成果，解读了新产业目录关于人力资本服务业的最焦点内容，推出推动人力资本产业形成万亿规模的新理念、新思路、新技术，山东省及济南市相关专家学者分享人力资本服务业创始发展的"济南经验"，为人力资本服务业全球化发展提供方案。会上先后举行了全国首批人才银行授牌仪式、人力资本服务业合作项目签约仪式，以及全国人力资本产业公共服务平台联盟区块链系统发布仪式，"三箭齐发"为人力资本服务产业走向全国、走向全球作出了贡献，有利于建立起产业化、国家化的人力资源服务体系，实现人力资源服务业向价值链高端延伸发展的目标。

从推动性来看，"服务业大会"基于全球化的视野，以推动发源于中国济南的新兴服务业态发展为愿景，为人力资本服务产业理论研究和实践探索提供更多的智慧和方案。针对我国在人力资本领域的标准空白，山东省标准化研究院信息中心在人力资本工作开始之初已经同步启动标准化工作规划，2019 年 1 月即启动了人力资本服务业标准工作，积极推进 ISO30414：2018（即国际标准化组织在 2018 年 12 月发布的第一项人力资本领域的国际标准，Human resource management — Guidelines for internal and external human capital reporting）转化为国家标准，加快人力资本的标准化工作与国际接轨，制定了人力资本服务术语、人力资本评价通则，探索了人力资本服务的济南经验，采用大数据以及区块链技术，给人才定价提供一个较为权威的数据来源。在全国人力资本产业公共服务联盟链平台的启动仪式上，创世区块的诞生标志上以此为源头起点，全国人力资本产业公共服务平台所提供的用户的开户登记、信用、交易、身价等信息均登记上链。在会上，全国人力资本产业公共服务平台发布人力资本服务业研究课题"征集令"，并设立了 1000 万元课题资金，设立全球人力资本产业中心媒体联盟，开设"人力资本""人力资本服务""身价"专栏，发布研究成果。此外，优秀的课题论文还可列入"人力资本服务业"论文库，并结集出版，优秀论文作者列入"专家智库"。扶持优秀论文成果转化，支持课题研究人员创新创业。可见，"服务业大会"集中地反映出我国人力资源和人力资本服务业发展进程中硕果累累,也彰显出人力资源和人力资本服务业未来发展的活力与动力,以"服务业大会"为契机,中国人力资源和人力资本服务业必将逐步实现《人力资源服务业发展行动计划》中所确定的"专业化、信息化、产业化、国际化"的发展目标,进一步推动人力资源服务业向科学化、规范化方向发展,行业市场秩序进一步规范,服务质量进一步提高,服务企业核心竞争力进一步增强。

从典型性来看,"服务业大会"以把握人力资源和人力资本服务业首次写入国家产业目录为契机,以人力资源和人力资本服务业为主要内容,更加聚焦于人力资本服务业。主会场上的报告内容,集中真实地反映了我国目前在人力资源和人力资本服务业方面发展现状、预测了未来的发展趋势。大会的三场平行分论坛,全方位解读和探讨了人力资本服务业未来发展及其应用,而为人力资源和人力资本服务业领域的专家学者、企业、从业人员以及相关的政府机构等多元主体搭建了一个良好的成果展示、研讨交流、对接供需、竞赛发布的沟通和发展平台,充分发挥出示范带头的作用。

从影响性来看,"服务业大会"的召开具有广泛的社会影响力,引起了积极的社会反响。在搜索引擎上以"首届全球人力资源·人力资本服务业大会"为关键词进行搜索,获得约 1610000 条结果;来自国内人力资源及经济领域知名专家学者,有关政府部门领导,全国各省市人力资源服务业园、国家级高新区、自由贸易试验区、金融和类金融部门以及主流媒体代表等500 多人出席了本次大会,中新网、中国日报中文网、央广网等主流媒体进行了报道。

第五章　中国人力资源服务业发展70年概况

【内容提要】

本章为本年度新增内容,旨在回顾与梳理 1949—2019 年中国人力资源服务业的发展历程、发展趋势、重要人物及事件。本章主要分为以下四个部分:第一部分介绍 1949—2019 年人力资源服务业的发展历程,将行业发展划分为思想孕育期(1949—1978 年)、探索萌芽期(1979—1982 年)、起步成长期(1983—1991 年)、快速发展期(1992—2000 年)、规范发展期(2001—2009 年)、协同创新期(2010—2019 年)六个阶段。第二部分介绍 1949—2019 年人力资源服务业的发展趋势,具体包括计划经济的体制内服务转向市场经济的体制外服务,传统的人工服务转向信息化服务,行业性发展转向国家制度化发展,市场主体性发展转向规范化法治发展,从国内保护发展转向全面开放的国际化发展,从零星的个性发展转向产业规模的集聚化发展,从传统的中介服务转向高层次专业化的服务,从各业态的单一发展转向融合金融、税务与医疗等的综合协同发展。第三部分介绍 1949—2019 年为人力资源服务业作出重要贡献的人物,从学术研究和实务实践方面分别进行梳理。第四部分介绍 1949—2019 年人力资源服务业重要事件,从产业发展、政策制定、行业活动、学术研究与人才培养等方面分别列举人力资源服务业发展史上具有重要影响力的事件。

Chapter 5　General Situation of China for the Development of Human Resource Service Industry in 70 Years

【Abstract】

This chapter is a new content of this year for the purpose of reviewing and sorting the development history, development trend and important individuals and events of Human Resource Service Industry in China from 1949 to 2019. It is mainly divided into four parts as follows. Part Ⅰ introduces the development history of human resource service industry from 1949 to 2019. It divides the industry development into six stages which are the stage of preparation and incubation(from 1949 to 1978), the stage of exploration and germination(from 1979 to 1982), the stage of start and growth(from 1983 to 1991), the stage of readiness and development(from 1992 to 2000), the stage of regulation and maturity(from 2001 to 2009), and the stage of coordination and innovation (from 2010 to 2019). Part Ⅱ introduces the development trend of Human Resource Service Industry from 1949 to 2019. In these 70 years, the service within the planned economy turns to the outside system of the market economy, the traditional staff service turns to the information service, the industry development turns to the national institutionalized development, the market subjectivity development turns to the development of the standardized rule of law, from the domestic protection development to the all-round international development, from the sporadic individual development to the agglomeration development of industrial scale, from the traditional intermediary service to the high-level specialized service, from the single development of commercial activities to the integrated coordinated development of finance, taxation and health care. Part Ⅲ introduces the important individuals of Human Resource Service Industry from 1949 to 2019. It sorts the important individuals who have made outstanding contributions for the development of human resource service industry from the two aspects of academic research, and practice. Part Ⅳ introduces the important events of Human Resource Service Industry from 1949 to 2019. It lists important events for the development of human resource service industry from the aspects of industrial development, policy formation, industry event, academic research, and personnel training etc.

人力资源是经济社会发展的第一资源，人力资源服务业作为生产性服务业的重要组成部分,具有经济、社会与政治等多方面的价值,在中国全面建成小康社会、实现第一个百年奋斗目标的征程中,具有十分重要的作用。伴随着新中国 70 年波澜壮阔的发展历程,人力资源服务业从无到有,经历了跨越式发展,规模和水平不断提升,人力资源服务领域和内容日益多元化。中国人力资源服务业具有政策体系不断完善、民营机构蓬勃发展、主要业态稳步增长与服务产品层出不穷等特点,表现出高端发展产业链不断延伸、产业业态不断细分及专业化发展加快、"一带一路"建设国际化发展加速、应用新型技术行业融合创新不断增强、人力资源服务市场从行政转向法治等发展趋势。因此有必要对中国人力资源服务业 70 年的发展进行回顾与总结。

一、1949—2019 年人力资源服务业发展历程

回顾过往研究,学者们对人力资源服务业的发展历程和阶段划分进行了探讨,如萧鸣政和顾家栋(2007)、余兴安(2016)、高亚春和王文静(2016)、熊颖(2017)、田永坡(2019)等。参考相关研究成果,本部分按照行业发展从无到有的顺序,将 1949—2019 年人力资源服务业的发展历程划分为六个阶段,即思想孕育期(1949—1978 年)、探索萌芽期(1979—1982年)、起步成长期(1983—1991 年)、快速发展期(1992—2000 年)、规范发展期(2001—2009 年)、协同创新期(2010—2019 年),从产业发展、政策制定、行业活动、学术研究、人才培养等方面进行比较,概括人力资源服务业 70 年的演进方向。

(一) 思想孕育期:1949—1978 年

一般认为我国人力资源服务业产生于改革开放以后,市场经济推动了人力资源服务业的诞生与发展。改革开放之前,我国主要实行计划经济,与之相对应的人力资源配置制度是统包统配。在固定用工、八级工资和劳动保险三位一体的劳动制度下,劳动力无法实现自由流动,完全依靠国家的计划调控。当时现行的人力资源管理的制度和理念还没有正式形成,传统人事管理的职能融合在机构管理与企事业单位内部的各项工作中。但仍然能

够在这一时期找到人力资源服务业的雏形,如为解决失业人口再就业的问题,国家于1952年建立劳动就业委员会,首次以公共服务的形式提供人力资源服务。此外,部分地区积极创办职业介绍所,进行劳动合同制改革探索等,为人力资源服务业的产生奠定了基础。

(二)探索萌芽期:1979—1982年

党的十一届三中全会是新中国成立以来具有深远意义的伟大转折,其顺利召开标志着中国进入了改革开放的新时代。中国的经济模式由计划经济逐渐转向社会主义市场经济,人力资源配置制度也开始从国家统包统配转向企业自主用人的市场化配置。在这一时期,越来越多的外国企业通过设立办事机构、投资建厂等方式登陆中国,这对本土化人力资源服务提出了新的要求。而在当时我国的政策环境没有完全放下的情况下,外奇在招聘使用中国员工时受到一定限制。

产业发展方面。这一时期首次出现了以政府为主导的劳动服务公司,被认为是中国人力资源服务业的开端。1979年,为响应国家"三结合"的就业方针,广泛拓展就业渠道,上海市徐汇区成立了劳动服务公司,为返沪知青开拓就业岗位、提供安置服务。同年,北京市友谊商业服务总公司成立并向外资企业派出第一位中国雇员,这一事件标志着市场化劳务派遣的出现。该公司是北京外企人力资源服务有限公司(简称FESCO)的前身,成立之初主要负责帮助中国境内的外国企业寻找中国雇员,目前已经成长为中国最有影响力的国有人力资源服务企业之一。与此同时,国家各级地方人事系统和劳动行政系统相继建立了劳动就业促进机构,如成立于1979年9月26日的南京龙潭劳动服务有限公司,为下岗分流人员和部分流动人员提供档案保管、出具证明等服务。

政策制定方面。这一时期政府出台了一系列的政策文件,为人力资源服务业的诞生提供了契机,奠定了基础。1980年出台的《进一步做好城镇劳动就业工作》确立了劳动部门介绍就业、自愿组织起来就业和自谋职业"三结合"的就业方针,这标志着我国劳动就业模式从统包分配转变为多元就业,也由此催生了人力资源服务的新需求。同年颁布的《关于管理外国企业常驻代表机构的暂行规定》明确提出外国企业常驻代表机构聘请工作人员时,应当委托当地外事业务单位或者中国政府指定的其他单位办理,为人力资源服务机构提供了广泛的业务来源。

(三)起步成长期:1983—1991 年

1983—1991 年是中国社会的转型时期,当时我国计划经济的烙印还很深,占绝对多数的国有企业的用工属于国家用工性质,难以自由流动。企业决策层的观念也没有根本改变,人事管理的理念依然占据主导,对如何通过市场的人力资源交换配置来提高人力资源利用效率的认识比较朦胧。这一时期人力资源市场的人事代理、派遣、调查与咨询服务的需求很小,发展比较缓慢,缺乏行业规范,服务水平也不高。

产业发展方面。新兴人力资源服务机构的涌现标志着人力资源服务迈出了市场化的第一步,社会化的人力资源服务逐渐发展起来。除 FESCO 以外的其他两家国资背景的人力资源服务公司巨头——上海外服(1984 年)和中智(1987 年),也都成立于这一时期。政府的劳动人事部门在这一时期设立了一系列人才服务机构,其中最具代表性的是 1983 年在沈阳市成立的人才服务公司。1984 年,原劳动人事部成立了全国人才交流咨询服务中心。1987 年,浙江温州第一家民办人才职业介绍机构成立。1988 年,全国人才流动中心成立。

政策制定方面。1986 年,国务院颁布了一系列招工用工制度改革的暂行规定,开始实行劳动合同制,人力资源服务业迎来发展新机遇。为巩固和发展人力资源服务机构,保障其合法权益,同时规范其行为,国务院于 1990 年颁布了《劳动就业服务企业管理规定》。这一规定明确了劳动就业服务企业是承担安置城镇待业人员任务、由国家和社会扶持、进行生产经营自救的集体所有制经济组织,并对其管理办法、与主办或者扶持单位关系、内部管理、法律责任等进行了详细说明。随后,政府又相继出台了《职业介绍暂行规定》(1990 年)和《关于加强人才招聘管理工作的通知》(1991 年),促进了人力资源服务机构规范有序发展。

行业活动方面。各地政府在探索人力资源市场化配置的过程中,进行了诸多有益的尝试。1984 年,西安市率先开始劳务市场招聘;同年,北京市举办了第一届人才交流洽谈会,开创了供需见面、双向选择的先河;1988

年,深圳市人才服务公司建立了全国首家人才市场,极大便利了特区三资企业的人才招募。行业协会方面,1989 年,中国对外服务工作行业办会成立,这是人力资源服务领域最大、最早的全国性行业组织之一。

(四) 快速发展期:1992—2000 年

1992 年邓小平南方谈话后,党的十四大明确提出建立社会主义市场经济的目标,建立包括劳动力市场在内的统一的社会主义市场体系。在大力发展市场经济的背景下,外资机构和企业迅速增加,企业间人力资源流动速度加快,人力资源服务市场需求旺盛。这一时期大量非国有资本参与到人力资源服务行业中,行业的经营格局和内容也发生了显著变化,由行政主导逐渐转变为市场需求导向。伴随着市场化竞争机制的形成,人力资源服务业迅速发展壮大。

产业发展方面。为解决人才市场地区分割现象严重,制约人才在更大范围内合理流动的问题,1994 年人事部与沈阳、天津和上海市共同组建中国北方人才市场、中国沈阳人才市场、中国上海人才市场。此后,人事部陆续与各地合作共建了一批人才市场,人才市场开始进入快速发展的通道。与此同时,这一时期也涌现出一大批优秀的民营人力资源服务机构,逐渐形成了多领域、多层次的人力资源服务业态,人力资源服务业的业务范围逐渐从单一的人员招募扩展至猎头、人事代理、管理咨询、培训开发、员工关系等各个方面。1993 年,中国第一家猎头顾问公司北京泰来猎头咨询事务所在北京创建。这一时期,在上海、广州、北京等城市有一些公司直接以"劳务派遣"命名并持续使用至今,如上海虹凯劳务派遣有限公司(1992 年)、深圳市百灵劳务派遣有限公司(1994 年)、北京东方慧博劳务派遣有限公司(1999 年)等。随着信息技术的发展,互联网招聘开始出现。传统三大招聘网站——前程无忧(1998 年)、智联招聘(1997 年)、中华英才网(1997 年)的诞生均可追溯至这一时期。

政策制定方面。为加强人才市场建设的规划,加快人才市场发展的步伐,促进人才市场的健康发展,1994 年《加快培育和发展我国人才市场的意见》明确提出发展人才市场的总体目标,即实现个人自主择业,单位自主择人,市场调节供求,社会服务完善,社会保障健全,在国家宏观调控下,使市场在人才资源配置方面起基础性作用。为保护劳动者的合法权益,调整劳动关系,建立和维护适应社会主义市场经济的劳动制度,促进经济发展和社会进步,1994 年第八届全国人民代表大会常务委员会第八次会议通过了《中华人民共和国劳动法》,对劳动关系以及与其有联系的其他社会关系进行调整。为保护劳动者和用人单位的合法权益,发展和规范劳动力市场,促进就业,2000 年新颁布的《劳动力市场管理规定》取代了 1995 年的《就业登记规定》和《职业介绍规定》,对求职与就业、人员招用、职业介绍、公共就业服务等方面进行了详细规定。

行业活动方面。在这一时期,中国经济的高速发展吸引了众多外资企业在华开展业务。为给中国员工提供更多在国际知名企业就业的机会,1993 年 FESCO 与北京市人才中心合作举办外国企业人才招聘会,开创了中国场地招聘会的先河。为解决好下岗失业员工的再就业问题,上海市于1996 年率先创建再就业服务中心,此后全国各地陆续建立起本地的再就业服务中心,为下岗职工发放基本生活费,代缴社会保险费用,通过培训和职业指导等形式帮助其实现再就业。行业协会方面,1996 年北京人力资源服务行业协会成立,是国内成立最早、最具影响力的省级人才交流协会之一。

(五) 规范发展期:2001—2009 年

2001 年中国加入世界贸易组织,全方位、可预见、对等的开放格局为人力资源服务产业带来了前所未有的机遇。在这一时期,人力资源服务业和人力资源服务市场的概念正式提出。《2002—2005 年全国人才队伍建设规划纲要》中首次提出了"建立统一、规范的人力资源市场"的论述,2007 年国务院出台的《关于加快发展服务业的若干意见》中明确提出要"大力发展人力资源服务业",首次将人力资源服务业列为服务业中的一个重要门类。至此,人力资源服务业的行业地位得以正式确认。2008 年《就业促进法》的出台和实施,首次在国家法律层面明确提出了"人力资源市场"的概念。

产业发展方面。自加入 WTO 以来,我国改革开放进入与国际接轨的提速期。这一时期大量外资背景的人力资源服务机构进驻中国,民营人力资源服务机构规模和市场占有率逐年上升。与此同时,部分优秀境内人力资源服务机构锐意进取,积极提升国际影响力。2004 年前程无忧登陆纳斯达克,成为首个在美国证券交易市场上市的中国人才服务企业。2006年上海人才有限公司完成了与Randstad的合资,为国内客户提供全方位的人力资源服务。与此同时,自2001年起政府积极推进所属人才服务机构体制市场化改革,提出了"管办分离、政事分开""市场经营和公共服务分开"等改革方向。2002年,上海人才市场在全国率先进行改制,拆分为上海人才有限公司和上海市人才服务中心两个机构。2008年,在机构改革的背景下,政府提出了统筹机关企事业单位人员管理,整合人才市场与劳动力市场,建立统一规范的人力资源市场,促进人力资源合理流动和有效配置等要求。

政策制定方面。这一时期政府出台了大量法律政策,旨在引导人力资源服务行业规范发展。为建立和健全机制完善、运行规范、服务周到、指导监督有力的人才市场体系,优化人才资源配置,规范人才市场活动,维护人才、用人单位和人才中介服务机构的合法权益,2001年颁布的《人才市场管理规定》就人才中介服务机构、人事代理、招聘与应聘等方面作出了规定。在大量外资企业进入中国的背景下,我国政府于2002年和2003年相继出台了《境外就业中介管理规定》和《中外合资人才中介机构管理暂行规定》,对外事人力资源服务进行规范和指导。2004年人事部发布《关于加快发展人才市场的意见》,明确要推动人才中介服务机构能力建设。2008年正式实施的《劳动合同法》和《就业促进法》,进一步为人力资源服务业的发展提供了法律和政策支撑。

行业活动方面。这一时期人力资源服务机构积极推动跨地区人才交流。2002年中国南方人才市场率近百家内地名企赴香港招揽国际化优秀人才,将现场招聘会模式引入了香港地区。2003年首届跨地区人力资源派遣研讨会在上海召开,这是国内人力资源派遣、外包服务领域第一个行业论坛。2007年中国人才服务业博览会在上海举办,通过现场展示洽谈和专题论坛等形式,为全国人才服务业同行之间以及和各类用人单位搭建了交流平台。

学术研究方面。随着人力资源服务实践的不断深入,这一时期涌现出一批人力资源服务业相关的研究成果。2002年顾家栋发表了题为《对上海人力资源服务业的新思考》的论文,这是检索范围内我国第一篇以"人力资源服务业"为题的学术论文。2003年吴雯芳翻译了美国学者库克的《人力资源外包策略》一书,将国外学者的研究成果引入中国。2006 年丁薛祥主编的《人才派遣理论规范与实务》一书出版,这是国内劳务派遣方面较早出版的专业书籍。2006 年北京大学人力资源开发与管理研究中心与上海对外服务有限公司签署战略合作协议,开始启动校企合作研究中国人力资源服务业发展与战略问题研究,启动中国人力资源服务业白皮书的撰写工作。2007 年在北京大学举办的国际人力资源开发研究会亚洲年会上发布了中国第一部《中国人力资源服务业白皮书》,引发了国内外学者对于中国人力资源服务业的广泛关注。2008 年开始在国家人力资源和社会保障部的指导下,持续每年在人民出版社公开出版《中国人力资源服务业白(蓝)皮书》,受到政界、学界与企业界的普遍欢迎与肯定。

人才培养方面。这一时期高校开始培养人力资源服务业相关的研究生,研究领域涵盖人力资源服务、人才服务、人力资源外包等方面。2002 年首都经济贸易大学赵改书教授指导的学生张焱通过答辩并获得硕士研究生学位,其论文题目为《论我国人力资源服务产业的兴起与发展》。北京大学政府管理学院萧鸣政教授自 2003 年起指导硕士研究生从事政府人才服务机构改制与中国人力资源服务业的理论、业态与评价相关研究,至今已培养了人力资源服务业研究方向的 10 位硕士生和 3 位博士生。

(六) 协同创新期:2010—2019 年

党的十八大以来,在全面深化改革的宏观背景下,我国的人力资源流动更加活跃。与此同时,中国经济开始由高速增长转为中高速增长,市场在人力资源配置中的作用更加明显,这对人力资源服务的数量和质量提出了更高的要求。这一时期行业中的创新做法层出不穷,其中人力资源服务园区的建立,有助于深化人力资源服务区域合作,创新人力资源服务模式,人力资源服务业由单打独斗走向行业联合,产业聚集效应得以充分发挥。

产业发展方面。2010 年我国首个国家级人力资源服务业发展集聚区——中国上海人力资源服务产业园区,在上海闸北区正式揭牌,标志着中国人力资源服务业进入了协同集群发展的新时期。同年,中国人力资源服务行业极具竞争力和品牌价值的北京外企人力资源服务有限公司(FESCO)与全球最大的人力资源服务公司 Adecco 联合成立了北京外企德科人力资源服务上海有限公司（FESCO Adecco）。2013 年 58 同城在美国纽交所挂牌上市，上市后公司财务迅速扭亏为盈。2015 年 58 同城发布公告称，公司战略入股分类信息网站赶集网，同年宣布并购中华英才网。2017年北京科锐国际人力资源股份有限公司上市，是人力资源服务行业在 A 股资本市场的第一股。2018 年猎聘正式在香港联合交易所上市，同年科锐国际收购英国领先招聘服务供应商 Investigo，人力资源服务业发展进入快车道，行业聚集效应初步显现。

政策制定方面。这一时期国家出台了一系列政府文件支持人力资源服务行业蓬勃发展。2010 年颁布的《中长期人才发展规划纲要（2010—2020年）》，提出要"大力发展人才服务业"。2011 年《产业结构调整指导目录（2011 年本）》正式将"就业和创业指导、网络招聘、培训、人员派遣、高端人才寻访、人员测评、人力资源管理咨询、人力资源服务外包"等列入了国家鼓励类产业目录。同年《国民经济和社会发展第十二个五年规划纲要》首次将人力资源服务列为生产性服务业的重要组成部分纳入国民经济和社会发展规划，提出"规范发展人事代理、人才推荐、人员培训、劳务派遣等人力资源服务"。2014 年《关于加快发展人力资源服务业的意见》，首次就加快发展人力资源服务业作出全面部署，提出了加快行业发展的 8 项重点任务和 6 条政策措施，基本确立了发展人力资源服务业的政策框架和重点领域，明确了时间表、路线图和政策措施。2018 年发布的《人力资源市场暂行条例》是改革开放以来人力资源要素市场领域的首部行政法规，明确规定了人力资源服务业的法定地位，为推动人力资源服务业健康发展提供了法制保障。2019 年发布《关于充分发挥市场作用促进人才顺畅有序流动的意见》是近年来人才工作领域首个关于人才流动配置的改革性文件，从健全人才流动市场机制、畅通人才流动渠道、规范人才流动秩序、完善人才流动服务体系四个方面提出一系列具体措施。

行业活动方面。人力资源服务业相关的活动更加丰富多样，如 2015 年由中国人事科学研究院、宁波市政府主办的"中国（宁波）人力资源服务创新创业大赛"顺利举办，同年北京大学人力资源开发与管理研究中心组织召开"中国人力资源服务业发展战略高级论坛"，2017 年重庆市人才大市场建立国内首个家庭服务业实训体验中心。此外，这一时期人力资源服务业的行业标准逐渐明晰。如 2011 年国家质检总局正式批准发布《高级人才寻访服务规范》，这是中国人力资源服务行业首个国家标准，2017 年诚通人力牵头制定的国家标准《高校毕业生就业指导服务规范》发布，2018 年全国第一部区域协同地方标准《京津冀人力资源服务区域协同地方标准》在北京颁布。

学术研究方面。这一时期人力资源服务业相关论著和论文的系统性和原创性大大增强。2016 年余兴安主编的《人力资源服务概论》正式出版，系统介绍了人力资源服务行业中招聘服务、高级人才寻访、劳务派遣、培训服务、人才测评、人力资源服务外包、人力资源管理咨询、流动人员人事档案管理、就业服务、人力资源和社会保障公共事务代理、职业指导等具体业务。北京大学人力资源开发与管理研究中心继续发布年度《中国人力资源服务业白（蓝）皮书》，原创内容包括中国人力资源服务业研究体系、区域人力资源服务业、人力资源服务机构竞争力与人力资源服务业态评价体系等。论文方面，这一时期学者们以人力资源服务业为题，在《中国人力资源开发》《经济纵横》《中国人力资源社会保障》等刊物上发表了数十篇学术论文，就人力资源服务业的发展历程、现存问题、未来方向进行了深入探讨，论文的数量和质量均实现了跨越式发展。

人才培养方面。国内高校开始聚焦人力资源服务业这一领域，培养专业化的研究人才。2015 年，北京大学董小华在萧鸣政教授的指导下撰写了题为《人力资源服务效能评价与服务效能影响因素的实证研究——基于北京市人力资源服务业发展情况样本》的博士学位论文并通过答辩。2016 年，吉林大学杨妮娜在李德志教授的指导下撰写了题为《吉林省人力资源服务体系建设研究》的博士学位论文并通过答辩。2017 年，北京大学萧鸣政教授指导的学生丁肇启和曹伟晓通过答辩并获得博士研究生学位，其论文题目分别为《区域人力资源服务业与经济社会发展关系研究》和《人力资源服务业区域竞争力评价及竞争力提升策略研究——基于北京市样本》，中国人力资源服务业人才培养进入了新时代。此外，北京大学萧鸣政，苏州大学张劲松、王剑敏、尚虎平，山东大学兰华，西安电子科技大学王林雪，华东政法大学王光荣等分别指导学生撰写了人力资源服务业相关的硕士学位论文。

二、1949—2019 年人力资源服务业发展趋势

纵观 1949—2019 年我国人力资源服务业的发展历程,总体而言,70 年来我国人力资源服务业的发展呈现出以下发展趋势:计划经济的体制内服务转向市场经济的体制外服务,传统的人工服务转向信息化服务,行业性发展转向国家制度化发展,市场主体性发展转向规范化法治发展,从国内保护发展转向全面开放的国际化发展,从零星的个性发展转向产业规模的集聚化发展,从传统的中介服务转向高层次专业化的服务,从各业态的单一发展转向融合金融、税务与医疗等的综合协同发展。

（一）计划经济的体制内服务转向市场经济的体制外服务

这一趋势最主要表现在快速发展期。改革开放以来,我国政府始终坚持人力资源服务业的市场化改革,发挥市场的人才配置功能。党的十四大后,在市场经济体制下,我国政府积极建构日益规范有序、公平竞争的市场环境,促进人力资源服务行业良好发展。人力资源服务业逐渐由政府主导转向市场主导,民营企业成为行业的中坚力量。从 1979 年北京市友谊商业服务总公司成立并向外商驻华机构派出第一名中方雇员,到如今市场主体多元、机构数量增加、业务范围扩大、服务质量提升,民营人力资源服务企业的活力持续增强。

（二）传统的人工服务转向信息化服务

这一趋势最主要表现在快速发展期。伴随着互联网技术和信息技术的发展,人力资源服务业信息化成为大势所趋。最早推行线上招聘的传统三大招聘网站——前程无忧、智联招聘、中华英才网,其历史均可追溯至 20 世纪 90 年代。近年来,人力资源服务业进入了"互联网+人力资源服务"的新时代。线上电商模式和线下服务平台或软件相结合,主要的人力资源服务业态都可以通过互联网实现。人力资源服务移动 APP、人力资源大数据信息挖掘、虚拟人力资源产业园区等新工具层出不穷,实现了人力资源服务与新兴技术的深度融合。

（三）行业性发展转向国家制度建设性发展

人力资源服务业制度化的发展趋势最主要表现在规范发展期。尽管在研究与实践中长期使用了"人才市场""劳动力市场"等概念，人力资源服务业这一概念的正式确立时间是 2007 年，《关于加快发展服务业的若干意见》首次将其作为服务业的一个重要门类。2008 年《就业促进法》首次在法律层面提出了"人力资源市场"的概念，2014 年《关于加快发展人力资源服务业的意见》首次就加快发展人力资源服务业作出全面部署。2018 年《人力资源市场暂行条例》是改革开放以来人力资源要素市场领域的首部行政法规，其中明确规定了人力资源服务业的法定地位，为推动人力资源服务业健康发展提供了法制保障。

（四）市场主体性发展转向规范法治性发展

人力资源服务业规范化的发展趋势最主要表现在规范发展期。人力资源服务业的发展得到了国家政策的大力支持，政府出台了一系列产业、就业、人才政策支持行业规范有序发展，如建立健全劳动保障法律体系、完善劳动监察机制、规范外资企业在华经商等。行业标准方面，2006 年北京人力资源服务行业协会发布了全国第一部人力资源服务标准，2011 年国家质检总局正式批准发布中国人力资源服务行业首个国家标准《高级人才寻访服务规范》，2018 年国务院颁布了《人力资源市场暂行条例》，从市场化主体随意发展转向了规范化的法治时代，人力资源市场司更名为人力资源流动管理司，行业规范建设有助于维护人力资源服务行业秩序，引导人力资源服务回归到促进人员流动、激发潜能与全面发展的根本目标，实现可持续发展。

（五）国内产业保护性发展转向全面开放的国际化发展

人力资源服务业国际化的发展趋势最主要表现在规范发展期。中国加入 WTO 之初，知名跨国人力资源服务公司纷纷通过并购、投资、入股等方式进驻中国市场。随着我国人力资源服务业国际影响力的提升，众多优秀机构开始"走出国门"，积极开展海外业务，在境外国外交易所挂牌上市，举办国际交流会议，加速了我国人力资源服务的国际化进程。随着我国对外开放程度的不断提高,人力资源国际流动成为常态,人力资源服务机构逐渐成为代表中国参与国际竞争的核心力量。学术研究方面,我国学者早期以翻译国外专著为主,目前已经建立起一套完善的理论体系,向世界介绍中国经验。

（六）零星的个性发展转向产业园的集聚化发展

人力资源服务业聚集化的发展趋势最主要表现在协同创新期。2010年我国首个国家级人力资源服务产业园区在上海成立,随后全国各地陆续建立起一批有特色、有活力、有效益的地方产业园。产业园区在集聚产业、拓展服务、孵化企业、培育市场方面发挥了积极作用,有助于人力资源服务产业的集聚发展。此外,70年来人力资源服务区域合作逐渐增加,通过优势互补实现协同发展。如2003年南方人才市场建立"珠三角城市群人才一体化战略联盟",随后将联盟扩展至港澳台地区,跨地区合作有效促进了不同地区的协同发展。

（七）传统的中介服务转向高层次专业化的服务

人力资源服务业专业化的发展趋势最主要表现在协同创新期。最初的人力资源服务机构的职业介绍业务被称为"一张桌子、一根电话线"。随着人力资源开发与管理技术的进步,人力资源服务的专业性大大提升。面对激烈的市场竞争以及客户提出的需求,人力资源服务业的从业者努力提升自身专业素质,学习先进的人力资源管理经验。此外积极进行服务"升级",从派遣、行政事务代理等初级服务向职能外包、管理咨询等中端服务转型,积极探索核心员工保留、员工凝聚力培训等高端服务业务。提升自主创新能力,打造具有核心竞争力的品牌。

（八）各业态的独立发展转向融合与综合的协同发展

人力资源服务业综合化的发展趋势最主要表现在协同创新期。最初的人力资源服务机构主要从事劳务派遣、就业安置等业务,如今已经形成了包括人才寻访、培训开发、人才测评、管理咨询、人事代理、就业服务等业务在内的综合人力资源服务体系,人力资源服务业的业务范围得到了充分扩展。

近年来人力资源服务行业积极推进产业整合,开发新的服务模式,如将人力资源服务与金融服务、税务服务、医疗卫生、保健服务相结合,中高端人才寻访与灵活用工、招聘流程外包等业务结合,为雇主提供综合招聘方案;推出"灵活用工服务+咨询+培训+软件"的新型服务模式,将自身角色由传统的劳务派遣转为灵活用工服务整体供应商。人力资源服务业由单一业态的专业发展转向了多业态综合、多行业融合协同发展的新时代。

三、1949—2019 年人力资源服务业重要人物

本书对 1949—2019 年为人力资源服务事业作出重要贡献的人物进行梳理总结,将其分为理论与实践两大类。其中学术研究类重要贡献者 10人,主要涉及发表人力资源服务业相关论文、教材、专著的研究人员,以及培养高校人力资源服务领域硕士生、博士生的教育人员。实务实践类重要贡献者 11 人,主要涉及举办人力资源服务业行业交流活动、发布行业调查报告、推动行业标准形成的协会人员,以及创办人力资源服务业公司、提供具体人力资源服务的企业人员。各类人物按照姓氏拼音而非贡献大小进行排序。

(一) 学术研究类重要贡献者

以"人力资源服务""人力资源市场""人才服务""人才市场"为标题关键词,通过相关权威检索工具对 1949—2019 年的论著进行检索,共有 62 部相关著作;在中国知网对 1949—2019 年的论文进行检索,共有 3711 篇相关论文,其中核心期刊论文 857 篇。在中国知网、北京大学学位论文库、清华大学学位论文库、中国人民大学学位论文库进行检索,共有 173 篇硕博学位论文,涉及 192 位指导教师。编委会组织专家团队进行评审,兼顾著作与论文、数量与质量,最终陈力、顾家栋、侯增艳、李德志、莫荣、汪怿、萧鸣政、杨伟国、余兴安、赵改书入选学术研究类重要人物。他们探索与创建了一系列中国人力资源服务业的相关理论与方法体系,通过白皮书与蓝皮书,记录、分析与总结了中国人力资源服务业的发展历史、现状与趋势,为有效推动中国人力资源服务业的研究与发展作出了重要贡献。

陈力,中国人事科学研究院研究员。主要研究领域包括人力资源市场

建设、政府人才服务机构改革、人力资源公共服务体系建设、人力资源服务业发展政策等。撰写《政府人才服务机构体制改革的现状与对策》(2008)、《我国人力资源服务业政策法规建设研究》(2012)等学术论文专著。其主要贡献是对中国人力资源服务业政策法规的持续研究。

顾家栋，上海对外服务有限公司原总经理，上海人才服务协会名誉会长。撰写发表《发展服务贸易大有可为》(1996)、《在世界经济一体化趋势中对上海市人才服务的思考》(1996)、《对外人才服务可持续发展对策》(1998)等多篇学术论文，是 2007 年、2008 年、2009 年、2010 年《中国人力资源服务业白皮书》的主编之一。锐意创新，带领企业在短短几年内发展成为涵盖劳务输出等 14 项业务的综合性服务公司。公司连续 3 次被评为上海市文明单位，连续 2 年获得上海市服务贸易创汇奖。其主要贡献在于与北京大学人力资源开发与管理研究中心共同开启了校企联合研究中国人力资源服务业之路，对于高校开展中国人力资源服务业发展研究的持续支持，以理论研究指导业务发展。

侯增艳，中国劳动和社会保障科学研究院副主任、副研究员。著有学术专著《中外人力资源服务业比较研究》(2013)，撰写发表《国际人力资源服务业发展及启示》(2013)、《我国人力资源服务产业园区发展状况及对策研究》(2014)等多篇学术论文。其主要贡献在于对国际人力资源服务业发展的研究。

李德志，吉林大学行政学院教授、博导。曾指导学生门雨颖于 2006 年撰写硕士学位论文《经济转轨时期中国人才市场的分析》，指导学生杨妮娜于 2016 年撰写博士学位论文《吉林省人力资源服务体系建设研究》，发表学术论文《人力资源服务业：一个文献综述》。其主要贡献在于是我国最早指导硕士与博士研究人力资源服务业问题的学者之一。

莫荣，中国劳动和社会保障科学研究院副院长。著有学术专著《中外人力资源服务业比较研究》(2013)，撰写发表《对上海人力资源产业园建设发展的初步评估》(2016)等多篇学术论文，是中国政府第一部就业白皮书《中国的就业状况和政策》的作者和发布人之一。其主要贡献在于对国外人力资源服务业及我国人力资源服务业产业园的研究，推动了中国人力资源服务业的发展。

汪怿,上海社会科学院政治与公共管理研究所研究员、上海社会科学院人力资源研究中心副主任。主要研究领域包括人才发展战略、人力资源服务产业政策,撰写《我国人力资源服务业政策法规建设研究》(2012)、《上海人力资源服务业:产业升级的先行者》(2013)等学术论文专著。其主要贡献在于对我国人力资源服务业政策法规的研究。

萧鸣政,北京大学 A1 教授、博导。自 1993 年开始关注人才市场化问题,1995 年发表《关于当前人才市场的剖析与思考》的论文,系统性探讨了人才流动与就业的服务问题。2003 年开始在北京大学指导研究生持续研究人力资源服务业问题,目前培养了人力资源服务业方向的 10 位硕士与 3 位博士;2006 年在中国率先组织力量并联合企业进行人力资源服务业学术研究。自 2007 年联合发布首部中国人力资源服务产业白皮书以来,持续每年发布一部白(蓝)皮书。发表专业性论著 20 多篇(部),平均每年举办一次人力资源服务业的高层论坛。是中国最早研究人力资源服务业的资深学者之一,也是在本领域目前持续研究时间最长、发表成果与培养人才最多的教授。其主要贡献在于联合企业发布中国人力资源服务业白(蓝)皮书,记录中国人力资源服务的发展成果;培养了第一位研究人力资源服务业的博士;从学术研究、举办论坛、人才培养与咨询服务全方位持续推动中国人力资源服务业的发展。

杨伟国,中国人民大学劳动人事学院院长,劳动经济学教授、博士生导师,中国人民大学中国就业研究所副所长,从事劳动经济理论与政策、战略人力资源审计、人力资本管理、人力资源服务产业等领域的教学与研究。发表了《中国劳动力市场测量:基于指标与方法的双重评估》《战略人力资源审计:历史、结构与功能》等论文。其主要贡献在于通过就业研究等推动了中国人力资源服务业的发展。

余兴安,中国人事科学院研究院院长、党委副书记、研究员,全国政协委员。撰写了《人力资源服务概论》(2016)、《人力资源服务业的兴起》(2016)、《努力成就世界一流的人力资源服务业》(2018)等一系列论文专著。其主要贡献在于以理论联系实践以及多方面的学术活动,推动了中国人力资源服务业的研究与发展。

赵改书,首都经济贸易大学经济学院教授、博导。曾指导学生张焱于

2002年撰写硕士学位论文《论我国人力资源服务产业的兴起与发展》,发表学术论文《入世后我国的人力资源服务》,是检索范围内中国最早指导学生开展人力资源服务业相关研究的学者之一。其主要贡献在于通过指导研究生推动人力资源服务业发展。

(二)实务实践类重要贡献者

编委会组织专家团队,选定樊进生、高勇、李栋、李震、彭剑锋、王建华、王旭东、王一谔、张锦荣、张宇泉、朱庆阳为实务实践类重要人物。他们在任期间带领组织开展人力资源服务业社会活动,促进行业内部交流,发布行业调查报告,推动行业标准形成,或带领企业积极开展人力资源实践,探索创新型人力资源服务技术与管理咨询模式,有效推动了行业进步与社会发展,为中国人力资源服务业的蓬勃发展作出了重要贡献。

樊进生,中国对外服务工作行业协会原秘书长、北京外企人力资源服务有限公司原副总经理。在任期间带领协会围绕"行业服务,行业自律,行业代表,行业协调"的基本职能积极作为,使其成为中国人力资源服务产业中最具影响力的行业协会。曾撰写《2015年人力资源服务企业经营状况调查分析》等报告。其主要贡献在于通过组织对外服务协会的活动推动了中国人力资源服务业的发展。

高勇,北京科锐国际人力资源股份有限公司董事长,中国人才交流协会高级人才寻访专业委员会轮值主任。中国专业招聘服务行业的先行者,倡导创新与领先的商业模式。率先在中国提出招聘流程外包(RPO)业务模式,推进灵活用工模式的在华实践。其主要贡献在于通过公司管理与管理咨询推动了中国人力资源服务业的发展。

李栋,上海对外服务业有限公司党委书记、董事长,2018年上海市优秀企业家提名奖获得者。带领公司拓展人力资源服务新业态,在行业创新发展、企业并购重组、国内外市场拓展、业务转型提升等方面积极探索,带领上海外服有效实现了高质量与跨越式发展,连续多年实现了营收和利润"两位数增长"。其主要贡献在于通过公司管理与业务发展推动了中国人力资源服务业的发展。

李震,中国人力资源开发研究会副会长兼秘书长,发表《人力资源服务业在迅猛发展中走向成熟和理性》等论文,在我国最早提出人力资源服务业的行业观,认为人力资源服务业是为企业提供人力资源外包服务的企业与机构。通过人力资源开发研究会,大力支持与推动学术机构开展中国人力资源服务业的学术活动;通过《中国人力资源开发》杂志,积极引领与支持人力资源服务业方面的学术论文发表。其主要贡献在于通过自己的学术观点、中国人力资源开发研究会与《中国人力资源开发》推动了中国人力资源服务业的发展。

彭剑锋,华夏基石管理咨询集团首席合伙人兼董事长,中国人民大学教授。带领企业成为中国最专业、规模最大的专业咨询机构之一,致力于整合、传播国内外先进管理理念与最优实践成果,并推进其在中国管理实践的应用。其主要贡献在于结合自己的人力资源教学研究工作,理论与实践相结合,勇于从教学走向人力资源咨询服务,促进了教学研究与咨询实践的深度融合。

王建华,中国人才交流协会会长,全国人才流动中心党委书记、主任。带领协会充分发挥桥梁纽带作用,搭建交流合作平台,特别是在加强行业理论研究、开展行业自律、促进区域人才合作、做好公共就业和人才服务等方面成绩突出,为我国人力资源服务业发展作出了积极贡献。其主要贡献在于通过中国人才流动中心与交流协会推动了中国人力资源服务业的发展。

王旭东,中国国际技术智力合作公司原总经理。带领公司拓展人力资源外包、人力资源管理咨询、培训、猎头招聘及 BPO、国际(含境外)劳务输出、国际人力资源及商事、技术服务及贸易等业务板块,公司连续 12 年位居中国人力资源行业企业第一。其主要贡献在于通过公司管理与业务发展推动了中国人力资源服务业的发展。

王一谔,北京外企服务集团有限责任公司党委书记、董事长,北京外企人力资源服务有限公司董事长。带领公司以人力资源外包服务为主业,形成了较为完善的人力资源服务体系和产品链,成为一个为客户提供有温度服务的综合人力资源解决方案的高科技公司。其主要贡献在于通过公司管理与业务发展推动了中国人力资源服务业的发展。

张锦荣,万宝盛华人力资源(中国)有限公司大中华区副总裁,曾任中国"跨地区人力资源外包联盟"首届和第二届秘书长。带领企业以释放人才发展潜能为使命,为雇主提供灵活用工、人才寻猎、招聘流程外包、人才管理及培训发展等涵盖整个雇佣生命周期和商业周期的人力资源综合解决方案。其主要贡献在于通过公司管理与业务发展推动了中国人力资源服务业的发展。

张宇泉,北京人力资源服务行业协会党委书记。主持制定了北京人才服务企业标准、北京人才服务地方标准、北京人力资源服务地方标准,开创了全国人力资源服务标准化建设的先河。主编《人才市场的发展与创新》《北京人力资源服务业发展报告》等专著报告。主要贡献在于推动发布了中国第一个人才服务的地方标准体系,通过组织北京市人力资源服务协会多方面的活动推动了中国人力资源服务业的发展。

朱庆阳,上海人才服务行业协会秘书长,中国人才交流协会副秘书长。带领协会积极配合政府,开展行业战略咨询,出台推进行业发展的政策法规;加强行业自律,建立行业公示平台和谴责制度;完善行业标准体系,多次参与国家级标准的制定和研讨,牵头起草并发布多项上海市地方标准和行规行约。主要贡献在于推动发布了上海市多个人才服务的地方标准体系与规范制度,通过组织上海市人力资源服务协会多方面的活动推动了中国人力资源服务业的发展。

四、1949—2019 年人力资源服务业重要事件

编委会系统梳理了 1949—2019 年人力资源服务业产业发展、政策制定、行业活动、学术研究与人才培养等领域的事件共 118 项,其中产业发展类 30 项,政策制定类 50 项,行业活动类 20 项,学术研究与人才培养类 18 项,内容以时间先后为序。

(一) 产业发展类重要事件

1979 年《人民日报》刊登了上海市徐汇区设立劳动服务公司,这是首次在报刊上出现"劳动服务公司"的名称。

1979 年北京市友谊商业服务总公司成立并向外商驻华机构派出第一

名中方雇员。

1983 年沈阳市人才服务公司、广东省人才交流服务中心相继成立。

1984 年全国人才交流咨询服务中心在北京挂牌营业。

1984 年上海对外服务有限公司成立。

1985 年广东省友谊国际企业服务有限公司成立。

1986 年中国四达国际经济技术合作公司成立。

1987 年中国国际技术智力合作公司成立。

1988 年全国人才流动中心成立。

1991 年深圳市人才智力市场开业,成为全国首家常设型的人才市场。

1993 年北京泰来猎头咨询事务所成立,成为中国第一家猎头公司。

1994 年人事部与沈阳、天津和上海市联合举行了"组建区域性人才市场新闻发布会",宣布组建中国北方人才市场、中国沈阳人才市场、中国上海人才市场。

1995 年著名人力资源服务公司、世界 500 强企业 Adecco 进入中国。

1997 年"中华英才网"成立。

1997 年"智联招聘"成立。

1998 年起各地开始成立再就业服务中心。

1999 年"前程无忧"成立。

2000 年著名人力资源服务公司、世界 500 强企业 Manpower 进入中国。

2001 年我国加入世贸组织,大量国外人力资源服务机构引入中国。

2002 年上海人才市场在全国率先进行改制。

2005 年 Randstad 进入中国市场,2006 年完成与上海人才有限公司的合资。

2009 年宁波保税区人力资源广场正式揭牌运营,是浙江省乃至全国第一个多功能人力资源服务广场,是中国人力资源服务产业园区的雏形。

2010 年我国首个国家级人力资源服务业发展集聚区——中国上海人力资源服务产业园区,在上海闸北区正式揭牌。

2010 年中国人力资源服务行业最具竞争力和品牌价值的北京外企人力资源服务有限公司(FESCO)与全球最大的人力资源服务公司 Adecco 联合成立了北京外企德科人力资源服务上海有限公司(FESCO Adecco)。

2013 年 58 同城在美国纽交所挂牌上市。

2015 年 58 同城发布公告称,公司战略入股分类信息网站赶集网,同年宣布并购中华英才网。

2017 年北京科锐国际人力资源股份有限公司上市,是人力资源服务行业在 A 股资本市场的第一股。

2018 年中国国际技术智力合作公司、上海瑞力投资基金管理有限公司等联合发起成立人力资源服务行业为主线的产业投资基金——中智瑞力人力资源产业基金。

2018 年猎聘正式在香港联合交易所上市。

2018 年科锐国际收购英国领先招聘服务供应商 Investigo。

(二) 政策制定类重要事件

1980 年颁布《关于管理外国企业常驻代表机构的暂行规定》。

1980 年《进一步做好城镇劳动就业工作》明确"三结合"的就业方针,我国就业政策从"统包统配"就业模式正式向多元就业模式转变。

1983 年《国务院关于科技人员合理流动的若干规定》第一次通过行政法规对人才流动的方向和人才流动中各个主体的相关权益和责任进行了较为全面的规定。

1984 年发布《关于成立劳动人事部人才交流咨询服务中心的通知》。

1985 年《中共中央关于科学技术体制改革的决定》提出"改革科学技术人员管理制度,造成人才辈出、人尽其才的良好环境。""必须改变积压、浪费人才的状况,促使科学技术人员合理流动。"

1986 年劳动合同制的推出,加快了劳动制度改革的步伐。

1988 年发布《关于加强流动人员人事档案管理工作的通知》。

1989 年发布《关于进一步加强流动人员人事档案管理的补充通知》。

1990 年发布《劳动就业服务企业管理规定》。

1990 年发布《职业介绍暂行规定》。

1991 年发布《关于加强人才招聘管理工作的通知》。

1994 年颁布《加快培育和发展我国人才市场的意见》,明确提出发展人才市场的总体目标。

1995 年劳动部颁布《职业介绍规定》。

1996 年人事部颁布《人才市场管理暂行规定》，明确人才市场中介机构的服务范围。

2000 年颁布的《劳动力市场管理规定》，取代了 1995 年的《职业介绍规定》。

2001 年发布《人才市场管理规定》。

2002 年发布《2002—2005 年全国人才队伍建设规划纲要》，首次提出实施"人才强国"战略。

2002 年发布《境外就业中介管理规定》。

2002 年推进政府所属人才服务机构体制改革，提出了"管办分离、政事分开""市场经营和公共服务分开"等改革方向。

2003 年发布《中外合资人才中介机构管理暂行规定》。

2003 年颁布《关于进一步加强人才工作的决定》，向全国发出实施人才强国战略的号召。

2003 年财政部和国家税务总局发文《关于营业税若干政策问题的通知》。

2004 年前程无忧登陆纳斯达克，成为首个在美国证券交易市场上市的中国人才服务企业。

2004 年发布《关于加快发展人才市场的意见》，明确要推动人才中介服务机构能力建设。

2005 年发布《关于进一步加强就业再就业工作的通知》。

2007 年颁布《关于加快发展服务业的若干意见》首次将人才服务业作为服务业中的一个重要门类，强调要"发展人才服务业，完善人才资源配置体系"，"扶持一批具有国际竞争力的人才服务机构"。

2007 年《劳动合同法》和《就业促进法》颁布，首次在国家法律层面明确提出人力资源市场的概念。

2007 年党的十七大报告从加快推进经济社会建设的高度，明确要求"建立统一规范的人力资源市场，形成城乡劳动者平等就业的制度"。

2010 年《中长期人才发展规划纲要（2010—2020 年）》，提出要"大力发展人才服务业"，"健全专业化、信息化、产业化、国际化的人才市场服务体系"。

2011 年《高级人才寻访服务规范》正式批准发布,这是中国人力资源服务行业首个国家标准。

2011 年《产业结构调整指导目录(2011 年本)》正式将"就业和创业指导、网络招聘、培训、人员派遣、高端人才访聘、人员测评、人力资源管理咨询、人力资源服务外包"等列入了国家鼓励类产业目录。

2011 年《国民经济和社会发展第十二个五年规划纲要》首次将人力资源服务列为生产性服务业的重要组成部分纳入国民经济和社会发展规划,提出"规范发展人事代理、人才推荐、人员培训、劳务派遣等人力资源服务"。

2012 年发布《促进就业规划(2011—2015 年)》提出要大力发展人力资源服务业,加快建立专业化、信息化、产业化的人力资源服务体系。

2012 年修改《中华人民共和国劳动合同法》。

2012 年《服务业发展"十二五"规划》着重就促进人力资源服务业创新发展作出部署,明确了重点发展的新型服务业态。

2012 年《关于加强人力资源服务机构诚信体系建设的通知》旨在通过树立诚信服务树品牌,形成行业诚信发展的良好氛围。

2013 年《关于加快推进人力资源市场整合的意见》在全国范围内对建立统一规范的人力资源市场进行正式部署。

2014 年《关于加快发展人力资源服务业的意见》,首次就加快发展人力资源服务业作出全面部署,提出了加快行业发展的 8 项重点任务和 6 条政策措施,基本确立了发展人力资源服务业的政策框架和重点领域,明确了时间表、路线图和政策措施。

2014 年发布《劳务派遣暂行规定》。

2014 年《关于加快发展生产性服务业促进产业结构调整升级的指导意见》把人力资源服务业列为国家重点发展的十二项生产性服务业之一,明确指出人力资源服务业通过专业化服务"提升劳动者素质和人力资源配置效率",促进产业结构调整升级。

2016 年《国民经济和社会发展第十三个五年规划纲要》中把人力资源服务业作为现代服务业重要领域,提出了"产业升级和提高效率"的发展导向。

2016 年中共中央印发了《关于深化人才发展体制机制改革的意见》，明确要"大力发展专业性、行业性人才市场，鼓励发展高端人才猎头等专业化服务机构，放宽人才服务业准入限制。积极培育各类专业社会组织和人才中介服务机构，有序承接政府转移的人才培养、评价、流动、激励等职能"。

2017 年发布《人力资源服务业发展行动计划》，确立了今后一段时期人力资源服务业发展的行动纲领，提出要通过实施骨干企业培育计划、领军人才培养计划、产业园区建设计划和"互联网+"人力资源服务行动、诚信主题创建行动、"一带一路"人力资源服务行动，进一步改善发展环境，培育市场主体，推进业态创新，加快开放合作。

2017 年《服务业创新发展大纲（2017—2025 年）》明确了人力资源服务业创新发展的重点业态，鼓励发展专业化、国际化人力资源服务机构。

2017 年颁布《"十三五"促进就业规划》提出要培育人力资源服务产业园，实施"互联网+ 人力资源服务"行动，《关于做好当前和今后一段时期就业创业工作的意见》等，提出实施人力资源服务业发展推进计划。

2017 年党的十九大报告指出，要在人力资本服务等领域培育新增长点、形成新动能。

2018 年发布《人力资源市场暂行条例》是改革开放以来人力资源要素市场领域的首部行政法规，明确规定了人力资源服务业的法定地位，为推动人力资源服务业健康发展提供了法制保障。

2018 年全国第一部区域协同地方标准"京津冀人力资源服务区域协同地方标准"在京颁布。

2019 年发布《关于充分发挥市场作用促进人才顺畅有序流动的意见》是近年来人才工作领域首个关于人才流动配置的改革性文件。

2019 年《关于进一步规范人力资源市场秩序的意见》进一步规范人力资源市场活动，维护公平竞争、规范有序的人力资源市场秩序，更好发挥市场在人力资源配置中的作用，为促进就业创业营造良好的市场环境。

（三）行业活动类重要事件

1984 年北京市举办了第一次人才交流洽谈会。

1984 年西安市率先开始劳务市场招聘,开始了市场配置劳动力资源的尝试。

1988 年举办首届北京高校毕业生供需见面双向选择招聘会。

1989 年中国对外服务工作行业协会成立。

1996 年北京人力资源服务行业协会成立,是全国第一个成立的省级人才交流协会。

2001 年中国人才交流协会成立。

2001 年中国南方人才市场自投 300 万资金,在全国首创社会化评价选拔奖励精英人才活动,资助选拔的 20 名精英人才落户广州。

2002 年中国南方人才市场率近百家内地名企赴香港招揽国际化优秀人才,将现场招聘会模式引入了香港。

2002 年上海人才服务行业协会成立。

2003 年首届跨地区人力资源派遣研讨会在上海召开,是国内人力资源派遣、外包服务领域第一个行业论坛。

2006 年北京人力资源服务行业协会发布了全国第一部人力资源服务标准。

2007 年在北京大学举办的国际人力资源开发研究会亚洲年会上,北京大学人力资源开发与管理研究中心面向来自全球的 400 多位人力资源政产学研的代表,其中包括来自欧美澳亚各国的 142 位国际学者与来自中国著名高校与权威研究机构的 260 位中国学者,发布了首部《中国人力资源服务业白皮书》,受到政界、学界与企业界的普遍欢迎与肯定。

2007 年中国人才服务业博览会在上海举办。

2015 年由中国人事科学研究院、宁波市政府主办的"中国(宁波)人力资源服务创新创业大赛"在宁波举办。

2015 年中国人力资源服务业发展战略高级论坛在北京大学举办,论坛围绕"进行科学人力资源服务业发展评价、促进与引领中国人力资源市场与服务业优化发展"的主题,总结行业发展成就,研讨未来发展战略。

2015 年第四届中华人力资源研究会年会暨学术研讨会在广西南宁召开。

2016 年《中国人力资源服务业蓝皮书》发布暨行业发展高端论坛在北

京大学举办。该年是北京大学"中国人力资源服务业白皮书/蓝皮书"系列发布的第十年,本领域的专家学者总结中国人力资源服务业发展成就,研讨未来行业发展战略。

2017年重庆市人才大市场建立国内首个家庭服务业实训体验中心。

2017年诚通人力牵头制定的国家标准《高校毕业生就业指导服务规范》发布。

2019年中国人力资源服务业发展高层论坛暨评价成果发布会在北京大学举办,与会代表分别针对人力资源服务业发展的相关情况进行了发言,深入讨论了新时代人力资源服务业发展路径与前景。

(四) 学术研究与人才培养类重要事件

2002年顾家栋在《世界贸易组织动态与研究》(后更名为《上海对外经贸大学学报》)2002年第11期上发表了《对上海人力资源服务业的新思考》,是检索范围内中国第一篇以"人力资源服务业"为题的学术论文。

2003年库克著、吴雯芳翻译的《人力资源外包策略》正式出版,将国外学者的相关研究成果引入中国。

2002年首都经济贸易大学赵改书教授指导的学生张焱通过答辩并获得硕士研究生学位,其论文题目为《论我国人力资源服务产业的兴起与发展》,是检索范围内中国第一篇以"人力资源服务业"为题的硕士学位论文。

2003年北京大学政府管理学院萧鸣政教授开始指导硕士生研究政府人才服务机构改制与中国人力资源服务业的理论、业态与评价问题,至今已培养人力资源服务业方向的10位硕士与3位博士,指导培养了检索范围内中国第一篇博士论文,是目前中国高校中指导与培养本领域博士生与硕士生最多的教授。

2006年丁薛祥撰写的《人才派遣理论规范与实务》正式出版,是检索范围内我国劳务派遣领域较早出版的专业书籍。

2006年北京大学人力资源开发与管理研究中心与上海对外服务有限公司签署战略合作协议,就中国人力资源服务业发展与战略问题开展校企合作研究,启动了中国人力资源服务业白皮书的撰写工作。

2007年北京大学政府管理学院萧鸣政教授在国际人力资源开发研究

会第六届亚洲论坛上,代表中国项目组发布了首部《中国人力资源服务业白皮书》,引起了国内外学者对中国人力资源服务业的广泛关注。

2008 年开始,北京大学人力资源开发与管理研究中心在国家人力资源和社会保障部的指导下,连续 11 年在人民出版社公开出版《中国人力资源服务业白(蓝)皮书》,通过事实描述、数据展现、案例解读、理论归纳和科学预测等方式,全国展现了每个阶段中国人力资源服务业的发展情况、特色亮点和最近进展,有效推动了行业理论与实践的发展。

2009 年《人力资源市场建设研究报告》提出了管理体制统一、运行机制健全、公共服务完善、经营性服务健康发展、政府职能根本转变的市场建设目标,明确了统一规范的人力资源市场的基本内涵、形势要求、方向任务和工作路径。

2012 年陈力和汪怿撰写的《我国人力资源服务业政策法规建设研究》正式出版,系统阐述了我国人力资源服务业政策法规相关的理论概念、体系框架、现存问题和对策建议。

2013 年莫荣和侯增艳撰写的《中外人力资源服务业比较研究》正式出版,介绍了美国、英国、澳大利亚、日本人力资源服务业发展状况,并与我国进行对比,从国际视野出发,为完善我国人力资源服务业的政策法规以及培育本土品牌提供参考。

2014 年王克良主编的《中国人力资源服务业发展报告》正式出版,是第一部全国性的人力资源服务业发展报告。随后孙建立继续于 2016 年、2017 年和 2018 年组织编写该报告,内容涵盖行业总体情况、服务业态、管理规则、专题探讨、地方做法与机构代表经验。

2014 年起北京大学萧鸣政教授开始运用词频分析等大数据方法,量化评价中国各省市人力资源服务业发展情况、发展环境、发展水平,并不断优化评价模型持续至今,相关成果收录于各年度《中国人力资源服务业蓝皮书》。

2015 年北京大学萧鸣政教授指导的学生董小华通过答辩并获得博士研究生学位,其论文题目为《人力资源服务效能评价与服务效能影响因素的实证研究——基于北京市人力资源服务业发展情况样本》,是检索范围内中国第一篇以"人力资源服务业"为题的博士学位论文。

2016 年余兴安主编的《人力资源服务概论》正式出版,系统介绍了我国人力资源服务业的发展概况与业态模式。

2016 年莫荣和陈元春主编的《中国人力资源服务产业园发展报告》正式出版,对上海、重庆、中原、苏州、杭州、海峡、成都、烟台 8 个人力资源服务产业园的特色情况进行了介绍。

2017 年北京大学萧鸣政教授指导的学生丁肇启和曹伟晓通过答辩并获得博士研究生学位,其论文题目分别为《区域人力资源服务业与经济社会发展关系研究》和《人力资源服务业区域竞争力评价及竞争力提升策略研究——基于北京市样本》,开创了中国人力资源服务业人才培养的新时代。

新中国成立至今,我国经济社会发生了翻天覆地的变化。伴随着社会主义市场经济体系的建立和不断完善,以及劳动人事制度改革的不断深入,我国人力资源服务业实现了从无到有、从小到大的跨越,在改革中发展、在发展中完善,取得显著成效。回顾历史,我国人力资源服务业发展经历了孕育发展成熟与创新,呈现出以市场经济为导向,制度化、信息化、集聚化、协同化等发展趋势。在人力资源服务业的 70 年发展历史中,涌现出一大批先进典型人物,他们在学术研究、人才培养、社会活动、应用实践等多个方面为行业发展作出了重要贡献。此外,在人力资源服务业产业发展、政策制定、行业活动、学术研究与人才培养等各个领域,有一系列具有全国影响力和重要历史意义的事件值得被记录。目前我国已经进入了经济转型升级与高质量发展的新阶段,人力资源市场是社会主义市场经济体系的重要组成部分,是劳动者实现就业和人力资源流动配置的主要渠道,更是实施人才强国战略和就业优先战略的重要载体,人力资源服务业面临前所未有的机遇与挑战。70 载岁月峥嵘,70 年沧桑巨变,在砥砺奋进中开拓,在开拓创新中发展,人力资源服务业走过了辉煌的 70 年。展望未来,在习近平新时代中国特色社会主义思想指引下,人力资源服务业发展将继续向前推进,为实施人才强国战略助力,为实现中国梦添彩。

第三部分
成 果 篇

人力资源服务业相关学术成果整合汇总

本篇收集的论著时间范围为 2019 年 8 月 1 日至 2020 年 7 月 31 日,经过权威检索,共有 203 篇学术期刊文章、24 篇学位论文(硕博士)、15 本出版著作。在结果中分别根据内容相关度进行二次筛选,最终结果如下:出版著作 6 本,学术期刊文章 40 篇,学位论文(硕博士)9 篇,具体内容如下所示。

1. 出版著作

[1]萧鸣政:《中国人力资源服务业蓝皮书 2019》,人民出版社 2020 年版。

[2]刘凤瑜:《人力资源服务与数字化转型》,人民邮电出版社 2020 年版。

[3]莫荣、叶茂东:《中国人力资源服务产业园发展报告(2019—2020)》,社会科学文献出版社 2020 年版。

[4]李娟:《人力资源服务产业与企业管理》,吉林出版集团有限责任公司 2019 年版。

[5]葛立:《中国高端人力资源服务业管理与创新研究》,九州出版社 2019 年版。

[6]弗布克管理咨询中心:《人力资源服务机构运营手册》,中国劳动社会保障出版社 2019 年版。

2. 学术期刊文章

[1]周艳丽:《自由贸易岛建设背景下海南人力资源服务业发展路径研

究》,《现代商业》2020 年第 26 期。

[2]李海燕:《经济新常态背景下人力资源服务业转变探索研究》,《商讯》2020 年第 25 期。

[3]姜红艳:《新业态下人力资源服务业创新与发展》,《现代工业经济和信息化》2020 年第 8 期。

[4]梁雨钝、龙志强:《疫情下人力资源服务业的"危"与"机"——行业调查视角的探讨与审视》,《中国人事科学》2020 年第 8 期。

[5]萧鸣政:《中国人力资源服务业及其新时代价值与发展》,《企业经济》2020 年第 7 期。

[6]《关于我国人力资源服务业发展有关情况答记者问》,《劳动保障世界》2020 年第 16 期。

[7]田家硕、崔然红:《大连市人力资源服务业园区发展策略》,《合作经济与科技》2020 年第 11 期。

[8]时方方:《人力资源服务业顾客参与对服务创新绩效的影响——员工创新行为的中介作用与组织创新氛围的调节作用》,《西部经济管理论坛》2020 年第 3 期。

[9]蒋薇:《以园区建设为钥　开启徐州市人力资源服务业发展新征程》,《劳动保障世界》2020 年第 14 期。

[10]李健:《我国人力资源服务业发展与研究现状综述》,《企业科技与发展》2020 年第 5 期。

[11]蒋志芬、李坚:《海口市外企人力资源服务业现状研究》,《现代商业》2020 年第 11 期。

[12]理阳阳:《供给侧改革人力资源服务业创新研究——以广东省东莞市为例》,《中国多媒体与网络教学学报》2020 年第 4 期。

[13]冯荣珍、贾俊花、王舜华:《河北省第三方人力资源服务业发展路径探析》,《河北企业》2020 年第 4 期。

[14]苗潇曼:《当前县域城市人力资源服务业发展现状及前景展望》,《人力资源》2020 年第 6 期。

[15]庄文静:《人力资源服务业,正在做宽、做深、跨界竞争》,《中外管理》2020 年第 Z1 期。

[16]冯荣珍、庞博:《疫情背景下河北人力资源服务业的应对策略研究》,《河北企业》2020年第3期。

[17]李渤、赵玉久:《经济新常态背景下人力资源服务业转变探索》,《人力资源》2020年第4期。

[18]戴瓴:《展望新十年,聚焦人力资源服务业》,《人力资源》2020年第2期。

[19]李雅菲、王全纲、许泽萍、李晶:《人力资源服务业转型升级的动力机制模型——以常州市为例》,《人才资源开发》2020年第2期。

[20]王建强、王宇杨:《河北省人力资源服务产业园推进策略研究》,《产业与科技论坛》2020年第16期。

[21]陈明、吴婷芳:《新冠疫情下人力资源服务效率探析》,《中国商论》2020年第16期。

[22]时博:《新时代公共人力资源服务机构制度创新的理论基础和实践路径》,《中国人事科学》2020年第7期。

[23]刘文博、屈云龙:《关于完善人力资源市场服务的几点建议》,《科技经济导刊》2020年第20期。

[24]人社部:《部署开展2020年人力资源服务机构助力脱贫攻坚行动》,《中国就业》2020年第5期。

[25]《日照市:政府主导+行业引导+市场化运营　做活人力资源服务产业》,《山东人力资源和社会保障》2020年第Z1期。

[26]张伟:《全国人力资源服务机构为脱贫注"才"力》,《劳动保障世界》2020年第4期。

[27]刘永魁:《新冠疫情下我国人力资源服务效率分析》,《中国劳动》2020年第1期。

[28]《展示改革成果　助推行业发展　2019年中国人力资源服务机构10大事件、中国人力资源服务机构10大创新案例发布》,《中国人力资源社会保障》2020年第1期。

[29]梁颖欣、林洁霞、黄春霞、谢晓文:《人力资源服务产业园服务效率提升策略研究》,《产业科技创新》2020年第1期。

[30]王征、唐鑛:《新经济时代人力资源服务业发展研究——国际经验

与中国实践》,《中国劳动》2019 年第 12 期。

　　[31]成旺民:《人力资源服务业发展"最优解"》,《山东人力资源和社会保障》2019 年第 12 期。

　　[32]刘三秋:《在现代人力资源服务业发展中彰显江西作为》,《中国人力资源社会保障》2019 年第 12 期。

　　[33]董良坤:《人力资源服务业转型升级:制度障碍与策略路径——以上海为例》,《中国人事科学》2019 年第 11 期。

　　[34]李诗然、蔡美菊:《新时代安徽人力资源服务业的"动力变革"机制》,《合肥师范学院学报》2019 年第 5 期。

　　[35]冯彩玲、梁萧阳、陈紫薇、韩晓倩:《烟台市服务业人力资源管理调查》,《山东人力资源和社会保障》2019 年第 9 期。

　　[36]孙略韬:《新形势下人力资源服务外包行业研究》,《产业创新研究》2019 年第 12 期。

　　[37]钱辉:《试对经营性人力资源服务机构的发展的探索》,《劳动保障世界》2019 年第 35 期。

　　[38]夏鸣、杜圆圆:《数字化人力资源智慧产业园发展模式探析——人力资源服务产业园的升级之路》,《中国人事科学》2019 年第 9 期。

　　[39]智建丽、王宇:《人力资源服务产业园建设问题研究——以山西为例》,《商业经济》2019 年第 9 期。

　　[40]于洋:《构建人力资源服务企业核心竞争力的关键要素分析》,《海峡科技与产业》2019 年第 8 期。

3. 学位论文(硕博士)

　　[1]张智广:《中国人力资源服务业发展环境评价指标体系研究——基于"五位一体"模型》,硕士学位论文,北京大学,2019 年。

　　[2]葛菁:《连云港市公共部门人力资源服务外包研究》,硕士学位论文,中国矿业大学,2020 年。

　　[3]洪流:《人力资源产业园运营模式研究——以中国南昌人力资源服务产业园为例》,硕士学位论文,江西财经大学,2020 年。

　　[4]涂亮:《中国南昌人力资源服务产业园(经开园区)发展问题研

究》,硕士学位论文,江西财经大学,2020 年。

[5]刘莉:《人力资源服务产业的政策激励策略研究——以深圳 G 区人力资源服务产业园为例》,硕士学位论文,深圳大学,2019 年。

[6]刘丹:《人力资源服务创新的影响因素研究——基于诺姆四达集团的案例分析》,硕士学位论文,中南财经政法大学,2019 年。

[7]单晶晶:《盐城市人力资源服务业发展中的政府职能研究》,硕士学位论文,苏州大学,2019 年。

[8]王文涛:《山东省东营市人力资源服务业发展研究》,硕士学位论文,新疆大学,2019 年。

[9]张齐:《衡阳市创新人才服务体系建设问题研究》,硕士学位论文,湖南大学,2019 年。

参考文献

1. 萧鸣政:《中国人力资源服务业蓝皮书》,人民出版社 2019 年版。

2. 邓伟志:《社会学辞典》,上海辞书出版社 2009 年版。

3. 梁琦:《产业集聚论》,商务印书馆 2014 年版。

4. 雷小清:《服务业信息化研究》,经济科学出版社 2014 年版。

5. 王凌:《人力资源服务业发展动力研究》,浙江大学出版社 2015 年版。

6. 余兴安:《人力资源服务概论》,中国人事出版社 2015 年版。

7. 上海交通大学行业研究院:《新冠肺炎疫情对若干行业的影响分析》,上海交通大学出版社 2020 年版。

8. 吴应良、吴昊苏、吴月瑞、林梓鹏:《基于主成分分析法的知识管理绩效评价研究》,《情报杂志》2007 年第 6 期。

9. 田永坡:《劳动力市场和产业环境变革下的我国人力资源服务业发展对策》,《理论导刊》2016 年第 6 期。

10. 高亚春、王文静:《我国人力资源服务市场化现状、问题与对策研究》,《当代经济管理》2016 年第 8 期。

11. 熊颖:《我国人力资源服务发展探析》,《中国劳动》2017 年第 1 期。

12. 谭永生:《人力资源服务业需要实现高质量发展》,《中国人力资源社会保障》2018 年第 9 期。

13. 余兴安:《努力成就世界一流的人力资源服务业》,《中国人力资源社会保障》2018 年第 6 期。

14. 田永坡:《人力资源服务业四十年:创新与发展》,《中国人力资源开发》2019 年第 1 期。

15. 孙建立：《人力资源服务业高质量发展：成效、问题与对策》，《中国劳动》2019 年第 3 期。

16. 李诗然、蔡美菊：《新时代安徽人力资源服务业的"动力变革"机制》，《合肥师范学院学报》2019 年第 5 期。

17. 王睿：《人力资源服务业迎来历史机遇期》，《中国人力资源社会保障》2019 年第 5 期。

18. 王征、唐鑛：《新经济时代人力资源服务业发展研究——国际经验与中国实践》，《中国劳动》2019 年第 12 期。

19. 王微、王青：《加快要素市场化改革：构建高标准市场体系的关键举措》，《中国经济报告》2020 年第 4 期。

20. 赵兵：《人力资源服务产业驶入快车道》，《人民日报（海外版）》2020 年 6 月 3 日。

21. 何永贵、姜莎莎：《基于新业态共享经济的企业人力资源管理模式研究》，《管理现代化》2020 年第 1 期。

22. 萧鸣政：《中国人力资源服务业及其新时代价值与发展》，《企业经济》2020 年第 7 期。

责任编辑：李媛媛
封面设计：周方亚
责任校对：陈艳华

图书在版编目（CIP）数据

中国人力资源服务业蓝皮书.2020/萧鸣政 等 著. —北京：人民出版社，
　2021.2
ISBN 978 – 7 – 01 – 022891 – 4

Ⅰ.①中…　Ⅱ.①萧…　Ⅲ.①人力资源-服务业-研究报告-中国-2020
　Ⅳ.①F249.23

中国版本图书馆 CIP 数据核字（2020）第 252189 号

中国人力资源服务业蓝皮书 2020

ZHONGGUO RENLI ZIYUAN FUWUYE LANPISHU 2020

萧鸣政　等　著

人民出版社 出版发行
（100706　北京市东城区隆福寺街 99 号）

北京汇林印务有限公司印刷　新华书店经销

2021 年 2 月第 1 版　2021 年 2 月北京第 1 次印刷
开本：710 毫米×1000 毫米 1/16　印张：18.25
字数：280 千字

ISBN 978 – 7 – 01 – 022891 – 4　定价：68.00 元

邮购地址 100706　北京市东城区隆福寺街 99 号
人民东方图书销售中心　电话（010）65250042　65289539